Cele zece chei către libertate deplină

O conversație cu Gary M. Douglas
și Dr. Dain C. Heer

ACCESS CONSCIOUSNESS
PUBLISHING

Titlul în original: The Ten Keys to Total Freedom
A Conversation with Gary M. Douglas and Dr. Dain C. Heer

Copyright © 2012 de Gary M. Douglas și Dr. Dain C. Heer
Access Consciousness Publishing
www.accessconsciousnesspublishing.com

Cele zece chei către libertate deplină
Copyright © 2020 Gary Douglas și Dr. Dain Heer
ISBN: 978-1-63493-402-2
Access Consciousness Publishing

Traducere din limba engleză: Alina Ileana Stoian

Cuprins

Introducere

La început, „Cele zece chei" s-au numit „Cele zece porunci". S-a dorit a fi o glumă – nu era o chestie serioasă – dar oamenii s-au revoltat, așa că am pus titlul „Cele zece cerințe și o serie de alte lucruri". Niciunul din acele titluri nu a funcționat cu adevărat vreodată.

Acum, acestea se numesc „Cele zece chei către libertate deplină", un titlu destul de bun pentru ele.

Nouă încă ne place gluma – și titlul „Cele 10 porunci" – pentru că acestea sunt niște porunci. Sunt porunci sau cerințe pe care trebuie să ți le adresezi ție însuți dacă vrei cu adevărat să creezi conștientizare și libertate totală. Singurul lucru care ne interesează este a avea conștientizare totală. Nimic altceva nu contează.

Așadar, acestea sunt „Cele zece chei către libertate deplină", chei care pot deschide ușile către libertate totală și conștientizare deplină. Cele zece chei te vor ajuta să-ți expansionezi capacitatea de a fi conștient, ca să ai o mai mare conștientizare cu privire la tine, la viața ta, la această realitate și dincolo de ea. Cu un nivel de conștientizare ridicat, poți începe să-ți generezi viața care ai știut întotdeauna că este posibilă și pe care nu ai creat-o încă.

Această carte are la bază o serie de telecall-uri sau conversații pe care le-am avut timp de zece săptămâni cu un număr de facilitatori Access Consciousness și oameni din lumea întreagă. Ne-a plăcut formatul conversației pentru că a permis participanților să pună întrebări despre lucruri care nu le erau clare – și toți cei care au ascultat conversația au primit foarte mult din întrebările puse de ceilalți.

De asemenea, am făcut o mulțime de curățări iar oamenii ne-au spus că asta a schimbat totul cu privire la modul în care au înțeles cheile și la abilitatea lor de a le pune în aplicare în propria viață.

Sperăm că aceste conversații te vor ajuta și pe tine să folosești „Cele zece chei" în viața ta.

Mulțumiri lui Marilyn Bradford și Donnielle Carter pentru că au citit manuscrisul acestei cărți și ne-au arătat ce lipsește.

1

Ar alege o ființă infinită acest lucru cu adevărat?

Gary: Salutare tuturor. Bine ați venit la prima conversație despre „Cele zece chei către libertate deplină".

În această seară vom vorbi despre prima cheie: Ar alege o ființă infinită acest lucru cu adevărat? Vă invităm să puneți această întrebare de multe ori pe zi, ca răspuns la situațiile care apar în viața voastră. Vă va reaminti că aveți întotdeauna alegere – pentru că sunteți ființe infinite.

Să începem prin a vorbi despre ce este o ființă infinită.

Dain: Majoritatea oamenilor habar nu are ce este aceea o ființă infinită. Nu cunosc conceptul, nici măcar atunci când vorbim noi despre asta, pentru că, unde vedeți că apare el în această realitate? Nu-l găsiți nicăieri. Cel mai bun lucru pe care îl puteți face este să creați o fantezie despre ce ar putea fi o ființă infinită. Dar asta nu reprezintă ceea ce este o ființă infinită – așa că, în aceste condiții, când nu știi ce este o ființă infinită cu adevărat, nu ai alegerea de a fi una.

Gary: Modul în care am înțeles eu ce este o ființă infinită a fost prin a medita ca să văd cât de departe pot să mă duc, dincolo de corpul meu, în toate direcțiile. La început, am crezut că a fi o ființă infinită însemna că sunt în afara corpului meu dar asta a condus la ideea că o ființă infinită nu are corp.

Multă lume crede că o ființă infinită nu ar avea nevoie de corp – dar nu e asta. Trebuie să pricepi că tu, ca ființă infinită, ai ales să ai un corp. Ai ales să te întrupezi. Ai ales să te întrupezi din timpuri imemoriale. Ai ales să ai corpul pe care îl ai și ai ales tot ceea ce se petrece în viața ta.

O ființă infinită este o ființă care alege. Tu continui să crezi că o ființă infinită nu ar alege această întrupare pentru că presupui că o ființă infinită nu are corp. Nu e corect. Tu ești o ființă infinită și ai ales să ai corp. De ce ai ales să ai corp?

Dain: Ei bine, întâi de toate, sunt o mulțime de lucruri grozave pe care le poți face dacă ai un corp și pe care nu le-ai putea face dacă nu l-ai avea. Chiar acum, cu mâna dreaptă atinge-ți ușor brațul stâng. Dacă nu ai avea corp, nu ai putea să faci acest lucru. Dacă nu ai avea corp, nu ai putea să intri în cadă și să simți minunata apă fierbinte pe pielea ta și nu ai putea să simți soarele pe față. Nu ai putea face sex.

Gary: Nu ți-ai putea atinge sânii sau zona intimă sau nu ai putea face oricare dintre acele lucruri care sunt amuzante. Ce altceva ai avea de făcut? Ar trebui să stai în afară și să te uiți la totul. Majoritatea oamenilor crede că ființă infinită înseamnă să stai în afară și să te uiți la lucruri. Nu, nu e asta. Ființă infinită înseamnă a fi conștient de toate și a fi alegere infinită.

Dain: Este a fi conștient de toate, a fi alegere infinită și a îmbrățișa întruparea totală ca fiind bucuria - măreția - întrupării care este posibilă.

Gary: Câte definiții ai despre ce este o ființă infinită care nu sunt ceea ce este o ființă infinită? Tot ce este acest lucru, de un dumnezelion de ori, vrei să distrugi și să decreezi în totalitate? Right and wrong, good and bad, POD and POC, all 9, shorts, boys and beyonds.*

Dain: Ce iluzii neîntemeiate ai despre ce este o ființă infinită, pe care le-ai făcut atât de reale încât până și în fața conștientizării depline nu poți și nu le vei schimba, alege sau vindeca? Tot ce este acest lucru, de un dumnezelion de ori, vrei să distrugi și să decreezi în totalitate?

---

* La finalul acestei cărți există o explicație a procesului de curățare.

Right and wrong, good and bad, POD and POC, all 9, shorts, boys and beyonds.

Gary: Dain și cu mine ne-am uitat la acest aspect și am constatat că motivul pentru care apare reîncarnarea, motivul pentru care trebuie să revii aici și să o faci iar și iar, este pentru că ai punctul de vedere că nu o faci niciodată cum trebuie. Crezi în ideea că există o modalitate corectă și o modalitate greșită de a fi o ființă infinită. Apoi decizi că o faci întotdeauna greșit. Nu ai făcut-o în modul corect din ce motiv? Din cauza unei idei pe care ai crezut-o.

Acesta este motivul pentru care ne reîncarnăm. Dacă nu vrei să te reîncarnezi, trebuie să pricepi că există o măreție în întrupare, care este măreția faptului de a fi total conștient de această realitate.

Din nefericire, acesta este modul în care oamenii trăiesc și gândesc. Asta se petrece în mintea lor. „Am dreptate. Greșesc. Am dreptate. Greșesc. Drept urmare am dreptate, deci greșesc. Dar apoi am dreptate. Dar greșesc pentru că am dreptate." Oamenii își creează propria nebunie cu aceste puncte de vedere nesăbuite. Ai putea pur și simplu să renunți la asta?

Pentru câte moduri corecte și greșite de a fi ființă infinită ai considerat că ai greșit, în timp ce încercai să ai dreptate, în timp ce refuzai să ai dreptate în legătură cu ele pentru ca să poți greși în legătură cu ele, ca să știi că greșești când ai dreptate și ai dreptate atunci când greșești, astfel încât să ai dreptate când greșești pentru că greșești când ai dreptate și tot restul? Tot ce este acest lucru, de un dumnezelion de ori, vrei să distrugi și să decreezi în totalitate? Right and wrong, good and bad, POD and POC, all 9, shorts, boys and beyonds.

Principalul lucru pe care trebuie să îl pricepi în legătură cu a fi ființă infinită este că nu ai alege judecata. Oriunde alegi judecata, nu alegi din ființa infinită. Când ești cu adevărat conștient, vezi că totul este în conștiință și în unitate. Totul este inclus (inclusiv judecata) și nimic nu este judecat (nici măcar judecata). Acesta este indiciul ființei infinite.

Nu este despre a încerca să elimini judecata. Este doar despre a fi conștient când cineva, inclusiv tu, emite o judecată.

Întrebare: Îmi pun întrebarea: „O ființă infinită ar alege cu adevărat acest lucru?" și primesc „Nu." Ei bine, în gândirea mea logică, în universul meu dogmatic plin de judecăți asta pare să instaureze un paradox. Cum face cineva față acestei întrebări și cum îmbrățișează sau chiar iubește momentul prezent, în fiecare zi?

Gary: Ai un oarecare motiv sau justificare pentru motivul pentru care alegi ceea ce alegi în fiecare moment al fiecărei zile. Încearcă să întrebi:

- O ființă infinită ar alege cu adevărat acest lucru?
- Așadar, dacă o ființă infinită nu ar alege asta, de ce naiba o aleg eu?
- Chiar trebuie să aleg asta?
- Vreau eu să aleg asta?
- Care este scopul pentru care fac această alegere?

Dain: Întrebarea aceasta: „Care este scopul pentru care fac această alegere?" te va scoate din starea de a alege ceva orbește, care este posibil să nu fie dintr-un punct de vedere infinit, și să te mute într-un punct de vedere infinit în conștientizarea lui: „Stai puțin, încerc să obțin ceva alegând asta."

Odată ce îți dai seama de acest lucru, poți să întrebi: „Această alegere chiar atinge acel scop?" vei descoperi adesea că nu e așa.

Întrebare: Dacă o persoană nu știe, nu percepe sau nu simte că este o ființă infinită care ar fi modul tău de a o ghida ca să aibă o experiență prin care să știe și să perceapă acest lucru ca adevăr pentru ea?

Gary: Cel mai bun mod de a ști că ești o ființă infinită este să închizi ochii și să-ți simți marginile exterioare. Vei descoperi că oriunde privești, acolo ești și tu, pentru că o ființă infinită nu are frontiere. Ca ființe infinite avem abilitatea de a percepe, a ști, a fi și a primi totul.

Tu încerci să definești ceea ce poți percepe, ceea ce poți ști, ceea ce poți fi și ceea ce poți primi în relație cu această realitate și cu corpul tău, dar nu despre asta este vorba.

Întrebare: Dacă o ființă infinită poate fi orice energie la alegere și vrea să experimenteze fiecare aspect al ființei ei, ce anume nu ar alege? De exemplu, a trăi tristețea nu îți oferă o conștientizare mult mai profundă a uimitorului aspect al ființei? Până și eliminarea conștientizării este o alegere. Are niște rezultate interesante.

Gary: Nu, aici tragi o concluzie. Prima parte a întrebării: „Dacă o ființă infinită poate fi orice energie după dorință și alegere și vrea să experimenteze fiecare aspect al ființei ei, ce anume nu ar alege?" este corectă. Dar întrebarea este: „O ființă infinită ar alege asta?" Și dacă o ființă infinită nu ar alege asta, atunci de ce o alegi tu? Așa trebuie să te uiți la acest lucru. Chiar ți-ai dori să experimentezi tristețea? O ființă infinită ar alege tristețea? Păsările sunt ființe infinite. Aleg ele tristețea?

Dain: Se trezesc ele vreodată și nu sunt mulțumite de cum le stă penajul? Astăzi nu voi cânta pentru că mă enervează viermii.

Gary: Trebuie să privești lucrurile din punctul de vedere: „Ok, ce anume sunt dispus să am în această situație? Ce anume nu sunt dispus să am în această situație?" Este vorba despre alegeri. O ființă infinită alege.

Dain: E nevoie să ai o perspectivă mai amplă decât această realitate. Îți oferă tristețea o mai mare conștientizare a ființei infinite? Nu neapărat. Ai menționat ideea de a dori să experimentezi toate aspectele sinelui. Care este diferența între a experimenta asta și a conștientiza că nu este o alegere pe care ți-ai dori să o faci sau pe care trebuie să o faci, mulțumesc foarte mult?

Gary: Pe planeta aceasta avem un punct de vedere ciudat cum că trebuie să trăim ceva pentru ca să-l știm. Nu, nu trebuie. Poți să știi lucruri fără să le fi experimentat vreodată.

Dain: O ființă infinită ar trebui să fi experimentat ceva pentru ca să știe acel lucru și să fie conștientă de el?

Gary: Ai spus: „ Până și eliminarea conștientizării este o alegere. Are niște rezultate interesante". Este interesant că avem punctul de vedere că apare ceva ca și rezultat al alegerii de a ne diminua gradul de conștientizare. De ce ar alege o ființă infinită să își reducă nivelul de conștientizare pentru a putea aprecia cum este atunci când nu-și reduce nivelul de conștientizare? O ființă infinită ar trebui să își diminueze nivelul de conștientizare pentru a aprecia faptul că are conștientizare? Nu cred.

Întrebare: Ce este îndoiala? Poate fi ea curățată? Este ea legată de un fel de validare a conștientizării sau de un fapt anume? M-am îngropat

în alegeri care au fost făcute pentru că erau lucrul corect de făcut și acum
mă surprind gândindu-mă că este o parte a vieții mele în care aș vrea să
fac alegeri diferite. Cum pot să rup lanțurile obligațiilor, ale presiunilor
exercitate de societate și ale mentalităților, fără să îi alienez total pe ceilalți
și să-i rănesc? Și cum rămâne cu situațiile în care ai o relație, un job sau te
afli în situații care au apărut după mulți ani de alegeri?

Gary: Întâi de toate, îndoiala este ceea ce folosești pentru a elimina
conștientizarea și tot ceea ce știi. De ce ai alege asta?

Întreabă: „O ființă infinită ar alege cu adevărat să se îndoiască de
sine?" Nu. „Atunci, de ce naiba o fac eu? Cum ar fi dacă aș fi dispus să
știu tot ceea ce știu?"

Așa ar trebui să funcționeze. O ființă infinită ar alege să facă
lucrul „corect" sau o ființă infinită ar alege ceea ce ar crea mai multă
conștientizare?

De asemenea, trebuie să întrebi: „Obligațiile, presiunile impuse de
societate și mentalitățile sunt ceea ce ar alege o ființă infinită? Sau sunt
ceva ce ar alege o ființă finită?"

Și de ce presupui că ai aliena și ai răni pe alții dacă tu, ca ființă
infinită, ai alege să rupi lanțurile obligațiilor, ale presiunilor exercitate
de societate și ale mentalităților? Poate că nu o vei face. Nu știi pentru
că pot să jur că nu ai ales asta, de fapt.

O ființă infinită ar alege să-și facă alegerea permanentă, pentru
eternitate? La asta te referi când vorbești despre relații, joburi sau
situații care au apărut după mulți ani de alegeri. Vorbești despre ideea
că există, într-un fel, un scop finit în toate acestea.

Dain: Dacă ar fi să-ți pui această întrebare din perspectiva: „Uau,
ar fi ales o ființă infinită relația pe care am ales-o eu?" te poți uita
la asta și să spui: „Ok, sunt aspecte ale acestei relații pe care o ființă
infinită le-ar fi ales ca o recunoaștere a ființei infinite. Aceste aspecte
sunt o contribuție pentru ființă. Probabil că nu aș fi ales restul dacă aș
fi funcționat din ființă infinită dar cum ar fi dacă acum aș putea avea
toate astea, cu adevărat?"

Te uiți la asta și întrebi: „Cum ar fi dacă aș fi ales toate acele lucruri
din perspectiva ființei infinite? Ce alegeri aș avea disponibile acum?"

A alege ca ființă infinită, în general, nu e ceva ce se practică în realitatea aceasta dar este ceva ce se poate clădi. Când faci prima alegere ca ființă infinită e: „Ooo, nu știu dacă pot să fac asta." După 100 de alegeri e: „Ia stai puțin! De fapt, asta e ceva ce pot face. Este ceva ce pot să aleg. Este ceva ce am la dispoziție. Nu este ceva care îmi este străin." De aceea avem această conversație, ca să devină ceva ce este realitate pentru tine. Nu simți ca și când am vorbi greceşte atunci când vorbim despre a funcționa din non-judecată sau a funcționa din ființă infinită. Dacă nu judeci ceea ce ai ales, scoți judecata din calcul și atunci nu mai face parte din ecuație.

Gary: De fapt, acesta este motivul pentru a avea această cheie: de a îndepărta judecata din toate calculele.

Dain: Hmm... asta o include pe mama mea vitregă? Cum funcționează asta? O ființă infinită ar alege-o pe mama mea vitregă? Asta e întrebarea mea acum. Nu știu.

Gary: Întrebarea este: „Ai funcționat din ființă infinită atunci când ai ales să-l lași pe tatăl tău să o ia pe mama vitregă?"

Dain: Oo, vrei să spui că aș fi putut să opresc chestia asta cu totul?

Gary: Da, ai fi putut.

Dain: Aș fi putut spune: „La naiba! În niciun caz! Nu se întâmplă asta".

Gary: Da.

Dain: Of, omule. Interesant.

Gary: Dar nu-ți era permis să ai acest nivel de control sau putere în viața ta și, pentru că nu-ți era permis să-l ai, tu ai crezut că nu-l aveai. E o mare greșeală să crezi că dacă nu-ți este permis să ai ceva, atunci înseamnă că nu poți avea lucrul acela. Nu, nu, poți să ai totul, dacă ești dispus să ai totul.

Întrebare: Mă gândesc la ființa infinită ca la ceva fără formă și expansionat. Nu e nevoie de mâncare, muncă sau orice altceva ce poate oferi lumea aceasta. Aşa că, pentru mine, când pun această întrebare în diferite situații, răspunsul este întotdeauna nu. Dacă aș fi ființă infinită, nu aş avea nevoie să fac această alegere. Urmez sentimentul a cum ar fi să fiu ființă infinită. Nu ar mai fi vorba despre a face ceva și, desigur, corpul nu ar mai fi necesar. Eu sunt terapeut-maseur și îmi este din ce în ce mai greu să-mi motivez corpul să facă această muncă fizică. Adesea simt o neplăcere în a face mișcare și activități fizice sau a mă antrena.

Gary: Încă o dată, este o iluzie că o ființă infinită nu are nimic din lucrurile pe care le-ai ales tu. Tu doar judeci că fiecare alegere pe care ai făcut-o este, într-un fel, ceva greșit.

Tot ce ai făcut ca să-ți consideri toate alegerile o greșeală, vrei să distrugi și să decreezi? Right and wrong, good and bad, POD and POC, all 9, shorts, boys and beyonds.

Trebuie să pricepi că ceea ce numim *nevoie* nu există. *Nevoia* este un concept creat de această realitate. Sunt multe concepte în această realitate care nu sunt reale. Le creăm pentru a ne justifica alegerile pe care le facem sau pentru a dovedi că ele au fost corecte. O ființă finită folosește *nevoia* pentru a justifica ceea ce nu este dispusă să aleagă. Dacă ai punctul de vedere că există orice fel de nevoie în viața ta, creezi o realitate care, de fapt, nu există.

Când cineva moare, credem că „e nevoie" să fim nefericiți. Aceasta este o altă teorie. Și dacă ar fi vorba despre cineva care a trăit în durere timp de un an sau doi? E greu să-ți pară rău pentru o persoană care moare în cele din urmă, după un an de dureri. Ușurarea pentru ei și corpul lor este extraordinară. Nu ar trebui să te bucuri că nu mai suferă?

Dar despre nevoia de a munci? O ființă infinită ar trebui să muncească? În această realitate ai ales să te întrupezi. Dacă nu ai trăi într-o realitate în care munca face parte din realitate, ar trebui să muncești? Nu. Dar tu ai ales această realitate iar munca face parte din ceea ce înseamnă această realitate. Așadar, de ce nu ai fi grozav la muncă? De ce nu ai iubi asta în loc să o urăști? O ființă infinită nu alege să urască lucruri!

Ca ființă infinită, tu ești dispus să primești totul. Ai avea nevoie să mănânci? Nu neapărat. Trebuie să fii dispus să recunoști alegerea. Trebuie să mănânci? Nu. Trebuie să muncești? Nu. Ai nevoie de orice din ce oferă lumea asta? Nu, dar ai ales să fii aici cu un motiv. Ai ales să vii, ești aici, atunci de ce nu înveți să trăiești ca ființă infinită cu alegerile pe care le-ai făcut în loc să te gândești că nu ai alegere?

A munci este a crea și a genera. Motivul pentru care muncești este pentru a crea și a genera ceva în viață. Încerci continuu să găsești un motiv pentru a nu crea și a nu genera ceva mai măreț decât ai deja. De aceea crezi că o ființă infinită nu ar face niciunul din lucrurile acestea. De ce presupui că nu ar mai fi niciun fel de „a face"? O ființă infinită este creativă și generativă. O ființă infinită ar putea și ar fi capabilă să facă orice.

Ce presupunere despre muncă ai făcut atât de reală că până și în fața totalei conștientizări nu o poți schimba, alege sau vindeca sau nu o vei schimba, nu o vei alege și nu o vei vindeca? Tot ce este acest lucru, de un dumnezelion de ori, vrei să distrugi și să decreezi în totalitate? Right and wrong, good and bad, POD and POC, all 9, shorts, boys and beyonds.

Nu înțelegi ce înseamnă ființă infinită. O ființă infinită este una care poate alege să facă orice, să experimenteze orice, să aibă orice, să creeze orice și să genereze orice.

Dain: Unei ființe infinite îi place să facă lucruri. O ființă infinită se excită când face o grămadă de lucruri interesante. Nu există judecată. Este: „Ooo, ce altceva pot să fac? Ooo, ce altceva pot să fac?"

Gary: De exemplu, o ființă infinită ar putea ucide. Este asta o alegere pe care vrei să o faci? Trebuie să fii dispus să te uiți la asta și să recunoști: „Aha, pot să ucid." Cu ani în urmă, mă urmărea un bărbat și m-am trezit cu mâinile lui la mine în pantaloni. I-am spus: „Ia-ți mâinile de pe mine ori te omor."

El a răspuns: Nu.

Am zis: „OK" și l-am apucat de beregată. L-am strâns de gât până a leșinat. În acel moment, mi-am zis: „OK, mai am zece secunde până moare. Vreau să fac curățenie după?" Nu, nu am vrut să mă ocup de mizeria care ar fi rămas. Am crezut că pot să scap de pușcărie? Da, sigur, de ce nu? Pot să mă sustrag din orice. Sunt o ființă infinită. Dar am vrut să mă ocup de toate celelalte lucruri pe care le-ar fi creat acest act? Nu.

Asta este, atunci când faci o alegere, trebuie să fii dispus să ai conștientizarea modului în care te va afecta această alegere, pe tine și pe toți ceilalți din jurul tău. Aș ucide doar din amuzament? Nu. De ce aș ucide? Pentru că aș putea. Dar la fel poți și tu.

Întrebare: Poți să spui mai multe despre energia ucigașă și sistemul de judecăți pe care îl avem în această realitate față de cineva care ucide pe altcineva?

Gary: Energia ucigașă este despre a înțelege: „Această persoană este total inconștientă, total anti-conștientă. Este un rahat total. Mi-ar plăcea să o ucid? Da. O ființă infinită ar ucide persoana aceasta? Da. Pot să scap de asta cu ușurință? Stai puțin, prea mult de muncă, mergem mai departe."

Trebuie să ai disponibilitatea de a avea energia ucigașă și de a recunoaște că, dacă ucizi, va trebui să te ocupi de lucrurile din această realitate de care s-ar putea să nu vrei să te ocupi. Ca ființă infinită vei ști că a avea energia ucigașă și a fi dispus să ucizi nu presupune că trebuie să ucizi dacă nu vrei să faci față consecințelor faptului că ai ucis.

În această realitate există teoria că moartea e greșită și că a-i ține pe oameni în viață este corect. Oamenii care au ucis la un moment dat sunt trimiși la închisoare pentru totdeauna. Nu sunt omorâți. Asta se presupune a fi pedeapsă. O realitate interesantă. Îi schimbă pe oameni faptul că sunt la închisoare? Da. În bine sau în rău? De obicei, în rău. De ce? Pentru că în închisoare învață și mai bine să fie infractori. Îi pui pe toți infractorii în aceeași școală. Cu toții vor învăța aceleași lucruri. Pune-i acolo pe toți ca să poată învăța să facă și mai bine toate relele pe care le fac acum. Apoi ne întrebăm de ce sistemul nostru de justiție nu funcționează. O ființă infinită s-ar schimba cu adevărat dacă este în închisoare? Nu. Ce anume va schimba o ființă infinită? Doar punctul ei de vedere o va schimba.

Când folosești întrebarea: „Ar alege o ființă infinită acest lucru?" începi să te uiți la faptul că ai putea alege orice. Ai alegere infinită. Eu întreb: „Dacă aleg asta, ce rezultate voi avea? Cum vor fi lucrurile?"

Aleg să mă înfurii câteodată? Da. Persist în starea asta? De obicei, nu. De ce? Pentru că nu aduce nimic bun. Faptul că mă înfurii nu poate decât să justifice în lumea celeilalte persoane corectitudinea faptului că a ales să nu facă ceea ce i-am cerut să facă.

Chestia asta funcționează, nu-i așa? Deloc! Uită-te la alți oameni. Să zicem că ești într-un aeroport. Este o problemă cu avionul iar zborul a fost anulat. Oamenii se adună și țipă la doamna de la ghișeu ca și când ea e răspunzătoare. Nu e responsabilă, ea nu a făcut nimic. Ea este, biata de ea, doar cea care trebuie să-ți găsească un nou zbor.

Cei care țipă la ea se comportă ca niște ființe infinite sau sunt doar niște copii răsfățați? Niște copii răsfățați. Eu sunt drăguț cu doamna de la ghișeu și primesc ajutor sub diverse forme. Îi privește pe cei care țipă la ea și își spune în sinea ei: „Îmi pare rău, domnule, nu te voi ajuta."

Eu merg la ghișeu și spun: „Bună, ce pot să fac ca să-ți fac viața mai ușoară? Văd că ai o zi proastă."

Ea răspunde: „Poftim?"

Eu acționez ca o ființă infinită care știe că ea nu e răspunzătoare pentru problema apărută și că singurul mod de a obține ceea ce doresc este să fiu dispus să o ajut să depășească problema, oricare ar fi. Funcționează de fiecare dată.

Dain: E necesar un alt nivel de conștientizare decât acela din care sunt dispuși să funcționeze cei mai mulți dintre oameni. Este o conștientizare legată de ce anume va crea un rezultat mai măreț pentru toată lumea. În primul moment, poate că vrei să te superi dar, o ființă infinită ar alege cu adevărat asta? Nu. Tu creezi un rezultat complet diferit prin comparație cu ce creează ceilalți – și viața ta devine mai ușoară.

Gary: Acesta este motivul pentru această cheie. Îți face viața mai ușoară. O ființă infinită ar fi cu adevărat supărată pe copilul ei? Da, la naiba... timp de zece secunde și apoi îmi trece. Pentru că îmi dau seama că supărarea mea nu va schimba nimic.

Dain: Ai zece secunde să-ți trăiești restul vieții. Ai două alegeri: să-ți tragi un pumn în față cu mâna dreaptă sau să alegi altceva.

Pe care ai ales-o? De ce te-ai pocnit în ochi? Nu-ți va plăcea rezultatul.

Gary: Ești deja dispus să știi care va fi rezultatul. A-mi trage una în ochi o să doară. Nu cred că o să fac asta.

Trebuie să recunoști: „Stai puțin, însuși faptul că pun această întrebare este începutul trezirii tuturor acelor locuri în care ființa infinită există, de fapt, pentru mine." Acesta este motivul pentru care pui întrebarea. De aceea se află acolo. Acesta este motivul pentru care este considerată a fi una dintre Cele zece chei.

Întrebare: Ce rol joacă a avea un scop în ceea ce alege o fiinţă infinită? Ar alege o fiinţă infinită să nu aibă confort în drumul ei spre conştiinţă?

Gary: Scop este ceea ce crezi că trebuie să ai pentru ca să ai un motiv să alegi. Nu aşa funcţionează. Nu trebuie să ai un motiv ca să alegi, ci doar să alegi.

O fiinţă infinită nu ar alege lipsa confortului pe calea spre conştientizare dar tu continui să alegi să te simţi inconfortabil. Aşadar, ce alegi cu adevărat? Alegi să fii conştient sau alegi să-ţi diminuezi conştientizarea pentru ca să suferi? În această realitate, suferinţa este pe acelaşi nivel cu un alt concept al acestei realităţi şi anume cucernicia. Tu crezi că singurul mod în care vei obţine regatul lui Dumnezeu este dacă suferi şi faci ca alegerea să fie dificilă şi dureroasă. Tu faci din fiinţa infinită ceva greu. Este ca şi când crezi că viaţa ar trebui să fie un penis – singurul moment în care este valoros este atunci când este tare (*n.t. joc de cuvinte în limba engleză unde hard = tare, greu*).

Întrebare: Mă întreb de ce ar alege o fiinţă infinită să fi creat doi bărbaţi minunaţi în viaţa ei şi ce întrebare ar trebui să-şi pună despre următoarea situaţie pe care a creat-o: Unul dintre bărbaţi este un tată fantastic, celălalt este un amant fabulos. Ambii sunt chipeşi, inteligenţi, amuzanţi, sănătoşi, blânzi, creativi, de succes, humanoizi* totali. Ea şi-a întrebat soţul despre relaţia lor dar singurul lucru pe care el i l-a spus a fost: „Tu ce vrei?" Ea ştie că nu-i poate cere lui să se schimbe ci poate doar să fie invitaţia pentru ca el să se schimbe, ceea ce nu s-a întâmplat încă, şi e curioasă ce să facă.

Gary: Ei bine, în primul rând, o fiinţă infinită nu s-ar defini pe sine ca fiind o *ea.* În al doilea rând, de ce nu ai avea douăzeci şi cinci de bărbaţi fabuloşi în viaţa ta în loc de doar doi? Faci din ceea ce ai ales ceva care e greşit? Ca fiinţă infinită, din ce motiv nu ai alege să ai doi bărbaţi fabuloşi?

Ai ales să consideri că greşeşti cumva pentru că ai multiplu din orice în viaţa ta. Ai deja doi sau trei copii. Deja ai multiplu din ceva. De ce

---

* Vezi glosarul pentru definiţie.

nu ai avea multiplu din toate? Dacă ai trei copii, nu ar trebui să ai trei tați? Încerci să judeci ființa infinită după standardele acestei realități.

Tot ce este acest lucru, de un dumnezeilion de ori, vrei să distrugi și să decreezi în totalitate? Right and wrong, good and bad, POD and POC, all 9, shorts, boys and beyonds.

Legat de faptul că soțul te întreabă ce vrei, e bărbat. Ce ar trebui să facă? El a ales să vină aici ca bărbat ceea ce înseamnă: „Ce vrei de la mine?" Asta e tot ce poate să spună: „Ce vrei de la mine?" Nimic altceva nu e posibil. De ce e așa? În această realitate, un bărbat este într-un anumit fel. Pur și simplu așa e bărbatul. El vrea să știe ce trebuie să facă pentru a te satisface pe tine, femeia.

Tot ce este acest lucru, de un dumnezeilion de ori, vrei să distrugi și să decreezi în totalitate? Right and wrong, good and bad, POD and POC, all 9, shorts, boys and beyonds.

Îi poți cere ce vrei. Dacă alege să nu facă lucrul acela, atunci el face o alegere. Dacă îi ceri să se schimbe, trebuie el să se schimbe? Nu. Este alegerea lui să se schimbe? Da. Cei mai mulți dintre voi aveți punctul de vedere că nu puteți cere nicicând ceea ce doriți în viață. O ființă infinită nu ar cere ce-și dorește? O ființă infinită ar aștepta ca altcineva să livreze ceea ce vrea ea? Sau ar fi ele însele capabile să livreze acel lucru? Continui să crezi că nu poți cere pentru că, dacă ai face-o, ai pierde totul. De ce nu întrebi pur și simplu: „Ce vreau eu să creez aici?"

Tot ce este acest lucru, de un dumnezeilion de ori, vrei să distrugi și să decreezi în totalitate? Right and wrong, good and bad, POD and POC, all 9, shorts, boys and beyonds.

Întrebare: Există oameni în această realitate care funcționează ca ființe infinite tot timpul?

Gary: Eu. Dain. Ca ființă infinită ești tot timpul în întrebare. Nu ești niciodată în răspuns. Atunci când tragi o concluzie sau încerci să găsești un răspuns trebuie să ajungi la judecată. Trebuie să funcționezi dintr-o realitate complet diferită.

Iată un exemplu. La un moment dat, toată lumea îmi spunea: „Trebuie să încetezi să-i mai dai fiicei tale atât de mult. O răsfeți." Am întrebat: „O ființă infinită ar deveni răsfățată?" Nu. O ființă infinită nu poate fi răsfățată.

Dain: Gary pune întrebări de fiecare dată când este vorba despre a-i da ceva. Va spori acest lucru posibilitățile din viața ei și din lume? Și dacă răspunsul este da, atunci doar de asta e interesată o ființă infinită.

A pune o întrebare este modul prin care ai posibilitatea de a crea ceva mai măreț decât această realitate. Ori de câte ori vrei să alegi ceva, întreabă: „Va crea acest lucru posibilități mai mărețe?" Folosește această întrebare atunci când cumperi o mașină, îți alegi un iubit, începi o relație, alegi un job sau orice altceva. Sună așa:

- Va crea acest lucru posibilități mai mărețe?
- Va fi acest lucru rentabil?

Gary: Nu rezuma totul la această realitate. Este despre ce poți tu alege care ar crea și ar genera o realitate diferită pentru tine. Această realitate nu poate fi niciodată mai bună pentru tine. Poți încerca. Te iubesc mult, dar ești nebun.

Dain: Atât timp cât alegi din această realitate sau prin intermediul acestei realități, nu poți crea ceva mai bun. Alege din alt loc, de acolo de unde pui întrebarea: „O ființă infinită ar alege cu adevărat acest lucru?" Doar pune această întrebare.

Dacă pui această întrebare, permite energiei să fie acolo și apoi alege. Va deschide ușa pentru ca acel lucru să devină o alegere pe care o ai la dispoziție. Te rog nu te judeca pentru că nu ai acces la ceea ce ar alege o ființă infinită în aceste zece secunde. Începe să pui întrebarea și dă-ți o șansă să înveți cum să faci asta.

Gary: Cum ar fi dacă ai alege ceea ce ți-ar expansiona viața? Cel mai bun mod prin care pot să explic asta în termenii acestei realități este așa: Ai o alegere. Poți să mergi la McDonald's și să mănânci un Big Mac cu cartofi prăjiți și să bei o Coca-Cola sau poți merge la restaurantul alăturat unde servesc paté, caviar, șampanie, blinis și alte lucruri minunate de mâncat. Poți mânca ceva ca răsfăț culinar sau poți alege mâncarea obișnuită a acestei realități. Pur și simplu trebuie să alegi unde vrei să mergi.

Și nu este o situație ori-ori. Merg la McDonald's? Dacă sunt în Australia și vreau să mănânc cartofi prăjiți, da, voi merge la McDonald's.

Dar asta este tot ce voi mânca de la McDonald's oriunde în lume. Nu voi merge în cel mai scump loc din lume unde au iced tea din mango pentru că nu-mi place iced tea din mango. O ființă infinită ar alege să nu bea iced tea din mango? Doar dacă alege să nu bea. Eu aleg ce funcționează pentru mine. Trebuie să fii dispus să recunoști ce anume funcționează pentru tine și să alegi acel lucru. Nu e vorba că McDonald's nu e în regulă. E vorba că are mâncare banală și un meniu limitat și ai putea avea un meniu nelimitat cu posibilități nelimitate și lucruri delicioase de mâncat. Unde vrei tu să trăiești? Asta este ce trebuie să cauți.

Întrebare: Se pare că mă împotrivesc acestei realități în loc să o includ. Poți vorbi puțin despre asta?

Gary: Ei bine, cam așa funcționează majoritatea oamenilor. Tu încerci să faci o versiune mai bună a acestei realități sau te împotrivești acestei realități în loc să întrebi: „Ok, ce anume din această realitate funcționează pentru mine? Ce nu funcționează? Ce alegere am aici pentru a face ca totul să funcționeze pentru mine?"

De asemenea, poți să întrebi: „Cum pot folosi asta în avantajul meu?" De exemplu, am vrut să-mi aduc caii din Costa Rica să fie prezenți în spectacolul *Fiesta of the Spanish Horse* (Sărbătoarea calului spaniol). Am cheltuit 10.000 de dolari pentru ca ei să fie prezenți în acest spectacol timp de două minute jumătate pentru a putea crea și stabili relații cu oamenii care ar fi putut fi interesați. Am găsit câțiva oameni: unii dintre ei erau interesați, unii au răspuns, alții nu. Acum știu două persoane care sunt interesate de acești cai. S-a creat o altă posibilitate. M-a costat 10.000 de dolari să stabilesc o linie de comunicare. A meritat? Am vreo judecată legat de acest lucru? Nu, nu am nicio judecată și nici nu atașez o valoare acestui lucru. În această realitate încercăm să dăm valoare lucrului pe care îl alegem ca și când asta ar crea vreo diferență în alegerea noastră. Dar, de fapt, este vorba despre ceea ce va face ca totul să funcționeze pentru tine.

Odată, am fost la cumpărături cu Dain când voia o imprimantă nouă. S-a uitat la toate imprimantele din magazin și a zis: „Nu știu pe care să o aleg."

Dain: La început voiam să o cumpăr pe cea care costa 500$ pentru că punctul meu de vedere era că o voiam pe cea mai scumpă. Apoi, Gary mi-a spus: „Pe care ai alege-o dacă ţi-ai permite orice? Dacă banii nu ar fi problema, ce ai alege?" Am răspuns: „Aş alege-o pe cea care ar funcţiona cel mai bine şi mi-ar oferi ceea ce doresc." Nu ar conta dacă ar fi mult mai scumpă sau mult mai ieftină.

Chiar lângă raftul cu imprimanta de 500$ am găsit una de 150$ care făcea tot ce aveam nevoie. Mi-am spus: „Uau, dacă banii nu ar fi problema, aş alege-o pe aceasta." Am cumpărat-o şi am dus-o acasă şi am fost foarte fericit că am ales-o pentru că imprimanta de 500$ ar fi fost prea mare pentru biroul meu. Sunt fericit că nu am făcut din bani o problemă pentru că, în orice caz, ar fi trebuit să returnez imprimanta mai scumpă şi să o cumpăr pe cea de 150$.

Gary: Alege din starea: „Ce va funcţiona cel mai bine pentru mine? Ce anume îmi va da ceea ce-mi doresc cu adevărat?" Când faci asta, ajungi să cumperi obiectul care funcţionează cel mai bine pentru tine. Banii nu sunt problema. Acesta este motivul pentru care întrebi: „O fiinţă infinită ar alege cu adevărat acest lucru?" Această întrebare include pe oricine altcineva care este implicat alături de tine. Nu e ca şi când tu, ca fiinţă infinită, eşti separată de tot restul. Trebuie să fii implicat în tot. Când Dain a cumpărat imprimanta de 150$ a funcţionat pentru că întregul univers a fost inclus în decizia sa. De aceea s-a potrivit în biroul lui.

Cunosc persoane care cumpără cea mai scumpă sticlă cu vin atunci când merg la magazin şi nu cumpără vinul care ar fi cel mai gustos. O fiinţă infinită ar alege întotdeauna cel mai scump lucru?

Cu ani în urmă, am fost cu un prieten la o degustare de vinuri. Am început seara cu o sticlă de vin de 25$ iar apoi el a comandat a doua sticlă crezând că e tot 25$. S-a dovedit că era 125$. La început a fost îngrozit dar apoi a decis să aibă propria lui degustare de vinuri. A dat voie tuturor să guste puţin din vinul lui. A fost foarte interesant. Era o diferenţă foarte mică între sticla de 25$ şi cea de 125$. Sticla de 125$ era doar cu zece la sută mai bună.

O fiinţă infinită ar alege ceea ce e mai gustos? O fiinţă infinită ar alege ce are un preț și un gust bun? Sau o ființă infinită ar alege întotdeauna ceea ce este cap de listă? În această realitate presupunem că ceea ce este cap de listă este ceea ce obții dacă ești o ființă infinită pentru că, fiind o ființă infinită ai putea avea orice îți dorești.

Dain: Dar asta dacă privim prin prisma acestei realități. O ființă infinită ar alege ceea ce ar funcționa cel mai bine și ce ar da rezultatul cel mai măreț. Este Regatul lui Noi˙. Când faci o alegere ca ființă infinită, incluzi totul și pe toată lumea în alegerile pe care le faci.

Gary: Ideea acestei chei este să te scoată în afara judecății și să te aducă în conștientizare. Nu încerci să faci alegerea „cea mai bună" sau alegerea „corectă".

Să spunem că te duci să cumperi o rochie neagră. Cum stabilești ce rochie neagră vei alege? O vei alege pe cea care arată cel mai bine pe tine, pe cea în care te simți cel mai bine, pe cea care costă cel mai puțin? Sau o vei cumpăra pe cea cu care vei putea merge la mai multe evenimente decât cel pentru care o cumperi acum? Atunci va apărea rochia cea mai grozavă. Rochia devine ceva care pune în valoare fiecare aspect al vieții tale.

Întrebare: Adesea fiul meu mă enervează pentru că este atât de nerecunoscător. Acum câteva zile, l-am dus cu mașina la un eveniment și nu a arătat niciun pic de recunoștință. Am zis în sinea mea: „Netrebnic mic!" Am fost la un pas să opresc mașina și să spun: „OK, dă-te jos." Apoi am trecut la: „Așa l-am crescut. Să fie nerecunoscător." M-am enervat încă o dată pentru că mă ia de fraieră. Cum să fac să nu mă mai enervez?

Gary: Ori de cât ori mă irită ceva, știu că nu o fac din ființă infinită. Știu că sunt în judecată.

Așadar, ești supărată pe fiul tău – sau ești supărată pe tine? Întreabă: „Pe cine sunt supărată? Sunt supărată pe el sau sunt supărată pe mine?" Poate că te irită faptul că te enervează chestia asta.

În jumătate din cazurile când sunt iritat, este pentru că încerc să îmbrățișez un punct de vedere pe care părinții mi l-au impus cu privire la cum trebuie să-mi cresc copiii.

˙ Vezi glosarul pentru definiție.

Și încetez să mai fiu iritat când îmi dau seama că încerc să creez ceva în care nu cred. Încerc să-mi creez viața din realitatea altcuiva. Pun întrebarea: „O ființă infinită ar crea din acest loc din care creez eu? Va crea iritarea ceea ce îmi doresc eu cu adevărat să creez aici?" Da sau nu? E simplu.

Copiii se vor purta cel mai urât cu tine și cel mai frumos cu ceilalți. Când fiul tău a stat aici la noi, era recunoscător pentru tot. Și va fi recunoscător față de alții, doar că nu va fi niciodată recunoscător față de tine. Tu ești mama, iar mama nu are nevoie de nimic. Mama este ca o mobilă pe care te așezi și peste care calci. Mamele sunt precum preșurile, îmi pare rău.

În sinea mea cred că dacă îi spun: „Ești un rahat nerecunoscător" se va schimba. Presupun că asta este ceea ce cred atunci când mă înfurii. Alaltăieri când l-am dus cu mașina, i-am făcut scandal câteva minute legat de cât de nerecunoscător este, în speranța că o să priceapă. Mă simt atât de neapreciată.

Gary: De ce te obosești? Eu mă enervez și apoi îmi dau seama că nu contează în câte moduri o spun, cum o spun sau cât de mult vorbesc despre asta. Nu se va schimba.

O ființă infinită s-ar simți neapreciată? Sau o ființă infinită ar fi dispusă să spună: „Ok, fiul meu este un nemernic nerecunoscător" și apoi ar merge mai departe? Trebuie să te uiți la ce se află în fața ta. La un moment dat, fiul meu cel mic întârzia mereu. De fiecare dată când se întâmpla asta, scoteam flăcări pe nări și făceam un scandal monstru.

Într-o zi, fiica mea Grace m-a privit și mi-a spus: „De ce te obosești, tata?"

Am spus: „Ce vrei să zici?"

Ea m-a întrebat: „Chiar crezi că se va schimba?"

Am răspuns: „Ah, bine zis, mergem mai departe" și nu mi-a mai păsat.

Data următoare când fiul meu mi-a spus că vrea să ne întâlnim, l-am întrebat: „La ce oră vrei să ne vedem?" Mi-a spus o oră și am zis bine. Când a venit ora întâlnirii, eram la cumpărături cu Dain și i-am spus: „Mai avem 45 de minute în plus. Întârzie mereu."

Când am ajuns noi, cu o întârziere de 45 de minute, fiul meu era acolo, așteptând, iritat la culme. Bătea din picior la fel cum făceam eu când era el în întârziere.

Mi-am zis: „Ce amuzant!"

Trebuie să recunoști ceea ce va face cealaltă persoană. O ființă infinită va fi mereu în întârziere? O ființă infinită va fi mereu nerecunoscătoare? Nu. Dar oamenii nu funcționează întotdeauna ca ființe infinite, funcționează ca ființe finite. Ai să schimbi o ființă finită într-o ființă infinită? Răspunsul e nu.

Nouăzeci la sută din ceea ce oferi nu apreciază nimeni. E ok. Din ce motiv s-ar opri o ființă infinită din a mai dărui?

Întrebare: Dacă știi ce funcționează pentru tine și ce nu, ar putea fi asta o limitare?

Gary: Ei bine, o ființă infinită ar alege întotdeauna același lucru? Ai alege să mănânci întotdeauna la McDonald's sau ai mai merge și în alte locuri? Ai alegeri multiple pentru orice în viață dar acționezi ca și când singurele alegeri pe care le ai sunt alegerea bună și alegerea proastă. O ființă infinită ar avea alegere infinită. Cât de mult funcționezi din lipsa alegerii în viața ta?

Întrebare: Dacă facem aceeași greșeală în mod repetat este asta deoarece creăm o fantezie?

Gary: Da, fanteziile sunt modul în care continuăm să facem greșeli. De fiecare dată când creăm o fantezie despre orice, ne reducem total capacitatea de conștientizare cu privire la viitor și dăm voie să apară doar un rezultat care se potrivește cu acea fantezie.

Câte fantezii legate de Cele zece chei ai făcut atât de reale încât, chiar și în fața conștientizării totale, nu le vei schimba, alege sau transforma? Tot ce este acest lucru, de un dumnezelion de ori, vrei să distrugi și să decreezi în totalitate? Right and wrong, good and bad, POD and POC, all 9, shorts, boys and beyonds.

Am încercat atât de multe lucruri și am iluzia că nici Access Consciousness nu va funcționa.

Asta nu e o iluzie, este o certitudine absolută.

Faptul că nu va funcționa?

Da. Nu va funcționa. Access Consciousness nu funcționează – dar *tu* funcționezi. Pe cine anume nu ești dispus să lași să funcționeze? Pe Access Consciousness sau pe tine?

Ca ființă infinită, ai fi capabil să rezolvi situații și să faci lucrurile să funcționeze pentru tine? Vei fi capabil să faci să funcționeze pentru tine orice ești dispus să faci să funcționeze pentru tine.

Toate fanteziile care te țin blocat în afara zonei în care tu funcționezi pentru tine, vrei să le distrugi și să le decreezi în totalitate? Right and wrong, good and bad, POD and POC, all 9, shorts, boys and beyonds.

Ce fantezie ai făcut atât de reală despre „Cele zece chei către libertate deplină" încât nici măcar în fața conștientizării totale nu o poți schimba, alege sau transforma? Tot ce este acest lucru, de un dumnezelion de ori, vrei să distrugi și să decreezi în totalitate? Right and wrong, good and bad, POD and POC, all 9, shorts, boys and beyonds.

Întrebare: Pentru mine a fost o adevărată lovitură când ai vorbit despre cum, atunci când alegi ceva, trebuie să te uiți la modul în care se vor desfășura lucrurile sau să vezi consecințele a ceea ce va rezulta din asta. Eu fac acest lucru într-un mod strălucit pentru alții, mai ales la cabinetul meu, dar nu o fac la fel și pentru mine.

Gary: Acesta este motivul pentru care trebuie să pui întrebarea: „O ființă infinită ar alege cu adevărat acest lucru?"

Dain: Întrebarea deschide ușa pentru ca să poți păși acolo. Chiar acum, în viața ta, nu poți vedea unde se află ușile pentru a merge acolo. Odată ce pui întrebarea, vei vedea uși pentru posibilități care sunt disponibile. Ele au fost mereu acolo. Ca ființă infinită ai putut vedea aceste uși pentru alte persoane dar nu ai putut să le vezi niciodată pentru tine însuți pentru că nu te vezi pe tine ca ființă infinită.

Asta e bună. Mă voi juca folosind-o.

Gary: Te rog să o faci. Nu percepi propria ta valoare. Continui să te uiți la tine ca fiind mai-puțin-decât.

O ființă infinită nu ar fi niciodată mai puțin decât altcineva, nu-i așa? Ar fi întotdeauna doar diferită.

Dain: La cabinetul tău, când lucrezi cu oamenii, ești dispus să îi vezi mai măreți decât sunt dispuși să se vadă pe ei înșiși? Tu știi că asta e adevărat despre ei?

Da, tot timpul.

Dain: Asta este parte din motivul pentru care oamenii vin la tine, pentru că ești dispus să vezi ceva mai măreț în ei decât sunt ei dispuși să vadă.

Gary: Este ceea ce te face să fii bun.

Dain: Este ceea ce te face să fii nemaipomenit în ceea ce faci. Este posibil să fii dispus să petreci cinci până la cincisprezece minute în fiecare zi ca să faci o sesiune pe tine ca și când ai fi venit tu la tine pentru o sesiune și doar să fii prezent cu tine? Fă-o ca și când ai fi venit la tine pentru o sesiune și uită-te la tine așa cum te uiți la clienții tăi.

Pot face asta.

Gary: Credem o mulțime de rahaturi din ce ne spune familia noastră, anturajul și oamenii de lângă noi. Este întotdeauna despre cum suntem mai buni sau mai răi. Cum ar fi dacă nu ai fi nici mai bun, nici mai rău ci doar diferit? Tu, ca ființă infinită, asta ești: diferit. Nu ești mai bun, mai rău, mai mult, mai puțin, ci ești doar diferit. De aceea ființa infinită este un aspect atât de important. Face să fie ok să fii diferit și, de asemenea, îți dă un spațiu de unde începi să-ți dai seama că nu trebuie să te judeci.

Dain: Începi să vezi cum, fiind acea unicitate, poate să-ți facă viața să apară altfel. Unicitatea care ești îți va crea viața ca ceva diferit față de cea a altor oameni. Diferită de durerea și suferința, trauma și drama pe care toți ceilalți le găsesc atât de valoroase. A pune această întrebare este un mod grozav de a deschide o ușă care să te ducă acolo.

Gary: Ce fantezii despre a nu fi ființa infinită care ești ai făcut atât de reale încât nici în fața conștientizării totale nu le vei schimba, alege sau transforma? Tot ce este acest lucru, de un dumnezelion de ori, vrei să distrugi și să decreezi în totalitate? Right and wrong, good and bad, POD and POC, all 9, shorts, boys and beyonds.

Întrebare: Lucrez cu grupuri mari de oameni la clasele mele. Mă expansionez de fiecare dată înainte să susțin clasele, dar cel mai adesea, după clasă, mă simt ca și cum am fost călcat de un camion. Mă simt ca orice altceva doar ca ființă infinită nu. Cum să depășesc asta?

Gary: Ai vreo fantezie despre a fi călcat de un camion? Sau, cât de multă energie e necesară pentru a face clasele?

Câte fantezii despre a te simți ca și când ai fi călcat de un camion ai făcut atât de reale încât nici măcar în fața conștientizării totale nu poți sau nu le vei schimba, alege sau transforma? Tot ce este acest lucru, de un dumnezelion de ori, vrei să distrugi și să decreezi în totalitate? Right and wrong, good and bad, POD and POC, all 9, shorts, boys and beyonds.

Am rulat o versiune a acestui proces pe mine. Eram obosit tot timpul. Îi spuneam lui Dain: „Sunt atât de obosit!"

Dain mă întreba: „De ce anume te-ai săturat?" Îi dădeam o listă lungă de lucruri de care mă săturasem dar nimic nu se schimba.

M-am întrebat: „Ok, ce-mi scapă în situația asta?" Apoi, într-o zi, am întrebat: „O ființă infinită ar alege să fie obosită? Nu! Atunci, de ce naiba aleg eu asta?"

Am întrebat: „Ce fantezie am aici care mă epuizează?" Mi-am dat seama că ajunsesem la concluzia că, lucrând atât de mult cât lucram, trebuia să fiu obosit. Am început să rulez un proces cu fantezia despre a fi obosit și, dintr-odată, oboseala mea a dispărut.

Ieri, după ce am terminat patru zile de clase intense, m-am simțit ca și când am fost lovit de un camion de mare tonaj. Așa că am întrebat: „Ok, câte fantezii am care creează asta ca o realitate?" Dintr-odată, am început să mă simt mai bine. Apoi am întrebat: „O ființă infinită ar alege cu adevărat să fie lovită de un camion? O ființă infinită ar alege să fie obosită? O ființă infinită ar trebui să se simtă prost?" Fanteziile sunt ceea ce creezi ca să iei deciziile și să faci alegerile pe care le-ai făcut reale.

Trebuie să te uiți la aceste două situații. Recunoaște că ele pot merge împreună. Le poți schimba pentru că ești o ființă infinită. Poți schimba practic orice dacă vrei.

Întrebare: Am participat la clasa de care vorbești și de atunci încoace am fost extrem de iritat de cât de înceți sunt toți ceilalți: în mașină, la supermarket și peste tot unde mă duc. Sunt mai iritat ca niciodată. Oamenii sunt mai înceți decât am observat vreodată.

Gary: Știu, punctul tău de vedere de bază este: O ființă infinită s-ar mișca atât de încet pentru ce motiv? Dă-te din calea mea!

Exact asta spun și eu!

Gary: Pe măsură ce devii mai conştient, începi să-ţi dai seama cât de încet se mişcă lumea. Poate să fie incredibil de enervant. Vestea bună este că vine un moment în care conştientizarea ta este mai mare decât permisivitatea*. Chiar acum, conştientizarea ta ţi-a depăşit permisivitatea.

Da, am nevoie de mai multă permisivitate.

Gary: Ai nevoie de mai multă permisivitate şi mai mult punct de vedere interesant. De curând, Dain şi cu mine eram în avion venind spre casă din Australia unde am ţinut o clasă iar eu eram iritat la culme şi uram pe toată lumea. Am zis: „Vreau să-i omor pe toţi din avionul acesta."

Dain m-a întrebat: „Uau, ce se petrece de fapt?"

Am răspuns: „Nu ştiu dar nu am niciun fel de permisivitate faţă de nimeni de aici. Sunt toţi nişte tâmpiţi." De obicei, pe zborurile noastre lungi, întâlnim însoţitoare de zbor foarte drăguţe. De data asta, am avut una care era o urâtă şleampătă, atât de infatuată şi nesuferită încât voiam să sar din scaun şi să o strâng de gât. Tot ce spunea era enervant.

Dain m-a întrebat: „Aşadar, permisivitatea ta a fost depăşită de conştientizare?" Am spus „Da! Va trebui să-mi expansionez permisivitatea." Vei trece prin faze când va trebui să-ţi expansionezi permisivitatea întrucât nivelul de conştientizare a depăşit nivelul de permisivitate care eşti dispus să fii.

Rularea Bars** ajută. Ajută mult dar nu e de ajuns. Trebuie să-ţi sporeşti nivelul de permisivitate şi apoi devine ok.

De cele mai multe ori, gradul meu de permisivitate este aproape incredibil. Iar atunci când ajung într-un punct în care permisivitatea mea dispare e aşa: „Uau! Ce fac acum?" Dacă rularea Bars nu ajută, ştiu că nivelul meu de conştientizare a depăşit nivelul de permisivitate şi trebuie să rulez mai mult punct de vedere interesant.

Unul dintre motivele pentru care avem această conversaţie este pentru că am observat că oamenii nu au înţeles cum să aplice „Cele zece chei" în viaţa lor. Aşa că încerc să vă dau exemple despre cum le folosesc eu în viaţa mea.

---

* Vezi glosarul pentru definiţie.
** Vezi glosarul pentru definiţie.

Cu cât aplici mai mult această cheie, cu atât mai repede vei începe să funcționezi ca ființa infinită care ești în loc să trebuiască să pui întrebarea. Dar trebuie să începi prin a întreba: „O ființă infinită ar alege cu adevărat acest lucru?"

Să spunem că ești elev și trebuie să mergi la școală. De ce trebuie să mergi la școală? Pentru că vrei să te școlești. De ce vrei să primești educație? Pentru că știi că asta te va ajuta într-un fel. Cum știi asta? Pur și simplu știi. Mergi la școală și urăști testele. O ființă infinită ar alege cu adevărat să urască testele? Nu. Atunci, de ce naiba eu urăsc testele? Trebuie să te uiți la situația asta și să întrebi: „Ok, cum schimb acest lucru? Ce pot face diferit? Ce pot fi diferit care ar schimba această situație?"

Când pui aceste întrebări, mai ales: „Ar alege o ființă infinită cu adevărat acest lucru?", începi să observi că funcționezi precum o ființă finită.

Întrebi: „Cum pot schimba asta?" Întregul scop al acestei conversații este să te încurajeze să recunoști când funcționezi ca o ființă finită ca să poți alege să funcționezi altfel. Poți să alegi ceva diferit.

„Cele zece chei" nu sunt niște reguli dificile și rapide pe care trebuie să le urmezi. Te joci cu ele ca să poți ajunge în punctul în care ești partener de joacă pentru conștiință. Îți dorești parteneri de joacă, nu-i așa? Singurul mod prin care vei crea parteneri de joacă pentru conștiință este dacă devii persoana dispusă să se joace cu conștiința. Nu vine din încercarea de a face lucrurile corect sau greșit.

Dain: Te rog nu alege din corect sau greșit. Nu alege din judecată. Alege din: „Cu ce altceva mă pot juca aici ca să-mi fac viața tot ce mi-ar plăcea să fie?"

Începe să rulezi procesul cu fantezia și întreabă: „Câte fantezii am care mențin acest lucru în loc?" De fapt, fantezia ta este cea care nu îți permite să vezi un viitor și să schimbi ceva cu ușurință.

2

Totul este doar un punct de vedere interesant

Gary: Salutare tuturor. În această seară vom vorbi despre cea de a doua cheie: totul este doar un punct de vedere interesant.

Înainte de toate, haideți să vorbim despre *punct de vedere* și *conștientizare*. Un punct de vedere este o poziție din care observăm ceva, este un anumit mod în care privim ceva. Un punct de vedere este diferit de conștientizare.

Conștientizare este a vedea ceea ce vezi și a nu avea un punct de vedere cu privire la asta. Altminteri, e posibil să încerci să creezi ceva care poate nu există.

Dain: Definiția punctului de vedere este conținută în cuvintele *punct de vedere:* este punctul din care vezi ceva, ceea ce înseamnă că ocupi doar un singur loc în univers la un moment dat. Nu te poți afla în mai multe locuri.

Când adopți un punct de vedere, elimini spațiul și îl comprimi într-un punct, iar acesta este modul în care creezi o limitare, pentru că nu poți să fii conștient de nicio altă alegere, posibilitate sau contribuție. Nu funcționezi din întrebare.

Gary: În cartea „*Stranger in a Strange Land*" (Străin în țară străină) a lui Robert A. Heinlein, erau oameni numiți Martori imparțiali care fuseseră instruiți să raporteze exact ceea ce vedeau și auzeau, fără să facă extrapolări sau presupuneri. Martorilor imparțiali li se interzisese să tragă concluzii cu privire la ceea ce observau.

Cineva întreba un Martor imparțial: „Ce culoare are casa aceasta?"

Martorul imparțial, din poziția în care se afla, putea vedea două părți ale casei așa că spunea: „Pe partea aceasta, este culoarea aceasta și pe partea cealaltă este culoarea aceasta. Nu pot să emit un punct de vedere despre ce culoare au celelalte părți ale casei."

Spre deosebire de Martorii imparțiali, cei mai mulți dintre noi facem presupuneri în viețile noastre. Privim cele două părți ale unui lucru și presupunem că celelalte părți sunt în concordanță cu ceea ce am văzut deja. Acesta este un punct de vedere pe care ne obligăm să-l îmbrățișăm ca și când a presupune că ceva se potrivește cu altceva înseamnă conștientizare. Nu este conștientizare!

Când îmbrățișezi un punct de vedere, nu poți să ai conștientizare atotcuprinzătoare. Tot ce poți avea este un punct de vedere.

În această realitate, te poți alinia și poți fi de acord cu un punct de vedere, care este polaritatea pozitivă, sau te poți împotrivi și poți reacționa la un punct de vedere, care este polaritatea negativă.

Oricare dintre ele – alinierea și acordul sau împotrivirea și reacția – te prinde în vâltoarea traumei, dramei, nefericirii și intrigii tuturor celorlalți și te ia pe sus. Nu percepi și nu primești ceea ce este.

Să spunem că te întâlnești pe stradă cu un om fără adăpost și el îți cere bani. Din aliniere și acord, e posibil să spui: „Of, bietul nefericit! E groaznic că se află în stradă. Poate că ar trebui să îi dau niște bani."

Din împotrivire și reacție, poate că spui: „Ia te uită și la omul ăsta! E un târâie-brâu! Mergi la muncă, amice!"

Din punct de vedere interesant, nici nu te aliniezi și ești de acord, și nici nu te împotrivești sau reacționezi. Îl privești pe omul acesta și-ți spui: „Ei bine, ce alegere interesantă." Nu ești luat de valul traumei și al dramei. Tu ești stânca din Gibraltar care menține totul în ordine în jurul său.

Din punct de vedere interesant, râul vieții vine spre tine și curge în jurul tău – iar tu ești în continuare tu. (Și, de obicei, omul străzii nu-ți va cere bani.) Când nu ești în punct de vedere interesant, ești prins în curentul acestei realități și ești dus de ape. Te pierzi pe tine în totalitate.

Cu ceva timp în urmă, a apărut o știre că un membru al Congresului din New York, pe nume Weiner, a postat pe contul său de Twitter o poză cu propriul penis. Lumea s-a enervat și l-au forțat să demisioneze. Punctul meu de vedere a fost: „Ei bine, interesant punct de vedere. Ce legătură are asta cu jobul lui? Faptul că și-a arătat penisul înseamnă că este incapabil să-și facă treaba? Dac-ar fi așa, ar însemna că nu am mai avea politicieni. Toți trebuie să-și arate penisul, într-un fel sau altul." Așadar, este doar un punct de vedere interesant.

Cineva mi-a spus: „Încerc să folosesc punct de vedere interesant dar nu prea pricep cum să fac asta pentru că folosesc punct de vedere interesant doar pentru chestiile care am decis că sunt puncte de vedere interesante."

Nu este despre ceea ce ai *decis* tu că ar trebui să fie punct de vedere interesant, este despre fiecare gând, sentiment și emoție pe care le ai! Totul este doar un punct de vedere interesant – pentru că, de la bun început, niciunul din acele puncte de vedere nu este al tău.

Trebuie, pur și simplu, să folosești punct de vedere interesant pentru fiecare punct de vedere, nu să judeci care sunt cele corecte, care sunt cele greșite, care sunt cele bune, care sunt cele rele, care îți plac și care nu-ți plac.

Tu ești dispus să faci punct de vedere interesant din lucrul care ai decis că nu-ți place dar nu ești dispus să faci punct de vedere interesant din lucrurile care ai decis că-ți plac, așadar nu poți să devii vreodată cu adevărat punct de vedere interesant.

Ce fantezie și ființări* folosești ca să nimicești și să suprimi interconectarea cuantică* care ți-ar permite să fii punct de vedere interesant? Tot ce este acest lucru, de un dumnezelion de ori, vrei să distrugi și să decreezi în totalitate? Right and wrong, good and bad,

_____

* Vezi glosarul pentru definiție.

POD and POC, all 9, shorts, boys and beyonds.

Dain: De fapt, ar avea o ființă infinită vreun punct de vedere? Când începi să funcționezi din interesant punct de vedere că am acest punct de vedere poți să ajungi în locul în care nu ai nicio soliditate în legătură cu nimic din ce iese la suprafață. Cu alte cuvinte, în loc să te afecteze emoțional ceva, este: „Ei bine, a fost interesant." În loc să-ți fie teamă de ceva, este: „Asta a fost interesant." În loc să te înfurie ceva, este: „Aha, este interesant." Tu ajungi să *fii* punct de vedere interesant. Poți să *fii* asta atunci când începi să alegi punct de vedere interesant.

Punct de vedere interesant este ceea ce au copiii. Este modul în care funcționează ei – și este exact cum am fost noi învățați să *nu* fim. Punct de vedere interesant este antiteza a tot ceea ce ai învățat încă de când erai mic. Tu, în mod firesc, ești punct de vedere interesant. Trebuie să te instruiești ca să nu fii asta.

Toate fanteziile și ființările pe care le ai în mod special pentru a nu fi punct de vedere interesant, vrei să le distrugi și să le decreezi în totalitate? Right and wrong, good and bad, POD and POC, all 9, shorts, boys and beyonds.

Te invităm să faci ceva care va crea o posibilitate complet diferită pentru tine. Dar trebuie să *faci* asta. De aceea avem aceste conversații despre „Cele zece chei" – pentru ca tu să le poți aplica, să le poți face, să devii aceste chei și să trăiești ca aceste chei în loc să simți că ele sunt ceva în afara ta pe care îl faci doar uneori sau pe care nu-l faci corect sau pe care nu-l înțelegi.

Fiecare din aceste „Zece chei" este despre un mod diferit de a fi în lume. Ele sunt diferite față de tot ceea ce am fost învățați pe planeta aceasta.

Gary: Ele sunt cheile pentru libertate absolută. Pentru aceia dintre voi care sunteți facilitatori, 90% din situațiile cu care vă confruntați când lucrați cu oamenii sunt despre „Cele zece chei".

Nouăzeci la sută din orice aspect din viața voastră are de-a face cu una dintre cele „Zece chei".

Dain: Oamenii creează mai mult de nouăzeci și nouă la sută dintre limitări deoarece nu funcționează din punct de vedere interesant.

99,9999% din tot ce creează dificultate în viața ta este acolo unde nu ai fost dispus sau capabil să funcționezi din punct de vedere interesant.

Gary: Cum poți să fii un facilitator bun dacă nu folosești punct de vedere interesant? Nu poți. Trebuie să folosești punct de vedere interesant ca să fii un facilitator grozav – pentru că dacă ai un punct de vedere atunci vei bloca persoana pe care încerci să o facilitezi cu ceva care nu este adevărat pentru ea sau pentru tine.

Ce fantezie și ființări folosești ca să nimicești și să suprimi interconectarea cuantică care ți-ar permite să fii punct de vedere interesant? Tot ce este acest lucru, de un dumnezelion de ori, vrei să distrugi și să decreezi în totalitate? Right and wrong, good and bad, POD and POC, all 9, shorts, boys and beyonds.

Gary: Bănuiesc că motivul pentru care această cheie a funcționat atât de bine pentru mine este faptul că nu mă interesează fantezia, mă interesează conștientizarea totală. Dacă nu funcționezi din „Vreau conștientizare totală, indiferent ce presupune asta" atunci nu poți face aceste lucruri. Probabil că nu poți trăi „Cele zece chei" pentru că încă funcționezi dintr-o fantezie oarecare sau o ființare, ca și când asta te va duce acolo unde vrei să ajungi sau îți va da ceea ce îți dorești să ai.

Dain: E interesant pentru că pe mine mă interesau fanteziile. În același timp, eram interesat și de conștientizarea totală, iar conștientizarea a distrus în cele din urmă majoritatea fanteziilor pe care le aveam. Iar viața devine mai bună.

Privesc înapoi și văd toate situațiile în care mă interesau fanteziile, mai ales cu privire la femei și relații. Acestea erau aspectele unde apăreau. Oricând nu știam ce să fac, ceea ce se întâmpla adesea, recurgeam la punct de vedere interesant.

Am făcut alegerea să stau acolo, să fiu prezent cu energia care ieșea la suprafață, indiferent de ce era, și să folosesc interesant punct de vedere că am acest punct de vedere. Când făceam asta, orice era în fantezia mea și/sau în ființare și orice părea valoros, se disipa. Cu cât foloseam mai mult punct de vedere interesant, cu atât mai mult simțeam că pot fi în prezența a orice fără să fiu consumat de acel lucru.

Dacă nu folosești punct de vedere interesant, dacă nu ești punct de vedere interesant, atunci fiecare punct de vedere care apare, și față de care e posibil să ai o încărcătură energetică, te posedă. Te duce în împotrivire și reacție.

Dacă este valoros pentru tine să te poți afla în prezența oricărui punct de vedere al oricui, chiar și a punctelor de vedere pe care toată lumea de pe planetă pare să le împărtășească, și să nu te pierzi pe tine, acesta este modul de a ajunge acolo.

Gary: Chiar acum, gândește-te la ceva ce te-a iritat, ceva de care nu te poți elibera. Știu că ai ceva. Poate că este vorba despre oameni proști și lenți. Poate că este despre bani.

• Uită-te la acel punct de vedere chiar acum și spune: interesant punct de vedere că am acest punct de vedere.
• Mai uită-te o dată la el și spune: interesant punct de vedere că am acest punct de vedere.
• Uită-te la el încă o dată și spune: interesant punct de vedere că am acest punct de vedere.
• Mai este acolo sau s-a schimbat?

Întrebare: Încerc să atrag mai mulți clienți în afacerea mea. Am intrat în câteva grupuri și am făcut și alte lucruri ca să întâlnesc oameni și să creez contacte noi dar e multă frustrare în universul meu. Nici măcar nu pot să folosesc punct de vedere interesant în privința aceasta. Nici nu știu cum să formulez exact.

Gary: Ia emoția frustrării. Acum spune: interesant punct de vedere că am acest punct de vedere în legătură cu asta. Fă-o încă o dată. Percepe sentimentul de frustrare apoi spune: interesant punct de vedere că am acest punct de vedere. Și încă o dată: interesant punct de vedere că am această frustrare.

Cum se simte acum? Frustrarea se simte la fel sau e diferită?

E diferită. E mai bine și tocmai am devenit conștient că nu trebuie să o am.

Gary: Ok, bine. Sunt recunoscător că ai adus asta în discuție. Ca să te simți frustrat, trebuie să îmbrățișezi punctul de vedere că ești frustrat. Atunci când îmbrățișezi punctul de vedere că poți fi frustrat, chiar poți să fii.

Acest exemplu de a fi frustrat ar trebui să-i ajute pe oameni să înțeleagă că pot folosi acest instrument cu orice fac semnificativ sau valoros. Când ai frustrarea în lumea ta sau atunci când te simți neajutorat sau copleșit de lipsa banilor sau de faptul că ai prea mulți bani, doar folosește: interesant punct de vedere că am acest punct de vedere.

Îmi dau seama că am ajuns la frustrare pentru că asta mă face să simt ca și când aș face ceva în legătură cu situația în care mă aflu. Dacă doar mă relaxez și stau liniștit simt ca și cum această problemă nu se va schimba.

Gary: Dar, este ea o problemă?

Aceasta este situația care mă frustrează la maxim în prezent. Rulez Bars oamenilor dar nu văd să apară vreo schimbare reală. Sunt convins că se petrec schimbări mai mult decât îmi dau eu seama dar găsesc situația asta...

Gary: Dacă rulezi Bars oamenilor din punct de vedere interesant, ei se pot schimba. Dar dacă rulezi Bars din punctul de vedere că tu vrei ca ei să se schimbe, acela nu este punct de vedere interesant. Trebuie să le permiți oamenilor să primească orice primesc, în orice fel primesc. Nu ar trebui să-ți dorești ca cineva să se schimbe.

Singurul lucru pe care e nevoie să ți-l dorești este să poți deschide căi pentru oameni iar ei să le urmeze în modul în care doresc. Scopul Bars este să permită oamenilor să aibă parte de orice schimbare primesc. Dacă se schimbă, se schimbă și dacă nu se schimbă, asta este alegerea lor.

Frustrarea apare doar atunci când vii dintr-un punct de vedere fix. Acesta este motivul pentru care încercăm să te aducem la punct de vedere interesant. Dacă faci sesiuni pe cineva și nu ești în punct de vedere interesant atunci ei nu se pot schimba. Îi împiedici să se schimbe. I-ai blocat cu „nu e punct de vedere interesant" ca și când aceasta este calea să-i faci să se schimbe.

Dain: Este ca și când tu crezi că este ceva greșit în legătură cu ei în loc să-ți dai seama că este ceva corect în legătură cu tot ce sunt în acel moment. Este ceva corect în legătură cu tot ce este, dar nu din starea de „corect" sau „greșit". Este doar o alegere pe care au făcut-o. Dacă abordezi lucrul cu ei din punct de vedere interesant, este uluitor ce se poate întâmpla.

Gary, dacă cineva vrea ca tu să te schimbi, tu ce faci?

Gary: Eu? Mă schimb.

Dain: Ha! Când cineva vrea ca un humanoid să se schimbe, ce facem? Spunem: „F___-i! Nu o să mă schimb. Nu. Nu o să mă schimb doar pentru că vrei tu."

Gary: Spunem: „Nu poți să mă obligi să fac asta."

Dain: Când vrei ca cineva să se schimbe, de fapt împingi în lumea lor o energie care spune: „Ar trebui să te schimbi. Ar trebui să fii diferit. Ar trebui să ai viața mai bună care știu eu că este posibilă pentru tine, prostule."

Iar ei spun: „Nu, nu mă voi schimba deloc pentru că încerci să faci tu asta pentru mine."

Trebuie să recunoști: „Se pare că am un punct de vedere pe care îl investesc în schimbarea acestor oameni. Interesant punct de vedere că am punctul de vedere că ei ar trebui să se schimbe."

Gary: Și cum ar fi dacă punctul tău de vedere interesant ar fi: „Ok, este alegerea lor. Dacă vor să fie bolnavi și să moară, nicio problemă. Dacă vor să facă orice fac, e la latitudinea lor."

Cineva mi-a spus de curând: „Prietenul meu e pe moarte dar eu nu vreau ca el să moară."

Am întrebat: „Suferă mult?"

Iar ea a răspuns: „Da. Urăsc faptul că suferă și nu vreau să moară."

Am răspuns: „Aceste două puncte de vedere pe care le-ai îmbrățișat îl blochează pentru că încearcă să stea pe aici pentru tine. Trebuie să sufere mai mult pentru că tu nu ești dispusă ca el să sufere. Dar dacă el face asta pentru a pleca de aici? Trebuie să fii în punct de vedere interesant."

Când lucrez cu oamenii, văd că ceva nu funcționează pentru ei și văd și ei asta dar se pare că nu reușesc să îi fac să...

Gary: Ei bine, înainte de toate, tu presupui că ei vor să schimbe situația aceea.

Dain: Și în același timp tragi concluzia că orice ar face nu funcționează pentru ei. Tu nu știi ce se petrece cu ei.

Gary: A nu se schimba funcționează pentru ei într-un anumit mod.

Dain: E la fel ca și frustrarea ta. Într-un anumit fel, frustrarea ta funcționează pentru tine. Altminteri nu ai alege-o.

Frustrarea aceea chiar nu funcționează pentru mine.

Dain: Da, dar de îndată ce ai început să folosești acest instrument ți-ai dat seama că: „Uau, am vrut ca ea să se afle acolo. Am vrut să fiu frustrată. Eu o creez, de fapt."

Gary: Poate că tu creezi oameni care nu vor să se schimbe cu adevărat pentru ca să-ți menții frustrarea.

Vrei să spui că atrag oameni care nu vor să se schimbe?

Gary: Oamenii se uită la tine și văd că problema banilor la tine e rezolvată. Și spun: „O, vreau să am ce are ea" ceea e înseamnă că vor să aibă banii tăi. Tu crezi că ei vor să-și schimbe situația în care se află dar nu e așa. Ei vor ce tu ai deja, și anume banii.

Sunt mulți oameni care au punctul de vedere că dacă nu fac bani, atunci, într-un final, le vei da tu din banii tăi. Mi se întâmplă asta tot timpul. Întotdeauna consider un punct de vedere interesant faptul că oamenii cred că le voi da bani.

Dain: Și pentru că el consideră că ăsta este un punct de vedere interesant, nu-l afectează. Cu alte cuvinte, el spune doar atât: „Ok, interesant." Nu trebuie să le dea bani decât dacă vrea și nu trebuie să se simtă prost dacă nu le dă bani – pentru că ideea că el ar trebui să facă acest lucru este doar un punct de vedere interesant.

Iată un alt exemplu. Am avut o relație cu o femeie. La câtva timp după ce s-a terminat, m-a sunat și mi-a spus că avea o problemă îngrozitoare pe care trebuia să o rezolve. (Avea cancer). Am spus: „Bine, îți voi oferi zece sesiuni ca să vedem dacă putem rezolva asta." În fiecare sesiune, în loc să abordăm subiectul acesta, ea îmi spunea cum noi aparținem unul altuia. Spunea că ar trebui să fim împreună și că vom fi împreună până la sfârșitul vieții. Nu o interesa deloc să rezolvăm cancerul. O interesa compătimirea, trauma și drama care – din punctul ei de vedere – ne-ar apropia unul de celălalt. Mulți oameni cred că se pot apropia de alții dacă au o problemă majoră care nu poate fi soluționată.

Așa că trebuie să te întrebi: „Încerc să rezolv o problemă pe care această persoană nu vrea să o rezolve? Ce se petrece aici cu adevărat?" Asta este ideea punctului de vedere interesant. Când folosești acest instrument, poți să vezi ce se petrece cu adevărat. Dacă nu ai un punct de vedere interesant, vei alege un punct de vedere care elimină conștientizarea pe care ai putea-o avea în legătură cu ce se petrece. Când faci asta, poți să vezi lucrurile doar din acel punct, nu poți să vezi ce se întâmplă cu adevărat.

Gary: Când mă sună oamenii și-mi spun: „Am nevoie de ajutor" îi întreb: „Ce se petrece?"

Ei răspund: „Nu știu."

Întreb: „Ai vrut ajutor? Pentru ce vrei ajutor?"

Ei răspund: „Păi, nu sunt sigur. Cred că am o întrebare." Întreb: „Ok, care e întrebarea?"

Ei spun: „Nu sunt sigur. Nu poți să-mi spui tu care este întrebarea mea?"

Oamenii vor să le spun eu ce nu e în regulă cu ei ca să rezolve ce le spun eu că e în neregulă în loc să se uite la ce este adevăr pentru ei și să vadă ce va funcționa pentru ei. Acesta este motivul pentru care încep fiecare întâlnire cu o întrebare: „Ok, ce se petrece? Ce pot să fac pentru tine?" Nu mă aștept că voi ajuta pe cineva atunci când încep o sesiune. Punctul meu de vedere nu este niciodată că ei vor să se schimbe. Punctul meu de vedere nu este niciodată că ei își doresc ceea ce spun că își doresc. Drept urmare, pot să fiu în punct de vedere interesant și funcționează.

Deci, ceva îi atrage pe oameni și vin la o sesiune de Bars. Nu-și doresc neapărat să se schimbe, vor doar să...

Gary: Ei vor să aibă ce ai tu. Din punctul lor de vedere, dacă pot avea ce ai tu, atunci viața lor va fi bună.

Cum schimb asta?

Dain: Ai putea spune de cinci ori: Interesant punct de vedere că am acest punct de vedere ori de câte ori apare situația aceasta.

Gary: Și ai putea folosi: interesant punct de vedere că această persoană vine la mine doar ca să se uite la mine.

Dain: Dacă poți să faci asta, atunci altceva poate să apară dincolo de ceea ce ai decis sau concluzionat tu că va apărea. Ai avea disponibilă o altă alegere.

Gary: Am văzut foarte des că atunci când Dain are o relație cu o femeie, aceasta trebuie să aibă sesiuni private cu el iar el face zece, douăsprezece, cincisprezece sau douăzeci de sesiuni private, douăzeci de ore de lucru. Ele vor doar să știe că există o conexiune cu Dain. Asta e tot ce le interesează.

Poți fi incredibil de paranormal și să prinzi punctul lor de vedere. Continui să crezi că trebuie să faci ceva cu punctul de vedere pe care îl primești. Nu, trebuie doar să fii punct de vedere interesant. Dacă faci asta, atunci niciun punct de vedere nu te poate afecta – al lor, al tău sau al oricui altcuiva.

Întrebare: Încerc să trăiesc „Cele zece chei" dar se pare că, pur și simplu, nu le pricep. Este ceva care mă oprește, nu sunt sigur ce anume cu excepția faptului că poate nu le-am ales încă.

Gary: Dacă folosești fiecare cheie, pe rând, timp de șase luni, vei fi liber. Fiecare cheie clădește pe baza celorlalte și face posibil ca tu să trăiești ca și „Cele zece chei". Începe de acolo de unde te afli și folosește punct de vedere interesant așa cum am descris. În cele din urmă, totul va începe să funcționeze. Totul începe să prindă contur.

Sau ia cheia căreia i te împotrivești cel mai mult și fă-o pe aceea prima.

Întrebare: Se pare că punctele de vedere care ne agasează cu adevărat sunt cele pe care nici nu știm că le avem. Cum ajungem la punctele de vedere despre care nu știm că avem? Este ceva de genul: interesant punct de vedere că am acest punct de vedere pe care nu știu că îl am?

Gary: Ei bine, ar putea fi și așa.

Uite ce nu este punct de vedere interesant: dacă te uiți la ceva anume, de exemplu la mașini, și spui: „Mă gândesc la mașini marca Ford. Interesant punct de vedere că mă gândesc la mașini marca Ford. Probabil asta înseamnă că-mi place Ford. Presupun că nu e rău că am acest punct de vedere despre mașinile marca Ford." Asta nu înseamnă că ești punct de vedere interesant.

Trebuie să te uiți la punctul tău de vedere și să spui: „Îmi plac BMW-urile. Interesant punct de vedere că îmi plac BMW-urile."

Îmi petrec viața gândindu-mă la BMW-uri? Nu. Mă gândesc câteodată la un BMW? De obicei nu, pentru că dacă o fac îmi spun: „punct de vedere interesant că am acest punct de vedere" și dintr-odată îmi dau seama că recepționez punctul de vedere al unei persoane care conduce un BMW și care este foarte fericită cu mașina pe care o conduce încât spune „Îmi iubesc BMW-ul!" Iar eu, fiind parapsihicul burete Bob al universului recepționez asta.

Folosesc punct de vedere interesant cu fiecare gând, sentiment și emoție în parte pe care le am, fie că sunt ale mele, fie că sunt ale altcuiva.

Întrebare: Când ai început să folosești punct de vedere interesant pentru prima oară, te înnebuneau toate lucrurile care ieșeau la suprafață?

Gary: Primul lucru care s-a petrecut a fost să încep să-mi dau seama că niciunul dintre punctele de vedere pe care le aveam nu era al meu.

Dain: Chiar și punctul de vedere că o iau razna. Asta e amuzant într-un fel pentru că te gândești la asta și apoi spui „interesant punct de vedere că am acest punct de vedere că o iau razna."

Gary: Interesant punct de vedere să cred că o iau razna. O ființă infinită ar alege să înnebunească? Nu. Ar putea? Da.

Haideți să rulăm un proces:

Ce fantezie și ființări folosești ca să nimicești și să suprimi interconectarea cuantică care ți-ar permite să fii punct de vedere interesant? Tot ce este acest lucru, de un dumnezelion de ori, vrei să distrugi și să decreezi în totalitate? Right and wrong, good and bad, POD and POC, all 9, shorts, boys and beyonds.

Dain: Am vorbit despre fantezii în prima noastră conversație. Avem tot felul de fantezii despre cum stau lucrurile, despre cum ar trebui să fie lucrurile, cum trebuie să fie sau e necesar să fie. Sau despre cum sunt și cum, de fapt, nu sunt.

Avem fantezii de genul: „Asta se întâmplă aici" și „ Asta nu se întâmplă aici".

Gary: Un exemplu grozav de a nu fi punct de vedere interesant este atunci când spunem: „Asta este ce se întâmplă". Este o concluzie. Când tragi o concluzie, emiți o judecată sau o decizie sau faci un calcul, nu poți să vezi ce se petrece cu adevărat.

Ce ar trebui să spui este: „Ei bine, interesant punct de vedere că am acest punct de vedere. Dacă, totuși, se petrece altceva decât cred eu că se petrece?" Când funcționezi din punct de vedere interesant poți să vezi ce se întâmplă cu adevărat. De ce se întâmplă asta? Pentru că nu-ți impui ideea, judecata, concluzia, fantezia sau ce-o fi asupra a ceea ce se întâmplă. Ești capabil să vezi ceea ce este, dincolo de orice reacții sau idei pe care le-ai avea în legătură cu acel lucru.

Ce fantezie și ființare folosești ca să suprimi și să distrugi interconectarea cuantică care ți-ar crea punct de vedere interesant ca o realitate? Tot ce este acest lucru, de un dumnezelion de ori, vrei să distrugi și să decreezi în totalitate? Right and wrong, good and bad, POD and POC, all 9, shorts, boys and beyonds.

Gary: Ființările sunt întotdeauna un punct de vedere. Este ceva ce faci ca să dovedești că ești. Încerci să dovedești că ești ceva anume. Să spunem că decizi că ești extrem de feminină.

Dar dacă nu ar trebui să dovedești că ești feminină? Dacă doar ai fi tu – iar acest lucru ar fi esențial în feminitate? Lucrul pe care ceilalți îl găsesc cel mai atrăgător la tine este când ești tu însăți.

În loc să fim cine suntem, prezentăm o imagine a ceea ce credem că trebuie să fim ca să dovedim că suntem orice gândim că ar trebui să fim. De ce să încercăm să dovedim că suntem ceva, în loc să fim ceea ce suntem de fapt. Asta este ființarea.

Pe de altă parte, a fi este doar a fi. Nu poți să faci punct de vedere interesant decât dacă ești.

Dain: Asta este foarte interesant. Dacă te duci în fantezie cât de cât, nu ești punct de vedere interesant.

Gary: Exact.

Dain: Dacă te duci în ființare într-o măsură oarecare, atunci nu ești punct de vedere interesant.

Gary: Da.

Ce fantezie și ființări folosești ca să suprimi și să distrugi interconectarea cuantică care ar crea punct de vedere interesant ca o realitate? Tot ce este acest lucru, de un dumnezelion de ori, vrei să distrugi și să decreezi în totalitate? Right and wrong, good and bad, POD and POC, all 9, shorts, boys and beyonds.

Dain: Interconectarea cuantică este, în esență, conexiunea ta cu elementele creative și generative ale universului.

Gary: Ea este ceea ce îți permite să primești informații de la alte persoane. Dacă nu ai avea interconectare cuantică, nu ai avea conștientizări extrasenzoriale, intuiție sau capacitatea de a auzi gândurile altcuiva.

Interconectarea cuantică este, practic, teoria corzilor universului. Este modul în care totul este interrelaționat și interconectat. Poți cere ceva acestor elemente conștiente ale universului și să faci ca acest lucru să apară prin simplul fapt că ai cerut. Avem o capacitate cu mult mai mare de a face acest lucru când funcționăm din „Cele zece chei" și mai ales când funcționăm din punct de vedere interesant.

Dain: Distrugi și suprimi interconectarea cuantică cu fanteziile și ființările tale.

Ce fantezie și ființări folosești ca să distrugi și să suprimi interconectarea cuantică care ți-ar permite să fii punct de vedere interesant? Tot ce este acest lucru, de un dumnezelion de ori, vrei să distrugi și să decreezi în totalitate? Right and wrong, good and bad, POD and POC, all 9, shorts, boys and beyonds.

Gary: Recent, cineva spunea: „Încerc să folosesc punct de vedere interesant dar o fac doar cu lucrurile care am decis deja că sunt puncte de vedere interesante."

Am spus: „Ești dispus să faci punct de vedere interesant din lucrurile care ai decis că nu-ți plac dar nu ești dispus să o faci cu lucrurile care ai decis că-ți plac. În concluzie, nu poți obține niciodată punct de vedere interesant."

Nu este despre ce ai decis că ar trebui să fie punct de vedere interesant ci despre faptul că fiecare gând, sentiment și emoție pe care le ai sunt doar puncte de vedere interesante.

Trebuie să folosești punct de vedere interesant cu fiecare punct de vedere pe care îl ai – nu să judeci care puncte de vedere sunt corecte, care sunt greşite, care sunt bune, care sunt rele, care-ţi plac şi care nu.

Ce fantezie şi fiinţări foloseşti ca să suprimi şi să distrugi interconectarea cuantică care ţi-ar permite să fii punct de vedere interesant? Tot ce este acest lucru, de un dumnezelion de ori, vrei să distrugi şi să decreezi în totalitate? Right and wrong, good and bad, POD and POC, all 9, shorts, boys and beyonds.

Uneori, oamenii vorbesc despre un punct de vedere şi spun: „Ei bine, când am un punct de vedere, îi fac POD şi POC." Nu este despre a face POD şi POC la punctul de vedere. Pentru a face POD şi POC unui punct de vedere trebuie să îl faci solid şi real. Interesant punct de vedere că am acest punct de vedere este diferit. Este despre a vedea că punctul de vedere pe care îl ai trebuie să fie doar un punct de vedere interesant. Nu trebuie să fie suficient de solid ca să-i faci POD şi POC. Dacă încerci să-i faci POD şi POC, te aliniezi cu el pentru ca să scapi de el. Asta nu funcţionează, de fapt.

Ideea este să-ţi fie clar faptul că un punct de vedere este doar un punct de vedere. Nu este corect sau greşit, bun sau rău, real sau adevărat, este doar un punct de vedere.

Dain: „Nu este corect sau greşit, bun sau rău, real sau adevărat, este doar un punct de vedere". Ai putea spune asta de 100 de ori pe zi.

Ce fantezie şi fiinţare foloseşti ca să suprimi şi să distrugi interconectarea cuantică care ţi-ar permite să fii punct de vedere interesant? Tot ce este acest lucru, de un dumnezelion de ori, vrei să distrugi şi să decreezi în totalitate? Right and wrong, good and bad, POD and POC, all 9, shorts, boys and beyonds.

Întrebare: Am un contract de consultanţă cu o companie care îmi datorează aproximativ 9.000$. Tocmai m-a informat avocatul lor că îşi restructurează compania şi că probabil nu vor putea să mă plătească. Treaba este că mai am contract cu ei câteva luni iar ei se aşteaptă să continui să lucrez dar e posibil să nu fiu plătit.

Gary: Stai puţin. Unde este punct de vedere interesant în această poveste? Interesant punct de vedere că ei mă pot controla. Eu le-aş spune: „Dacă nu sunteţi capabili să mă plătiţi, nu voi putea să lucrez pentru voi" sau „Voi reduce activitatea pe care o fac pentru voi până când voi fi plătit pentru ceea ce am făcut deja. Puteți face orice e necesar să faceți pentru restructurarea voastră dar eu trebuie să trăiesc și să am grijă de familia mea". Trebuie să recurgi la punct de vedere interesant. Spune punct de vedere interesant că se întâmplă acest lucru și nu „Sunt controlat de ei".

Dar sunt îngrijorat.

Gary: Nu, nu, nu. A fi îngrijorat nu este punct de vedere interesant. Trebuie să te uiți la situație și să spui interesant punct de vedere că sunt îngrijorat.

Dain: Uită-te la situație și folosește punct de vedere interesant. Aplică asta!

Gary: Când folosești punct de vedere interesant pentru toate emoțiile, gândurile și alte puncte de vedere care apar, tu deschizi ușa spre spațiul care îți va arăta o posibilitate diferită.

Atât timp cât spui: „Este asta, asta sau asta" funcționezi din concluzii. În măsura în care te aliniezi și ești de acord cu ideea că ei nu te vor plăti , asta te va împiedica să fii plătit. Când folosești punct de vedere interesant și devii realmente punct de vedere interesant față de ei, ar putea descoperi bani undeva astfel încât să-ți poată plăti din urmă.

Dain: Îți mulțumesc că pui aceste întrebări. Adesea este mai ușor să vezi anumite lucruri în viața altcuiva, iar întrebările tale arată tuturor ce este și ce nu este energia punctului de vedere interesant. Întrebările tale arată oamenilor modul în care creăm situații pe care nu le dorim. De îndată ce recurgi la punct de vedere interesant, chiar dacă trebuie să faci asta de 100 de ori, încărcătura energetică ce creează nebunia din jurul situației tale dispare. Este un mod de a fi cu totul diferit. Un mod care creează posibilitatea unei situații diferite, precum și mai multă liniște în viața ta. Dacă nu funcționezi din punct de vedere interesant, este imposibil să trăiești împăcat. Cum devine și mai bine de atât?

Ce fantezie și ființare folosești ca să suprimi și să distrugi interconectarea cuantică care ți-ar permite să fii punct de vedere interesant? Tot ce este acest lucru, de un dumnezelion de ori, vrei să distrugi și să decreezi în totalitate? Right and wrong, good and bad, POD and POC, all 9, shorts, boys and beyonds.

Întrebare: Dacă mă aflu într-un grup mare de oameni și toți au același punct de vedere despre ceva anume, iar eu folosesc punct de vedere interesant, este asta suficient ca să schimbe punctul de vedere al celorlalți?

Gary: Cu cât practici mai mult punct de vedere interesant, cu atât mai greu va fi pentru ei să se agațe de punctul lor de vedere. O singură persoană care folosește punct de vedere interesant, va face să fie din ce în ce mai greu ca 500 de persoane să-și mențină punctul de vedere. Și, dacă nu te aliniezi și nu ești de acord cu nimic din ce spun ei, situația devine mai ușoară pentru tine instantaneu. Și, atât timp cât îți este mai ușor, o posibilitate diferită poate să-și facă apariția.

Ne blocăm dacă credem că un punct de vedere este, de fapt, real. Un punct de vedere este doar un punct de vedere. Nu e real și nici nu creează realitatea. Dacă ai douăzeci de persoane care se aliniază și sunt de acord cu un punct de vedere, atunci acel lucru devine punctul lor de vedere. Dar asta nu-l face să fie real. Nu trebuie să te aliniezi și să fii de acord cu el. Nu trebuie să i te împotrivești sau să reacționezi la el. Trebuie pur și simplu să recunoști: „Acesta este doar punctul lor de vedere". Punctul lor de vedere nu face nimic să fie real.

Întrebare: Gary, acum câteva săptămâni, te-am urmărit la un show televizat în care vorbeai despre bani. Cei doi care îți luau interviul nu înțelegeau nimic din ce spuneai. Le-ai dat un instrument: „Cum devine mai bine de-atât?" pe care nu l-au priceput sub nicio formă. Urmărind emisiunea, mă gândeam: „Uau! Cum poate să facă asta?" Continuam să mă întreb: „Ce vede Gary ce eu nu văd?" Pentru mine părea totală pierdere de timp ca tu să stai de vorbă cu ei.

Gary: Pentru mine nimic nu e pierdere de timp pentru că punctul meu de vedere este că este doar un punct de vedere interesant. Ce aleg ceilalți este ceea ce aleg ei. Mă uit la ceva și mă întreb: „Ok, deci, ce altceva este posibil? Pot să spun ceva care i-ar putea ajuta pe oamenii aceștia sau care ar putea schimba ceva pentru ei?"

După acel show am primit telefoane de la oameni care spuneau: „Mulțumesc foarte mult. A fost nemaipomenit." Aceștia nu erau oameni din Access Consciousness. Erau surprinși că pot folosi acel mic instrument și că asta chiar ar putea face ceva pentru ei.

Când foloseşti punct de vedere interesant ca şi realitate în viaţa ta şi ca şi viaţă a ta, oamenii nu pot menţine soliditatea fanteziei a ceea ce este real pentru ei. Dacă aplici punct de vedere interesant, nimeni dintre cei care au un punct de vedere fix nu şi-l poate menţine.

Întrebare: Cum funcţionează punct de vedere interesant cu aspectele care merg cu adevărat bine sau cu cele de care ne bucurăm?

Gary: Dacă te bucură ceva şi foloseşti punct de vedere interesant, de obicei acel lucru se îmbunătăţeşte.

Cum ar fi dacă a nu folosi punct de vedere interesant creează o limitare? De exemplu, dacă spui: „Am rezolvat toate aspectele legate de bani" faci din asta un punct de vedere interesant?

Dain: Nu, eşti în concluzie.

Gary: Da. Şi, odată ce ai ajuns la o concluzie, limitezi ce poate apărea. Chiar vrei să limitezi cât de mulţi bani poţi să ai în viaţă sau cât de mult te poţi distra în viaţă sau orice altceva care este posibil? Punct de vedere interesant este despre a amplifica totul în viaţa ta, nu doar lucrurile pe care eşti dispus să le schimbi.

Aşadar, de câte ori ne surprindem ajungând la concluzii precum „Asta e grozav" sau „Asta e fabulos" sau „Uau, asta-i chiar naşpa", punct de vedere interesant poate să le deblocheze?

Gary: Da. Iar atunci când deblochează ceva, deschide o uşă către o altă posibilitate.

Dain: Să zicem că ai o grămadă de bani şi este criză financiară. Ştii că tu eşti în siguranţă – banii nu sunt o problemă pentru tine. Poţi să spui: „Este interesant că toţi ceilalţi oameni au punctul de vedere că există o problemă".

Sau să spunem că cineva vorbeşte despre problemele corpului lui sau al ei iar tu îţi spui: „Corpul meu este exact cum vreau eu să fie." Poţi să fii punct de vedere interesant legat de problemele despre corp pe care le au ceilalţi şi să ai un sentiment de uşurinţă cu asta. Creezi o senzaţie de uşurinţă fiind punct de vedere interesant.

Gary: Dar este chiar cu mult mai important să foloseşti punct de vedere interesant pentru ce crezi tu că sunt punctele tale de vedere. Când am început să folosesc punct de vedere interesant, gândeam lucruri precum: „Urăsc burka. Sunt incredibil de urâte." Apoi spuneam: „Uau, interesant punct de vedere că am acest punct de vedere pentru că niciodată în viață nu m-am gândit la burka. Niciodată."

Mi-am dat seama că mare parte din ce rula în universul meu se baza pe captarea gândurilor, sentimentelor și emoțiilor altor oameni.

Nouăzeci și nouă de mii la sută din gândurile, sentimentele și emoțiile pe care le au oamenii sunt puncte de vedere pe care le-au preluat, le-au împărtășit sau în legătură cu care au ajuns la o concluzie. Asta nu le face reale.

Odată, m-am surprins spunând: „Nu-mi place acel soi de flori." Mi-am zis: „Interesant punct de vedere că nu-mi place acel soi de flori." După ce am spus-o de trei ori, am descoperit că de fapt nu aveam niciun punct de vedere despre acele flori. Doar am presupus că trebuia să am unul: De ce? Pentru că alți oameni aveau un punct de vedere cu privire la acele flori.

Poate-ți dai seama că majoritatea punctelor de vedere pe care le ai au fost create pentru că ai crezut că asta era ce trebuia să faci. Eu vorbesc cu oameni care spun tâmpenii despre un lucru sau o persoană.

Întreb: „Este acesta cu adevărat punctul tău de vedere? Este punctul de vedere pe care chiar îl ai sau este punctul de vedere pe care crezi că trebuie să-l ai?"

Iar ei spun: „Ah! Acesta nu a fost niciodată punctul meu de vedere. Este punctul de vedere care se presupunea că trebuie să-l am."

Exact! Odată ce începi să folosești punct de vedere interesant, îți dai seama că: „Mi-am creat aproape toate punctele de vedere pentru că am crezut că acestea erau cele pe care se presupunea că trebuie să le am."

Și, pe măsură ce pricepi cum e cu punct de vedere interesant, asta devine o alegere: „Chiar vreau să persist în acest punct de vedere? Va contribui asta vieții mele? Sau este altceva care va funcționa cu mult mai bine?"

Dain: Noi vorbim despre a crea spațiul punctului de vedere interesant și a avea ușurință acolo unde nu aveai înainte. Poate că acum nu ești punct de vedere interesant dar, alegându-l, creezi ușurință. Este ușurința pe care o simți atunci când ai rezolvat ceva, chiar dacă altcineva are un alt punct de vedere legat de situația aceea. Cum ar fi dacă ai putea avea ușurință în fiecare aspect al vieții tale?

Oamenii aud adesea despre acest instrument și spun: „Se pare că nu pot să folosesc punct de vedere interesant."

Eu le spun: „Asta se întâmplă pentru că nu ai încercat niciodată. De aceea nu poți... încă." Este ceva ce nu ai fost învățat niciodată și nu este considerat a fi valoros în lume. Vorbim despre a crea un spațiu unde tot ce iese la suprafață – fiecare punct de vedere care îți trece prin cap – poate fi orice-ar fi el după care se poate schimba.

Totul devine un punct de vedere interesant. Gândește-te la o experiență neplăcută din trecut. Percepe sentimentele în legătură cu ea și spune: „Interesant punct de vedere că am acest punct de vedere despre acea experiență." Și mai spune-o o dată...

Întrebare: Vrei să spui că în orice situație în care simți că nu ești tu însuți, ar trebui să spui imediat punct de vedere interesant de trei ori?

Gary: Da, acesta este singurul mod de a avea libertatea de a schimba orice. Fiecare dintre „Cele zece chei" este menită să te ajute să schimbi aspecte din viața ta unde ceva este blocat și nu funcționează. Aplici aceste instrumente în domeniul respectiv și deschizi ușa tuturor posibilităților pe care nu ai fost capabil să le vezi pentru că erai înțepenit într-un punct de vedere. Sau pentru că nu credeai că ești o ființă infinită. Sau pentru că nu ai pus întrebarea: „Cui aparține asta?" Acest lucru se aplică fiecărei chei. Fiecare cheie îți dă posibilitatea să privești situațiile din viața ta dintr-o altă perspectivă astfel încât să ai o alegere diferită și o posibilitate diferită și pentru ca universul să-ți contribuie în moduri pe care nu ți le-ai imaginat vreodată.

Întrebare: Câteodată confund conștientizarea cu punct de vedere. În momentul de față, mă întristează moartea cuiva și am punctul de vedere că e de-a dreptul nasol. Este asta un punct de vedere și o conștientizare?

Gary: Sună ca și când primul este un punct de vedere iar cel de al doilea e o concluzie.

Uneori, îmi privesc mașina și văd că e murdară. Nu-mi place să fie murdară. Mi-ar plăcea să fie curată. Este acesta un punct de vedere?

Dain: „Mi-ar plăcea să fie curată" este o preferință. „Nu-mi place să fie murdară" este un punct de vedere.

Gary: Mie nu-mi place să am casa murdară şi nu-mi place dezordinea. Nu-mi place dacă fiica mea vine cu prietenii la noi acasă şi lasă dezordine în bucătărie. Ce se întâmplă este că am o alegere: pot să ţip la ea, pot să-i spun că este un copil rău, pot să o fac să vină să cureţe sau pot să-mi aloc două minute şi jumătate şi să curăţ chiar eu.

Dar tocmai ai spus „Nu-mi place". Te contrazici.

Gary: Nu-mi place. Dar, odată ce am admis faptul că nu-mi place iar punctul meu de vedere este „Nu vreau să fie aşa", pot să schimb situaţia.

Dain: Observă că nu există împotrivire şi reacţie în faptul că nu-i place. Urmărim energia situaţiei. Aceasta este esenţa problemei. Punctul de vedere al lui Gary este „Nu-mi place aşa" şi apoi el pune întrebarea: „Ce pot să fac ca să schimb asta?" Nu este niciun fel de împotrivire şi reacţie. Nu se minimizează pe sine şi nu se înfurie pe altcineva. Pentru el este o conştientizare care spune: „Nu acesta este modul în care aş vrea să fie. Ok, ce pot să fac pentru a schimba asta?"

Acesta nu este un punct de vedere?

Dain: Noi nu spunem: „Să nu ai niciun punct de vedere". Noi spunem: „Ai un punct de vedere interesant". Poţi avea punctul de vedere că mai degrabă n-ai avea maşina murdară dar observă că ai putea avea această perspectivă din „punct de vedere interesant". Când se întâmplă asta, vei face ceva să schimbi... sau nu.

Să zicem că în următoarele trei zile nu poţi rezolva nimic cu maşina. Dacă eşti în punct de vedere interesant, acest lucru nu generează consternare, judecată, durere şi suferinţă în lumea ta. Este: „Ok, mă voi ocupa de asta când mă voi ocupa de asta." Este o uşurinţă în lumea ta în legătură cu ceva atunci când acel ceva este un punct de vedere interesant.

Gary: Da. Pe când, atunci când te duci în împotrivire şi reacţie sau aliniere şi acord, trebuie să încerci să faci să se întâmple ceva. Şi de obicei are legătură cu a încerca să faci pe altcineva să se schimbe în loc să îţi dai seama că singura persoană pe care o poţi realmente schimba eşti tu.

Pare a fi o graniţă foarte subtilă. Maşina mea era prăfuită şi a trebuit să o las o săptămână. M-a enervat la culme.

Dain: Ăsta nu este punct de vedere interesant.

Gary: „M-a enervat la culme" nu este un punct de vedere interesant. Punct de vedere interesant este: „Ok, trebuie să-mi curăț maşina". De îndată ce mă duc în punct de vedere interesant, apare o nouă posibilitate.

Deci, tu nu-ți consideri preferințele valoroase?

Gary: Ei bine, este despre a nu face nimic semnificativ. Este pur şi simplu: „Aşadar, ce pot să fiu, să fac şi să am diferit aici?"

Scuză-mă, ştiu că sunt cârcotaş aici, dar sunt pur şi simplu...

Gary: Mă bucur că eşti cârcotaş pentru că asta îi va ajuta şi pe alții.

Nu mi-e clară diferența între valoare, preferința şi semnificație.

Gary: Să spunem că decizi că ceea ce este cu adevărat valoros este tufa de trandafiri roşii din curtea din față. Acesta este cel mai valoros lucru pentru tine. Grădinarul nu ştie cum să toaleteze tufa şi o taie în perioada greşită din an. Acum este doar un ciot uriaş.

Dacă spui: „Nu-mi vine să cred că mi-a distrus tufa de trandafiri!" ce se va întâmpla? În fiecare an, grădinarul va distruge tufa în acelaşi fel pentru că el nu ştie să facă mai bine de-atât.

Dar dacă spui: „Uau, interesant punct de vedere. Cum pot obţine un rezultat diferit aici?" vei vedea că poți vorbi cu el şi-i poți spune că ți-ar plăcea să tundă tufa de trandafiri într-o altă perioadă din an. Faci asta, şi e în regulă şi pentru el.

Dacă nu foloseşti punct de vedere interesant, te împotriveşti şi reacţionezi iar grădinarul se va împotrivi şi va reacţiona şi el. Toată lumea încearcă să facă lucrurile să iasă aşa cum vor ei pentru că fiecare îşi preţuieşte propriul punct de vedere. Când foloseşti punct de vedere interesant pentru punctul de vedere pe care îl preţuieşti, începe să se mişte capacitatea fiecăruia de a crea un rezultat diferit.

Este: „Chiar îmi place să-mi admir tufa de trandafiri. Mi-aş dori să înflorească tot anul." Asta este însă fără niciun punct de vedere. Nu este ca şi când ai încerca să-l faci să înflorească tot anul, şi nici nu presupui că ar trebui să fie într-un anumit fel. Este ceea ce este.

Dain: Şi nici nu eşti supărat sau frustrat dacă nu înfloreşte tot anul.

Gary: Asta elimină valoarea care a fost creată şi inventată. Valorile inventate sunt valori pe care le inventezi tu. Ele nu sunt reale, de fapt.

Ce valoare inventată folosești pentru a elimina punct de vedere interesant ca mod de a alege? Tot ce este acest lucru, de un dumnezelion de ori, distrugi și decreezi în totalitate? Right and wrong, good and bad, POD and POC, all 9, shorts, boys and beyonds.

Ai remarcat că am spus *mod de a alege* în loc de *alegere*? Asta pentru că eu caut *alegere totală* și nu doar o unică, firavă *alegere*.

Dacă pot să schimb asta, știu că îmi va schimba întreaga viață. Tot timpul cât am vorbit despre asta mi-a venit să plâng, așa că în mod evident se schimbă.

Gary: Cât de mult ai făcut împotrivirea valoroasă pentru tine? Atunci când transformi împotrivirea la ceva anume în valoare trebuie să te împotrivești mereu ca să ai acea valoare. Făcând asta, de fapt, ajungi să-ți blochezi capacitatea de a avea ceva mai măreț.

Ce valoare inventată folosești pentru a elimina punct de vedere interesant ca mod de a alege? Tot ce este acest lucru, de un dumnezelion de ori, distrugi și decreezi în totalitate? Right and wrong, good and bad, POD and POC, all 9, shorts, boys and beyonds.

Lui Dain și mie ne place să avem mașinile curate. Plecăm de-acasă două-trei săptămâni la rând și când revenim, mașinile sunt pline de praf. Așa că am spus: „Asistent personal, vrem ca mașinile să fie curate atunci când revenim acasă ca să ne simțim bine." Asistentul personal spală mașinile înainte să ne întoarcem iar noi revenim la mașini curate lună.

Este un punct de vedere interesant că nu putem avea mașini curate și e un punct de vedere interesant că ne place să avem mașini curate. În același timp, noi suntem dispuși să facem orice este necesar ca să obținem ceea ce ne-ar plăcea să avem. Nu o facem dintr-un loc de frustrare pentru că nu avem o mașină curată. Dacă există vreo situație în care asistentul personal nu a putut să realizeze asta, pentru că, de exemplu, a plouat cu o seară înainte să revenim noi acasă, nu ne supărăm și nici nu spunem: „Cum e posibil să nu fi spălat mașinile?" Spunem: „Eh, o să facem asta mâine".

Împotrivirea și reacția te blochează și situația aceea are consecințe asupra ta. Când te superi dintr-un anume motiv, întotdeauna atragi anumite consecințe.

Punct de vedere interesant îți oferă o gamă largă de alegeri care nu ți-ai dat seama că este disponibilă – pentru că ai avut un punct de vedere fix care te-a împiedicat să le vezi.

Ce valoare inventată folosești pentru a elimina punct de vedere interesant ca mod de a alege? Tot ce este acest lucru, de un dumnezelion de ori, distrugi și decreezi în totalitate? Right and wrong, good and bad, POD and POC, all 9, shorts, boys and beyonds.

Gary: Fiecare punct de vedere este doar o invenție, nu este o realitate. Când apelezi la punct de vedere interesant, devine limpede că oamenii inventează lucrurile care sunt importante pentru ei. Acele lucruri nu sunt, de fapt, importante. Sunt doar ceea ce oamenii au făcut important. Este ceea ce au făcut ei să fie valoros. Este un punct de vedere inventat în totalitate. Este o creație completă – se bazează pe a dovedi că alegerea pe care au făcut-o a fost valoroasă și bună – și tot ceea ce face asta, este să creeze o limitare pe care nu o pot depăși.

Ce valoare inventată folosești pentru a elimina punct de vedere interesant ca mod de a alege? Tot ce este acest lucru, de un dumnezelion de ori, distrugi și decreezi în totalitate? Right and wrong, good and bad, POD and POC, all 9, shorts, boys and beyonds.

Întrebare: Aș vrea să vorbesc puțin mai mult despre preferință. Ceea ce cred că aud de la voi este că preferința nu are nicio valoare. Este doar o preferință.

Gary: Da, este doar o preferință. Când mă uit în dulapul meu dimineața, aleg o cămașă după preferință și nu pentru că are mai multă valoare decât o altă cămașă.

Așadar, nevoia de a obține rezultatul corect este o modalitate de a bloca o preferință?

Gary: Acolo inventezi că *aceasta* are valoare mai mare decât *aceea*, care înseamnă că trebuie să judeci, care înseamnă că, de fapt, nu ajungi să alegi. Trebuie să o nimerești. Trebuie să faci lucrul corect si așa trebuie să fie – și trebuie să fie - și trebuie să fie - și trebuie să fie. Când, de fapt, este doar „punct de vedere interesant că eu cred că trebuie să am acel punct de vedere".

Mulțumesc.

Întrebare: Pentru furie, tu ai folosi „O ființă infinită ar alege furia?"
sau „Interesant punct de vedere că am această furie?"

Gary: Furia este un implant de distragere* așadar nu realizează
mare lucru. Este ceva ce folosești câteodată ca să încerci să domini și să
anulezi punctul de vedere al altcuiva. O ființă infinită ar alege furia? Nu.

Singura situație când furia este corectă este atunci când cineva te
minte sau când spune un neadevăr. Când cineva te minte, te vei înfuria.
Ce trebuie să întrebi este: „Mă minte cineva? Este o minciună aici?" Și
dacă este o minciună atunci te vei înfuria. E ok.

Dain: Motivul pentru care te înfurii este ca să poți identifica
minciuna și, odată ce ai identificat-o, furia dispare pentru că ai
informația și conștientizarea pe care le cauți.

Gary: Și asta devine punct de vedere interesant.

E posibil să vrei să încerci asta: „Am această emoție. Ce ar
transforma asta într-un punct de vedere interesant? Am acest gând. Ce
l-ar transforma într-un punct de vedere interesant? Am acest sentiment.
Ce l-ar transforma într-un punct de vedere interesant? Am acest sex sau
fără-sex*. Ce l-ar transforma într-un punct de vedere interesant?" Începi
să recunoști că gândurile, sentimentele, emoțiile și sex sau fără-sex sunt
doar puncte de vedere din care creezi. Sunt lucruri din care ai inventat,
lucruri din care ai creat. Nu au nimic de-a face cu alegerea adevărată.

Ce valoare inventată folosești pentru a elimina punct de vedere
interesant ca mod de a alege? Tot ce este acest lucru, de un dumnezelion
de ori, distrugi și decreezi în totalitate? Right and wrong, good and
bad, POD and POC, all 9, shorts, boys and beyonds.

Întrebare: Uneori, când stau în punct de vedere interesant, nu pot să
exprim un punct de vedere iar pe oameni îi irită acest lucru.

Gary: O mulțime de oameni se irită când folosim punct de vedere
interesant. Ei vor ca tu să ai un punct de vedere pentru ca ei să i se
opună, să se alinieze sau să fie de acord cu el sau să te forțeze înspre
ceva care cred ei că este potrivit.

Și atunci, ce faci?

---

* Vezi glosarul pentru definiție.

Gary: Spun doar atât: „ Știu, sunt enervant la culme".

De curând, am fost în situația în care nu aveam niciun punct de vedere despre unde mergeam să mănânc iar oamenii mă întrebau: „Unde vrei să mergi?" Nu-mi păsa. Ei bine, azi, am un punct de vedere nou. Tocmai ce mi-am creat un punct de vedere chiar acum.

Dain: Care?

Gary: Voi merge oriunde au Margarita Don Julio Reposado cu Grand Marnier!

Întrebare: Cum se aplică punct de vedere interesant la suferință și pierdere? Ca atunci când cineva moare și persoana nu este capabilă să depășească ...

Gary: E interesant că menționezi asta pentru că am primit acest e-mail chiar înainte de call.

Dain (citind): *Bună, Gary și Dain. Aceasta nu este o întrebare. Este o recunoaștere și un mulțumesc. Începând de săptămâna trecută, m-am aflat lângă Tina, prietena mea dragă, fiind instrumentele Access Consciousness și susținând-o, încurajând-o și dându-i voie să treacă dincolo. Ce dar pentru mine, pentru Tina și pentru familia și prietenii ei. A murit duminică seara, cu noi toți în jurul ei. Mergând înapoi spre mașină, mi-am dat seama cât de frumos este să trăiești și da, da, da în aceste timpuri mărețe. Mulțumesc și recunoștință pentru că sunteți aici, acum și că ne susțineți constant cu toate alegerile noastre.*

Gary: Deci, cum ar fi dacă moartea ar fi o alegere pe care o fac oamenii?

Nu am nicio problemă cu acest lucru. Adesea îi ajut pe oameni să treacă dincolo de durerea lor iar întrebarea mea este despre modul în care ei percep moartea și cum să-i ajut s-o vadă ca pe un alt pas și nu ca pe o pierdere. Ei par că poartă energia altora în legătură cu modul în care acest lucru ar trebui să arate.

Gary: Punctul de vedere de bază la care toată lumea se aliniază și cu care este de acord este că dacă are loc un deces în familie, trebuie să suferi îngrozitor. Se presupune că trebuie să-ți lipsească persoana respectivă. Se presupune că trebuie să vorbești despre ea un an de zile. Și apoi, după asta, durerea se presupune că dispare cu încetul. Acesta e punctul de vedere din „lumea civilizată" în ultimii 5.000 de ani.

În trecut, dacă pierdeai pe cineva, trebuia să porți haine negre timp de un an de zile. Dar magazinele de îmbrăcăminte au fost deranjate de acest lucru așa că au scurtat perioada la șase luni. Apoi, în anii 1920, a devenit trei luni și în anii '50 au rămas trei zile. În prezent, porți negru doar la înmormântare. Nu trebuie să mai porți negru după aceea.

A fost o perioadă în care se acopereau oglinzile pentru ca să nu inviți sufletul celui decedat să intre în vreo altă realitate. Acestea sunt puncte de vedere puternice în care sunt blocați oamenii. Ei nu folosesc punct de vedere interesant în aceste situații dar tu poți să o faci. Trebuie să fii dispus să vezi care este punctul lor de vedere.

Acest punct de vedere interesant are legătură în mod special cu faptul că persoana cu care lucram era asociată într-un fel cu oameni care angajează bocitoare. Bocitoarele obișnuiau să meargă și să bocească pentru alți oameni. Era un serviciu pe care îl prestau. Aparent, clienta mea a fost asociată într-un fel sau altul cu acest aspect în trecut – și continua cu jelitul. Iar eu ziceam: „Ok, ai terminat?" Nu voiam să spun pe șleau „Ai terminat cu acest punct de vedere?" Sună neprietenos, dată fiind situația ei prezentă. Există o altă cale mai blândă prin care să-i prezint punct de vedere interesant și care să nu-i dea senzația că a fost plesnită peste față?

Gary: Ei bine, poate ai vrea să recunoști că unii oameni nu vor auzi niciodată ce ai tu de spus, așa că nu te obosi să vorbești. Eu așa procedez.

Dain: Îți dai seama că: „Uau, persoana aceasta chiar nu vrea să schimbe nimic." Acesta este un punct de vedere interesant. Ea are acest lucru în universul ei și pentru un anumit motiv validează ne-interesantul punct de vedere pe care l-a ales.

Gary: Motiv pentru care îl păstrează.

Dain: Dacă poți ajunge în starea în care ești doar un punct de vedere interesant, poți spune: „Bine, această persoană chiar nu dorește să dea drumul acestui lucru" și apoi devine cu mult mai ușor în lumea ta. Și este posibil ca tu, folosind punct de vedere interesant, să fie singurul lucru care va crea energia ce îi va permite persoanei să renunțe la acel lucru. Ea poate să-l elibereze pentru că tu ești în permisivitate față de punctul ei de vedere.

Gary: Punct de vedere interesant nu este atât despre *a-l rosti*, cât este despre *a-l fi* sau *a-l deveni*. Când devii punct de vedere interesant, devii o energie care nu-ți cere să te aliniezi și să fii de acord cu un punct de vedere și nici să i te opui și să reacționezi la el. Ești capabil să vezi mai mult din ce este și să alegi. Esența punctului de vedere interesant este că ai o alegere.

Dain: Îți cerem să spui: „punct de vedere interesant" și să vezi ce se schimbă în energie ca să poți merge într-un loc unde poți începe să fii punct de vedere interesant cu mult mai multă ușurință. Așa cum a spus Gary, nu este întotdeauna despre *a-l rosti*, este despre *a-l fi*. În acest moment, a-l rosti te ajută să vezi cum ar fi energia dacă ai lua în calcul posibilitatea lui „punct de vedere interesant". Pe măsură ce-l spui, vei începe să și devii punct de vedere interesant.

Întrebare: Uneori, când folosesc instrumentele Access Consciousness în minte, și mai ales atunci când folosesc punct de vedere interesant, aud sau am o energie care mă invalidează. Este ca și când nu mă cred eu pe mine însumi. E ca și când ceva spune: „Nu te cred". Este acesta doar un alt punct de vedere interesant? Sau este o entitate sau o ființare?

Gary: Întrebi „Este asta a mea sau a altcuiva?"

Ah, ok!

Gary: Până când nu recunoști că recepționezi gândurile, sentimentele și emoțiile altor oameni, vei presupune instantaneu că sunt ale tale. Majoritatea oamenilor din lumea întreagă sunt dispuși să se dezintegreze într-o clipită. Sunt dispuși să se judece pe sine. Tu presupui că judecata este a ta. Trebuie să ieși din starea aceasta și să spui: „Ok, punct de vedere interesant că am această judecată". În proporție de 99.000% din timp judecata nici măcar nu e a ta.

Ce veste minunată. Mulțumesc.

Gary: Sper că acum ai o oarecare conștientizare despre ce este punct de vedere interesant.

Întrebare: Am făcut patru sesiuni de Bars cu o clientă în interval de aproximativ șase săptămâni. Acum două săptămâni, i-am dat instrumentul punct de vedere interesant pentru că nu suporta să stea la masă cu soacra ei de 80 de ani care vorbește continuu despre prietenele sale. Clienta mea a plecat apoi cu soțul ei, soacra și alți membri ai familiei la munte, în Carolina de

Nord, timp de o săptămână. Iar soacra a vorbit doar despre munți, păsări, vânt și pârâu și despre toate celelalte lucruri pe care le vedea acum pentru prima dată, pentru că acum nu mai era prinsă în aspectele de viață ale celorlalți. A fost interesant.

Dain: Îți mulțumesc că ai împărtășit acest lucru. Aduci în discuție un aspect bun. Când *ești* punct de vedere interesant începi să percepi lucruri din lumea care te înconjoară care nici măcar nu ai știut vreodată că există.

Gary: Și la care nu ai avut niciodată acces cu ușurință. Aha, de aceea îi spunem Access!

Dain: Această mică formulare, punct de vedere interesant, este una dintre cele mai importante chei ale regatului.

De mult timp, Gary spune: dacă ești dispus să practici „punct de vedere interesant că am acest punct de vedere" timp de un an de zile, nimic în viața ta nu va mai fi vreodată o dificultate. Vei fi spațiul care permite ușurință totală.

Ai fi dispus să institui acest lucru în viața ta în următoarea săptămână? Cu fiecare punct de vedere care apare, la tot ceea ce crezi, spune: „interesant punct de vedere că am acest punct de vedere".

Gary: Ok, oameni buni, încheiem conversația din această seară. Vă iubim pe toți. Și ne reauzim în curând!

3

Trăiește în incremente de zece secunde

Gary: Cea de a treia cheie este despre a trăi în incremente de zece secunde, ceea ce se referă la a recunoaște că ai alegere infinită. Atunci când trăiești în incremente de zece secunde, niciuna dintre alegerile pe care le faci nu este nici corectă, nici greșită, nicio alegere nu este nici bună și nici rea. Alegerea este doar alegere – și ajungi să faci una nouă la fiecare zece secunde.

Cineva pe care-l cunosc a spus: „Alegerea creează conștientizare, conștientizarea nu creează alegere". Cred că această persoană era Dr. Dain Heer dar nu pot fi sigur de asta pentru că am furat zicala cu prima ocazie.

Dain: Îmi amintesc că a fost cineva care a spus asta.

Auzi despre alegere infinită în Access Consciousness și te îndoiești de ea oarecum. Apoi, îți continui viața și te îndoiești de ea. Apoi, vezi ce aleg alți oameni și te îndoiești cu adevărat. Cu toții avem ideea că alegerea infinită nu poate exista cu adevărat. Chiar și în fața conștientizării și a conștiinței totale, încă tinzi să crezi în fantezia, ființarea și punctul de vedere cu agendă secretă* că alegerea infinită nu poate exista în realitate.

Gary: Acum când vorbim, eu sunt în Texas iar Dain este în California. Asta nu este o alegere care să-mi placă neapărat. Eu sunt aici pentru că mă ocup de caii mei. Trag vreo concluzie în legătură cu asta? Nu, aleg în fiecare zece secunde ce fac cu caii, ce îmi propun legat de cai și ce altceva este posibil în legătură cu caii. De fiecare dată când fac o alegere, deschid o ușă către un alt nivel de conștientizare a alegerii. Ideea din spatele alegerii în incremente de zece secunde este că, odată ce alegi ceva, se deschide ușa către posibilități infinite și nu către posibilități mai limitate.

Noi încercăm în continuare să ajungem la o concluzie legată de alegerea corectă sau alegerea greșită. Încercăm să nu facem ceea ce numim o alegere eronată. Credem că dacă eliminăm „greșelile" din alegere atunci vom avea mai multă alegere. Nu așa stau lucrurile. Alegerea în incremente de zece secunde îți dă alegeri infinite pentru posibilitățile infinite care ar putea crea ceva mai măreț în viața ta decât ai avut până acum.

Dain: Gary spune că atunci când faci o alegere, acest lucru conduce la mai multe alegeri. Noi identificăm în mod greșit minciuna că odată ce alegem ceva suntem terminați pentru că nu vom mai putea alege altceva vreodată. De fapt, este invers. Trebuie să alegi pentru a avea mai multe alegeri disponibile. Atunci când nu alegi, elimini alegerile care sunt disponibile pentru tine.

Gary: Pentru ca să alegi „corect" sau „greșit" trebuie să judeci. Și atunci când judeci, elimini automat alegerea. Elimini posibilitatea. Judecata elimină orice posibilitate.

Ce fantezie, ființare și agende secrete de a nu avea vreodată alegere infinită ca și realitate ai făcut atât de reale încât, chiar și în fața conștientizării totale, nu le vei schimba, alege sau transforma? Tot ce este acest lucru, de un dumnezelion de ori, distrugi și decreezi în totalitate? Right and wrong, good and bad, POD and POC, all 9, shorts, boys and beyonds.

---

* Vezi glosarul pentru definiție.

Întrebare: Am avut o rememorare a unui moment când eram copil și mama a spus: „Dacă atingi acel aliment sau orice altceva din magazin, va trebui să-l păstrezi. Asta este. Ce iei din magazin, asta mănânci la masă". Putem să procesăm chestia asta puțin?

Gary: Pentru așa ceva ar trebui să fie bun procesul acesta. *Ok.*

Dain: Ori de câte ori credem lucrurile care ni se spun, ceea ce credem elimină alegerea din viața noastră. În exemplul pe care tocmai l-ai dat, ți se spune că dacă atingi ceva atunci aia e – ai ales acel lucru – și acela este tot ce ai putea avea.

Celălalt aspect al acestei situații este ideea că dacă nu poți să atingi ceva atunci nu-l poți avea niciodată. Asta elimină orice care nu există încă în realitatea fizică. Se referă la faptul că dacă ceva nu este în fața ta (adică nu-l poți atinge) nu poate deveni niciodată parte a realității tale. Acest punct de vedere te-ar face să crezi că nu ai putea alege niciodată ceva ce nu vezi sau ceva ce nu poți atinge.

Gary: Și dacă ar trebui să fie doar ceva ce *ai putea* vedea sau atinge, ai reduce alegerea infinită și posibilitatea infinită, ceea ce înseamnă că nu ai fi capabil să ai energia generativă care ar putea să-ți creeze viața pe care ți-ar plăcea cu adevărat să o ai. Nu ai avea niciodată ca și alegere toată energia și posibilitatea generative care sunt disponibile pentru tine. Ai fi limitat la a crea și a institui din alegerile limitate ale acestei realități.

Ce fantezie, ființare și agende secrete de a nu avea vreodată alegere infinită ca și realitate ai făcut atât de reale încât, chiar și în fața conștientizării totale, nu le vei schimba, alege sau transforma? Tot ce este acest lucru, de un dumnezelion de ori, distrugi și decreezi în totalitate? Right and wrong, good and bad, POD and POC, all 9, shorts, boys and beyonds.

Eu cred că asta se suprapune faptului că suntem oameni multidimensionali care vor totul, așa că ne împotrivim lucrurilor pe care nu le putem avea când, de fapt, ceea ce ne dorim este mai mult.

Gary: Aceasta este toată ideea din spatele alegerii în incremente de zece secunde. Cu toții suntem ființe infinite care vor mai mult. Te uiți în jur și zici: „Locul acesta nu are cum să fie suficient. Dacă asta este tot ce este, te rog, Doamne, ia-mă de aici".

Până când nu începi să alegi din incremente de alegere de zece secunde, nu poți să deschizi ușa alegerii infinite. Până când nu ai alegere infinită, nu poți să ai ființa infinită în totalitate. Și până când nu ai alegere infinită totală și ființă infinită totală, nu poți să ai punct de vedere interesant și nu poți să ai realitatea ta. Hopa! Vrei să spui că lucrurile acestea sunt construite unul pe baza celuilalt? Da. „Cele zece chei" sunt precum piramidele de conștiință.

Dain: Îmi place ce ai spus. Aceste lucruri sunt interrelaționate și interconectate.

Întrebare: Am ascultat de multe ori call-ul despre cheia numărul doi dar se pare că nu sunt mai aproape de a fi punct de vedere interesant. Mă simt mai mult confuz decât lămurit. De exemplu, dacă decid să lucrez la nerăbdarea mea, nu știu dacă trebuie să folosesc: o ființă infinită ar fi nerăbdătoare? sau cui aparține asta? sau punct de vedere interesant că am acest punct de vedere. Poate că treaba asta este prea avansată pentru mine.

Dain: Nu este prea avansată. Chestia asta este elementară dar, după cum am spus, totul este interconectat. Acestea sunt cheile regatului. Ce se întâmplă atunci când ajungi la o ușă și ai un breloc de chei? Încerci o cheie și dacă aceea nu se potrivește atunci decizi că nu poți să treci dincolo de ușă? Sau încerci fiecare cheie în parte până când afurisita de ușă se deschide? Încerci fiecare cheie în parte până când se deschide ușa.

Acestea sunt cheile pentru ușile care au fost închise toată viața ta. Întotdeauna ai vrut să deschizi acele uși. Continuă doar să încerci următoarea cheie și următoarea și următoarea până când ceva creează o stare de ușurare. De îndată ce ajungi la cheia potrivită, vei simți o ușurare. Ceea ce este adevărat pentru tine te va face întotdeauna să te simți mai ușor.

Multă lume încă nu a priceput cum funcționează acest instrument. Am făcut niște procesări cu membri ai echipei Access Consciousness, oameni cu care lucrăm zi de zi, și fiecare dintre ei a spus: „Știi cum e atunci când simți că trebuie să fie și altceva pentru că, deocamdată, nu am ajuns la punctul care mă face să mă simt mai ușor? Știu că, de fapt, nu am ajuns la acel punct care reprezintă aspectul care mă zgândăre în această problemă. Știu că, lucrul pe care îl abordăm acum este o oarecare parte a minciunii – dar știu, în același timp, că trebuie să explorăm și altceva".

Același lucru se petrece și cu aceste instrumente. Când folosești aceste chei, cea care te face să te simți mai ușor, sau cel mai ușor, este aceea care va schimba situația sau lucrul care nu funcționează ca lumea. Când o folosești, ea va pune lucrurile din nou pe făgașul corect.

Ce fantezie, ființare și agende secrete de a nu avea vreodată alegere infinită ca și realitate ai făcut atât de reale încât, chiar și în fața conștientizării totale, nu le vei schimba, alege sau transforma? Tot ce este acest lucru, de un dumnezeilon de ori, distrugi și decreezi în totalitate? Right and wrong, good and bad, POD and POC, all 9, shorts, boys and beyonds.

Întrebare: Toată viața m-am împotrivit ideii de a trăi în incremente de zece secunde; mi s-a spus că mă răzgândesc des și sunt precum colacul de la toaletă: sus-jos. Eu citesc energia așa că-mi schimb părerea în mod constant. Încerc să iau o hotărâre dacă să devin facilitator Access Consciousness și să merg în Costa Rica. Într-o zi acest lucru este ușor iar ziua următoare nu mai este la fel. Am nevoie de ajutor în această privință.

Gary: Ce e greșit în a te răzgândi?

Dacă te răzgândești în mod constant atunci cum faci o alegere?

Gary: Tu încerci să alegi pe baza lui: „Da, vreau să merg" sau „Nu, nu vreau să merg." Nu alegi din: Ce anume va crea această alegere? Trebuie să întrebi: „Dacă aleg asta, va da amploare realității mele și va face ca totul să fie mai bine pentru mine?"

Înțeleg, nu pun întrebarea corectă.

Gary: Da. Nu ai făcut pasul următor care este a pune întrebarea: „Ce va crea această alegere?" Esența incrementelor de zece secunde în alegere este de a te face să recunoști că fiecare alegere creează ceva.

Trebuie să întrebi: „Ce va crea această alegere? Va crea mai mult sau mai puțin în viața mea?" Dacă va crea mai mult, atunci ai luat decizia. Dar nu e cu adevărat o decizie, este un nivel de conștientizare.

Apropo, a-ți schimba părerea tot timpul este un lucru grozav, nu e un lucru rău. Doar că ție ți-a lipsit această piesă din puzzle și anume întrebarea: „Ce va crea această alegere în viața mea?"

Da, e adevărat. Nu am simțit niciodată ca și când aș putea să mă pun pe locul întâi din care să fiu și să aleg pentru mine. Alegeam întotdeauna pentru toți ceilalți.

Gary: Asta este parte a problemei când ești humanoid. Ești întotdeauna conștient de ce anume au nevoie, ce vor, ce necesită și ce își doresc ceilalți și habar nu ai care sunt nevoile, necesitățile și dorințele tale pentru că-ți spui: „Aș putea alege orice!"

E adevărat că ai putea alege orice – asta pentru că ești dispus să ai mai mult decât sunt dispuși toți ceilalți să aibă. Majoritatea oamenilor își trăiesc viața încercând să elimine alegerea ca să aibă, astfel, un meniu limitat. Ei sunt dispuși să meargă doar la McDonald's pentru că știu meniul de acolo. Ei aleg să nu meargă în alte locuri și să nu încerce lucruri noi.

Dain: Majoritatea oamenilor de pe planetă nu știu că acest mod de funcționare este posibil. Așadar, atunci când auzi ceva, dacă te face să te simți mai ușor, atunci știi: „Super, poate că asta este o nouă posibilitate pe care o pot integra în viața și în stilul meu de viață și să văd cum ar putea asta să funcționeze pentru mine."

Noi facem din alegere infinită o fantezie. O transformăm într-o ființare. O transformăm într-o agendă secretă pe care nu o putem descifra niciodată. Nu este niciunul dintre aceste lucruri.

Ce fantezie, ființare și agende secrete de a nu avea vreodată alegere infinită ca și realitate ai făcut atât de reale încât, chiar și în fața conștientizării totale, nu le vei schimba, alege sau transforma? Tot ce este acest lucru, de un dumnezelion de ori, distrugi și decreezi în totalitate? Right and wrong, good and bad, POD and POC, all 9, shorts, boys and beyonds.

Gary: Tu nu vei face o alegere decât dacă vei ști care va fi rezultatul și cum îi va afecta pe ceilalți. Nu întrebi: „Ce va crea această alegere în viața mea?" Alegerea este o sursă a creației dar, în loc să alegem, noi încercăm să eliminăm lucruri din viața noastră ca să nu creăm rezultate „proaste".

Dain: Ajungem să avem un univers mititel în care se întâmplă foarte puține lucruri pentru că am eliminat atât de multe dintre alegerile care sunt cu adevărat posibile. Ne limităm universul la o sferă de influență micuță pe care o putem controla, în loc să ne raportăm la alegerile infinite care sunt disponibile.

Gary: De exemplu, oamenii spun că acum ne aflăm în perioada revoluției tehnologice. Dacă nu ești specialist în tehnologie, dintr-odată nu te mai afli în sfera de alegere. Nu poți alege ceva ce nu este perfect adaptat tehnologiei și nici nu poți fi o alegere tehnologică. Ți-ai limitat alegerea prin lipsa abilității tale în ce privește tehnologia.

Ceea ce te limitează este întotdeauna o lipsă – niciodată o posibilitate. Nu ești niciodată limitat de o posibilitate.

Întrebare: Când eram mai tânăr, fiecare alegere pe care o făceam era privită cu dispreț sau considerată a fi greșită așa că trebuia să mă diminuez ca să înțeleg ce era în neregulă sau de ce nu funcționa pentru persoanele din familia mea.

Gary: Da, cam asta este ce suntem învățați aici. Dezaprobarea este sursa primordială pentru crearea alegerii în această realitate.

Chintesența ideii incrementelor de zece secunde este de a deschide ușa către o posibilitate diferită. Poți fie să crezi că familia ta are dreptate, fie să alegi pentru tine.

Dain: O, asta da idee! Viața devine mai bună atunci când începi să alegi pentru tine.

Gary: Da, știu.

Ce fantezie, ființare și agende secrete de a nu avea niciodată alegere infinită ca și realitate (ah, da, și a nu avea vreodată nici fericire infinită pentru că asta ar fi cu adevărat greșit) ai făcut atât de reale încât, chiar și în fața conștientizării totale, nu le vei schimba, alege sau transforma? Tot ce este acest lucru, de un dumnezelion de ori, distrugi și decreezi în totalitate? Right and wrong, good and bad, POD and POC, all 9, shorts, boys and beyonds.

Gary: Dain, de unde ideea ta că fericirea se află pe meniul alegerii?

Dain: Știu, chiar așa! Pe măsură ce rulăm acest proces îmi dau seama că nu poți avea fericire dacă nu ai alegere. Dacă nu pricepi că ai alegere, atunci nu poți avea fericire.

Gary: Corect.

Dain: Și dacă nu alegem în incremente de zece secunde, nu putem ajunge în punctul în care fericirea este o opțiune pentru noi. Suntem blocați în nefericirea a orice vedem în jurul nostru, în lumile tuturor. Acționăm ca și când ar fi real și adevărat și trebuie să credem și să trăim în conformitate cu asta.

Gary: Știu, uluitor, nu-i așa?

Tot ce este acest lucru, de un dumnezelion de ori, distrugi și decreezi, te rog? Right and wrong, good and bad, POD and POC, all 9, shorts, boys and beyonds.

Ce fantezie, ființare și agende secrete de a nu avea vreodată alegere infinită ca și realitate ai făcut atât de reale încât, chiar și în fața conștientizării totale, nu le vei schimba, alege sau transforma? Tot ce este acest lucru, de un dumnezelion de ori, distrugi și decreezi în totalitate? Right and wrong, good and bad, POD and POC, all 9, shorts, boys and beyonds.

Întrebare: Vrei să vorbești despre cuvântul ființare din acest proces?

Gary: *Fiind (Being)* este atunci când ești cu adevărat prezent. *Ființarea* este atunci când faci ceva ca să dovedești ceva. Este ceva de genul: „Vezi, fac chestia asta acum, cu alte cuvinte, sunt acest lucru."

De câte ori ai făcut curat în casă? Când îți cureți casa, o faci din ființarea unei menajere? Faci asta din ființarea unei persoane care curăță casa? O faci din ființarea lui „urăsc acest lucru"? O faci din ființarea unei persoane perfecte care creează un cămin? Sau pur și simplu faci curățenie? Ești doar prezent și termini rapid?

Mulțumesc! E genial.

Dain: Ce fantezie, ființare și agende secrete de a nu avea niciodată alegere infinită ca și realitate ai făcut atât de reale încât, chiar și în fața conștientizării totale, nu le vei schimba, alege sau transforma sub nicio formă? Tot ce este acest lucru, de un dumnezelion de ori, distrugi și decreezi, te rog? Right and wrong, good and bad, POD and POC, all 9, shorts, boys and beyonds.

Gary: Mulțumesc pentru întrebarea aceea. Tocmai a făcut ca procesul să ruleze mai profund.

Dain: Ce fantezie, ființare și agende secrete de a nu avea niciodată alegere infinită ca și realitate ai făcut atât de reale încât, chiar și în fața conștientizării totale, nu le vei schimba, alege sau transforma sub nicio formă? Tot ce este acest lucru, de un dumnezelion de ori, distrugi și decreezi, te rog? Right and wrong, good and bad, POD and POC, all 9, shorts, boys and beyonds.

Întrebare: Când curăț ceva, în mod automat îmi doresc să fie curat sau gândesc că sunt o persoană bună sau că fac lucrul acesta foarte bine. Asta e aproape un automatism. Când ai dat acel exemplu a fost foarte clar și m-a ajutat foarte mult. Vreau să te rog să vorbești mai mult despre asta ca să înțeleg mai bine.

Gary: *Ființarea* este ceva ce faci ca să dovedești că ești ceva. Când *ești* ceva, nu te gândești la acel lucru. Pur și simplu ești acel lucru. Nu ai niciun punct de vedere despre asta. Furnizezi orice ar fi necesar.

Dacă asculți acest call (apel înregistrat) de mai multe ori după ce vom mai fi făcut niște curățări, va deveni mai clar pentru tine. Vei înțelege la un nivel complet nou. Acest proces te va debloca din a trăi în: „trebuie să dovedesc că sunt o fetiță cuminte făcând acest lucru" sau „trebuie să dovedesc că-mi pasă de lucruri" sau „trebuie să dovedesc (orice)". Ființarea este întotdeauna despre a încerca să dovedești că ești ceva; nu este niciodată doar despre a face ceva pentru că îți place să faci acel lucru.

Înainte să ajung la incrementele de zece secunde ale alegerii, simțeam întotdeauna că trebuia să privesc în lumea negativă a celorlalți ca să stabilesc ce trebuia să fac sau să fiu pentru ca ei să nu trebuiască să se confrunte cu lucrurile negative cu care se confruntau. Credeam că dacă puteam cumva să elimin lucrurile negative din lumea lor, atunci nu trebuia să fiu negativist nici eu, nici ei.

Dain: Nu este nicio ușurință în acest punct de vedere, este un grad constant de judecată.

Gary: Da. Și încerci mereu să alegi pe baza nevoilor, necesităților, dorințelor, cerințelor celorlalți și niciodată pe baza nevoilor, necesităților, dorințelor, cerințelor tale.

Întrebare: Nu am nicio problemă să aleg în incremente de zece secunde atunci când este vorba despre lucruri precum să-mi suflu nasul sau să mă spăl pe mâini. Nu sunt consecințe pe termen lung.

Gary: Când spui „consecințe pe termen lung" ești de acord cu concluzia că dacă faci o alegere aceasta va fi pentru totdeauna în loc să fie pentru zece secunde.

Ei bine, e greu să-mi imaginez că îmi dau demisia sau că divorțez în incremente de zece secunde.

Gary: Dacă divorțezi sau îți dai demisia în incremente de zece secunde ar trebui să alegi, de fapt, dacă vrei să fii în acea relație sau să ai acel job sau să fii în acea afacere.

Întrebare: Mă blochez în ce am decis că sunt opțiuni limitate în loc să fiu cu adevărat deschis către toate posibilitățile. Pot să aplic cheia incrementului de zece secunde în acele zone unde mă blochez, cum ar fi de exemplu când mă blochez în idei privitoare la cum să încep noua mea afacere? Pot să o folosesc ca să facilitez întreruperea ciclului de alegeri limitate pe care se pare că mi l-am oferit?

Dain: Încearcă să rulezi:

Ce fantezie, ființare și agende secrete de a nu avea niciodată alegere infinită ca și realitate ai făcut atât de reale încât, chiar și în fața conștientizării totale, nu le vei schimba, alege sau transforma sub nicio formă? Tot ce este acest lucru, de un dumnezelion de ori, distrugi și decreezi, te rog? Right and wrong, good and bad, POD and POC, all 9, shorts, boys and beyonds.

Întrebare: Sunt momente în care nu sunt sigur ce să aleg, cum ar fi când cumpăr un bilet sau ceva asemănător. Mă uit la energie și întreb: „Dacă aleg asta, cum va fi energia din viața mea în trei luni sau șase luni sau nouă luni?" Este asta ceva ce recomandați? Ar trebui să întreb altceva?

Gary: Observi că alegând în felul acesta se deschid lucruri în diverse aspecte din viața ta?

Da.

Gary: Atunci când faci o alegere, practic alegi cum va arăta viitorul tău. Nu-l alegi pe baza realității altcuiva.

Da, așa se simte.

Dain: Ce generare și creare a spațiului fără-de-minte al alegerii infinite și al incrementelor de zece secunde ale alegerii ca o non-realitate absolută folosești ca să blochezi în existență HEPAD*-urile poziționale pe care le institui ca să te plasezi în elementele negative ale realităților care sunt realitățile de non-existență lipsită de alegere ale altora? Tot ce este acest lucru, de un dumnezelion de ori, vrei să distrugi și să decreezi, te rog? Right and wrong, good and bad, POD and POC, all 9, shorts, boys and beyonds.

Gary: Nu trebuie să aibă sens pentru tine. Ar trebui să-ți prăjească mintea pentru ca tu să te schimbi și să ai libertate totală ca să te schimbi.

Întrebare: Ce sunt HEPAD-urile poziționale?

Dain: De fiecare dată când iei atitudine sau ai un punct de vedere fix, creezi HEPAD-uri. H vine de la a dezavantaja (n.t. handicapping în limba engleză), E vine de la entropie, P vine de la paralizie, A de la atrofie și D de la distrugere.

Ori de câte ori nu ești în punct de vedere interesant în legătură cu orice, creezi HEPAD-uri poziționale. Ele sunt o parte uriașă din ceea ce creează blocajele din corpurile oamenilor, acolo unde par că nu mai pot fi flexibili. De asemenea, HEPAD-urile contribuie la crearea bolii în corpul și mintea oamenilor.

Gary: HEPAD-urile sunt toate lucrurile care creează stilul de viață în această realitate limitată. Ele sunt toate acele moduri în care te împiedici pe tine însuți să ai o realitate nelimitată.

Am văzut trăirea în incremente de zece secunde și celelalte instrumente ca lucruri atât de simple și de ușor de folosit încât nu-mi imaginam că oamenii nu le vor putea aplica. Această clasă „Zece chei" a fost un mare dar pentru mine. Mi-a permis să văd de ce nu pot aplica oamenii ceva ce pentru mine pare a fi clar și evident.

Dain: Fiind în preajma ta unsprezece ani, am observat că tu funcționezi dintr-un alt loc decât oricine altcineva pe care îl cunosc sau despre care am auzit pe planeta aceasta.

Ceea ce recunosc eu cu aceste call-uri „Zece chei" este că noi toți avem capacitatea să funcționăm din spațiul ușurinței. Aceasta este

---

* Vezi glosarul pentru definiție.

realitatea din care văd că funcționezi tu. Probabil că majoritatea oamenilor nici măcar nu știu ce este asta.

Pentru cei dintre voi care nu-l cunoașteți pe Gary, aș vrea să spun că indiferent de ce apare în viața lui – iar în viața lui apar toate lucrurile care apar și în viețile noastre – el nu alege dificultatea, trauma sau drama situațiilor. Indiferent ce apare, chiar dacă este traumă și dramă în viața altcuiva, el are întotdeauna un sentiment de ușurință când se confruntă cu acea situație. Îl văd alegând lucruri care vor crea un viitor mai măreț chiar și atunci când asta nu are sens în momentul prezent. Parte din motivul pentru care el poate face asta este deoarece el funcționează din aceste „Zece chei".

Așadar, dacă ești în acest call și gândești: „Pricep chestia asta oarecum – dar de fapt nu o pricep și nu vreau ca cineva să știe că nu pricep pentru că vreau să practic Access Consciousness în maniera corectă", te rog nu intra în asta. Nu te judeca. Doar dă-ți seama că aceasta este o oportunitate ca să alegi să trăiești dintr-un cu totul alt spațiu. Este despre ușurință și bucurie și exprimarea exuberantă a vieții. Este despre a permite dificultăților vieții să se atenueze, pe măsură ce ușurința devine din ce în ce mai prezentă.

Gary: Am stat de vorbă cu o doamnă din Noua Zeelandă care era furioasă că nepotul ei a venit să locuiască cu ea și lăsa bucătăria vraiște ori de câte ori o folosea.

Am întrebat-o: „Și ce faci în legătură cu asta?"

Ea mi-a răspuns: „Ei bine, curăț după el și-i spun ce gândesc despre asta. Îi spun că e rău și că nu ar trebui să facă asta și că trebuie să nu mai facă asta și tot felul de chestii. Dar nu se schimbă niciodată nimic."

Am întrebat-o: „Pentru cine cureți bucătăria – pentru el sau pentru tine?"

Mi-a răspuns: „Eh, pentru mine, desigur."

Am întrebat: „Serios? Atunci de ce protestezi? Lui îi place să fie murdară. El crede că e mai amuzant să fie murdară. Așadar, nu o cureți pentru el, ci pentru tine."

Ea a răspuns: „Dar curăț după el."

Am spus: „Nu, nu cureți după el. O cureți pentru tine. Dacă nu ai avea punctul de vedere că faci curățenie după el, ar schimba asta totul în modul în care decurg lucrurile?"

M-a sunat o săptămână mai târziu și mi-a spus: „Mulțumesc. Odată ce am înțeles că eu curățam bucătăria pentru mine, toată încărcătura a dispărut. Nu am mai avut un punct de vedere. Îmi spuneam doar: „Ok, e o vraiște totală" și făceam curățenie. Iar apoi, dintr-odată, nepotul meu a început să curețe după el."

Am spus: „Da, schimbă-ți punctul de vedere și și-l schimbă și ei pe-al lor."

Dain: Ce generare și creare a spațiului fără-de-minte al alegerii infinite și al incrementelor de zece secunde ale alegerii ca o non-realitate absolută folosești ca să blochezi în existență HEPAD*-urile poziționale pe care le institui ca să te plasezi în elementele negative ale realităților care sunt realitățile de non-existență lipsită de alegere ale altora? Tot ce este acest lucru, de un dumnezeion de ori, vrei să distrugi și să decreezi, te rog? Right and wrong, good and bad, POD and POC, all 9, shorts, boys and beyonds.

Gary: Unul dintre motivele pentru care vorbim despre acest increment de zece secunde ca și spațiu lipsit de rațiune este pentru că oamenii spun continuu: „Ei bine, dar cum rămâne cu mintea mea? Nu-mi pot explica incrementele de zece secunde. M-am răzgândit?"

Nu are legătură cu mintea ta. Este despre a crea pentru tine o realitate diferită. În spațiul alegerii infinite, o realitate diferită începe să fie creată. Vrei o realitate diferită? Aceasta este calea să ajungi acolo.

Tot ce este acest lucru, de un dumnezeion de ori, vrei să distrugi și să decreezi, te rog? Right and wrong, good and bad, POD and POC, all 9, shorts, boys and beyonds.

Întrebare: Gary, ai putea să spui mai multe despre spațiul fără rațiune?

Gary: Noi încercăm continuu să ne privim mintea ca sursă a creației. Dar mintea noastră poate să definească doar ceea ce știm deja. Mintea noastră este o prefăcătorie a ființei. Este o ființare. Practic, mintea ta este o ființare pe care o folosești ca să încerci să definești ceea ce ai ales. Atunci când ai spațiul fără rațiune, pășești în spațiul alegerii totale. Alegerea totală vine din spațiu. Fără-rațiune începe să creeze spațiu.

Alegând din spațiu îți arată întotdeauna ce se va crea prin alegerea pe care o faci.

Alegerea este cea care creează, și nu mintea?

Gary: Corect. Mintea ta poate doar să definească, ea nu poate crea. Alegerea ta poate crea dar tu îți creezi viața și realitatea doar când ești în spațiul alegerii totale.

Mulțumesc.

Dain: Mintea noastră creează ființare, așa că noi credem că suntem mintea noastră. Mintea noastră pompează ființare după ființare pentru că, atunci când funcționăm din minte, nu ajungem niciodată să fim.

Avem ființări care nu creează nimic. Aceste ființări se bazează pe definițiile pe care ni le dă mintea. Punem la înaintare o ființare pe baza acestor definiții și ne mirăm de ce nu creăm ceva mai măreț decât am avut în trecut. Tu, ca ființă, ești creativ și generativ iar alegerea ta este creativă și generativă. Întotdeauna, mintea ta definește și este critică.

Ce generare și creare a spațiului fără-de-minte al alegerii infinite și al incrementelor de zece secunde ale alegerii ca o non-realitate absolută folosești ca să blochezi în existență HEPAD*-urile poziționale pe care le institui ca să te plasezi în elementele negative ale realităților care sunt realitățile de non-existență lipsită de alegere ale altora? Tot ce este acest lucru, de un dumnezelion de ori, vrei să distrugi și să decreezi, te rog? Right and wrong, good and bad, POD and POC, all 9, shorts, boys and beyonds.

Gary: Oamenii încearcă să funcționeze din minte în loc să funcționeze din senzația de spațiu care este lipsa minții. Atunci când ajungi la acel sentiment de spațiu, funcționezi din incrementul de zece secunde al alegerii.

Eram împreună cu caii mei la grajduri și o fetiță a venit la mine. Îmi spune: „Te urăsc" și alte lucruri fără sens.

I-am răspuns: „Ok".

Iar ea îmi spune: „Cum adică Ok?"

Am spus: „Ei bine, dacă tu vrei să mă urăști, e în regulă. Nu-mi pasă. Este alegerea ta".

---

* Vezi glosarul pentru definiție

Ea zice: „Nu vreau să aleg asta".

Am întrebat-o: „Atunci de ce o alegi?"

A rămas pe loc și mi-a spus: „Ahhh, păi păi păi…"

Am întrebat-o: „Ești paranormală?"

Mi-a spus: „Da".

Am întrebat-o: „Sentimentul acela de ură este, de fapt, al tău sau al altcuiva?"

Ea a răspuns: „Este al altcuiva!"

Am întrebat: „Așadar, chiar mă urăști?"

Ea a spus: „Nu, te iubesc!"

Am zis: „Bun, în regulă".

Dacă aș fi funcționat din mintea mea, nu aș fi avut alegerea de a răspunde în modul în care am răspuns. Mintea mea ar fi încercat să înțeleagă ce se petrece cu ea și de ce alegea ea acel lucru.

Tot ce face mintea ta este să te ducă în *de ce*-ul realității. Alergi mereu într-un cerc ca să poți sta în labirintul numit mintea ta. Este o minte extraordinară.

Dain: Dacă te uiți la acest lucru, mintea este mereu un set de judecăți de corect și greșit, bun sau rău, pozitiv și negativ, pornit sau oprit.

Ce generare și creare a spațiului fără-de-minte al alegerii infinite și al incrementelor de zece secunde ale alegerii ca o non-realitate absolută folosești ca să blochezi în existență HEPAD*-urile poziționale pe care le institui ca să te plasezi în elementele negative ale realităților care sunt realitățile de non-existență lipsită de alegere ale altora? Tot ce este acest lucru, de un dumnezelion de ori, vrei să distrugi și să decreezi, te rog? Right and wrong, good and bad, POD and POC, all 9, shorts, boys and beyonds.

Întrebare: Când descoperi că ești în spațiul de configurare a minții, cum ieși de acolo?

Gary: Poți să întrebi: „Ok, vreau să continui cu această alegere?" Da sau nu? Nu? Bine, în regulă. Sau ai putea întreba: „O ființă infinită ar alege asta?" Sau ai putea spune: „Interesant punct de vedere că am acest punct de vedere". Ai alegere.

---

* Vezi glosarul pentru definiție

Revenind la ce spuneai mai devreme despre a fi prezent: este acela spațiul alegerii totale?

Gary: Da. Atunci când ești total prezent și ești complet conștient, creezi un spațiu al alegerii totale.

Ce ar fi necesar ca să fim asta tot timpul?

Gary: Dacă folosești aceste instrumente, vei începe să creezi asta. Dar trebuie să le *folosești*. Am descoperit că majoritatea oamenilor care fac „Fundația" și „Alegerea posibilităților" citesc despre aceste instrumente o singură dată și spun: „Ei bine, le-am citit și nu au servit la nimic".

Nu, trebuie să le folosești în fiecare zi, cât e ziua de lungă, timp de cel puțin șase luni până la un an. La finalul anului, vei avea un nivel de libertate pe care nu l-ai avut niciodată în toată viața ta.

Am folosit în mod constant punct de vedere interesant că am acest punct de vedere. Făcând acest lucru îmi permite să mă mișc în atât de multe spații. Tu spuneai: „Alege un instrument și folosește-l pe acela". Eu asta fac și acest lucru creează atât de multă ușurință.

Gary: Grozav. Dacă iei unul dintre instrumente și îl folosești non stop timp de șase luni, toată viața ta se va schimba. Dacă ai utiliza fiecare instrument timp de șase luni , totul în lumea ta s-ar schimba. Dar întotdeauna este o alegere.

Poți să spui asta încă o dată?

Gary: Ia fiecare dintre instrumente și folosește-l timp de șase luni. Să zicem că șase luni de zile ai folosi interesant punct de vedere că am acest punct de vedere. Asta ar crea un spațiu în care nu ai mai avea niciodată punctul de vedere că vreun punct de vedere ar conta pentru tine. Pentru majoritatea dintre voi, a face asta timp de trei luni probabil că ar funcționa dar ar funcționa cu siguranță dacă l-ați folosi șase luni.

Bine! Aleg asta. Sunt o mulțime de proiecții în jurul meu iar punct de vedere interesant este...

Gary: Oamenii proiectează chestii asupra noastră tot timpul. Atunci când folosești interesant punct de vedere că am acest punct de vedere, vei spune dintr-odată: „Nu-mi pasă de chestia asta. De ce o fac semnificativă?" Face ca lucrurile să fie cu mult mai ușoare.

Întrebare: Mi-ai băgat un fitil*, un fitil foarte mare. La momentul acela nu am ştiut că este un fitil dar mi-am dat seama că sunt atât de obsedat de control încât mi-am blocat alegerile şi mi-am contractat viaţa. Pur şi simplu nu puteam fi în afara controlului*, nu puteam suporta să mi se întâmple prea multe lucruri simultan, nu puteam avea atât de mulţi bani încât să-mi pierd controlul. Am cerut ieri să mă eliberez de acest control şi se pare că acum funcţionez mai mult din spaţiul de fără-minte. Este atât de diferit!

Gary: Nu-i amuzant?

Ba da! Mulţumesc!

Dain: Vai de mine, se distrează! Ah, nu!

Gary: Chestia cu obsedaţii de control este că ei încearcă întotdeauna să controleze lucrurile ca să nu se distreze prea mult.

Gary: Hai să rulăm procesul încă o dată, Dain.

Dain: Ce generare şi creare a spaţiului fără-de-minte al alegerii infinite şi al incrementelor de zece secunde ale alegerii ca o non-realitate absolută foloseşti ca să blochezi în existenţă HEPAD*-urile poziţionale pe care le institui ca să te plasezi în elementele negative ale realităţilor care sunt realităţile de non-existenţă lipsită de alegere ale altora? Tot ce este acest lucru, de un dumnezelion de ori, vrei să distrugi şi să decreezi, te rog? Right and wrong, good and bad, POD and POC, all 9, shorts, boys and beyonds.

Întrebare: Vrei să dai un exemplu cu a fi şi a trăi în incremente de zece secunde, te rog? Este vorba despre a întreba „Ce altceva?" la fiecare zece secunde?

Dain: Bine, iată un exemplu. Vorbesc adesea cu coordonatorul meu de comunicare despre planuri pentru o clasă sau un eveniment care ar putea fi peste şase luni, în viitor. Prima dată, când am început să lucrăm împreună, mergeam pe alegerea unei clase bazându-ne pe informaţia de care dispuneam la momentul respectiv. Făceam lucrul acela real şi solid, iar lucrul acela devenea o concluzie. Funcţionam dintr-o concluzie pe care noi o pusesem în lume în loc să fim într-o permanentă stare de întrebare.

---

* Vezi glosarul pentru definiţie

Asta a început să se schimbe pe măsură ce deveneam mai deschiși la faptul că am fi putut avea și alte alegeri și că lucrurile s-ar fi putut schimba pe măsură ce trecea timpul. Uneori, o energie apărea din senin în lumea noastră sau primeam informații noi și spuneam: „Stai puțin! E ceva aici la care trebuie să ne uităm. Poate că trebuie să schimbăm titlul, poate trebuie să schimbăm locul sau poate că trebuie să anulăm clasa."

La un moment dat, plănuiam să susțin o serie de seminare la un centru de conferințe din Suedia. Inițial plănuisem să fac clasa „Fii tu, schimbă lumea". La puțin timp după, am zis: „Știi ceva? Trebuie să schimbăm asta." Era ceva pentru care oamenii nu erau pregătiți.

La scurt timp după asta, coordonatorul meu de comunicare mi-a spus: „E ceva aici la care trebuie să ne uităm. Ce trebuie să facem diferit în această situație?" Asta este parte din alegerea în incremente de zece secunde. S-a uitat la clasa pe care o prevăzusem și a spus: „Orice urma să facem nu va funcționa. Trebuie să trecem înapoi la clasa „Fii tu, schimbă lumea". Acum va funcționa pentru că universul s-a schimbat și ceva diferit este disponibil".

Așa că am schimbat titlul clasei iar acum se simte bine cu adevărat. Acum, vor fi oameni care o vor putea pricepe în timp ce cu câteva luni în urmă nu ar fi fost capabili să o facă.

Gary: După ce am practicat Access Consciousness timp îndelungat, am ajuns în punctul în care nu-mi mai păsa ce fac. Nu-mi mai păsa de nimic. Unde ți-ar plăcea să mergi să mănânci? Nu-mi pasă. La ce ți-ar plăcea să te uiți la televizor? Nu-mi pasă. Nimic nu conta, nimic nu era semnificativ, nimic nu era important, nimic nu era complicat pentru mine.

Așa că am spus: „Ok, am zece secunde să-mi petrec tot restul vieții. Ce aș alege acum?" Mi-am dat seama că mi-am petrecut întreaga viață alegând pe baza nevoilor, necesităților, dorințelor și solicitărilor altor oameni pentru că așa era mai ușor. Nu mai alesesem pentru mine din momentul în care m-am căsătorit.

Am spus: „Ok, voi merge afară. Astea sunt zece secunde. Acum ce-o să fac? Voi mirosi acel trandafir. Ok, am făcut asta. Am zece secunde, ce mi-ar plăcea să fac acum?" Am început să-mi dau seama că am pierdut capacitatea de a alege mai mult de trei lucruri.

Alegerea infinită nu mai era o posibilitate. Nici măcar nu exista în lumea mea faptul că aș putea avea așa ceva. Acum știu că pot să am lucruri, știu că pot să obțin orice vreau. Știu că orice cer va fi livrat și, drept rezultat, asta este exact ce apare.

Încă funcționez din incremente de zece secunde. Astăzi am fost la ranch cu caii mei și știam că trebuie să fiu în acest call cu toată lumea. Aș fi putut să merg acasă la Annie, unde sunt caii, și să fi făcut acest call de acolo. Aș fi avut aer condiționat, ar fi fost confortabil și plăcut. Cealaltă opțiune a fost să merg înapoi la hotel. Am întrebat: „Casă? Hotel?" Am spus: „Hotel se simte mai ușor, o să merg acolo." M-am dus înapoi la hotel și a fost un lucru bun pentru că am avut o serie de lucruri de făcut între ranch și hotel. Nu aș fi putut să fac toate acele lucruri dacă nu m-aș fi întors la hotel. A fost un moment în care am știut că mergând înapoi la hotel este lucrul corect. Am știut că era corect pentru că este ceea ce s-a simțit ușor. A fost alegerea care ulterior a deschis ușa altor douăsprezece posibilități, în mai puțin de cincisprezece minute.

Dain: Alt aspect legat de asta este că nu a fost nicio concluzie în lumea ta. Nu ai spus: „Trebuie să fac call-ul de aici" sau „Trebuie să îl fac de-acolo." Ai fost deschis la orice ar fi creat mai multă ușurință sau cel mai mare număr de posibilități. Se pare că mulți oameni spun: „Dă-mi concluzia corectă ca să pot să o am pe cea care va fi corectă pentru eternitate".

Gary: Când am lansat pentru prima dată acest instrument, obișnuiam să spun: „Lumea e plină cu lei, tigri, urși și șerpi veninoși iar tu te vei întâlni cu ei de îndată ce pășești afară din casă. Ce ai alege chiar acum dacă ar urma să fii devorat în următoarele zece secunde? Cum ar fi dacă ai ști că vei muri în următoarele zece secunde?"

Tatăl meu a murit când aveam 17 ani. Înainte de asta a făcut ceva care m-a înfuriat și nu i-am mai vorbit doi ani de zile. El a încercat „să se împace cu mine" în această perioadă de doi ani dar eu pur și simplu nu am vrut. Atitudinea mea era: „M-ai jignit, nemernicule și nu mai vorbesc cu tine niciodată."

A murit și mi-am dat seama: „Uau, decizia aceea pe care am luat-o acum doi ani și de care m-am agățat cu vehemență m-a privat de oportunitatea să petrec ultimele minute cu tatăl meu, ceea ce mi-ar fi putut oferi oarecare claritate cu privire la a fi în situația lui."

Am aflat că știa de doi ani că va muri. Am fi putut noi să avem o relație mai bună? Aș fi putut să-l cunosc mai bine? Da. Multe lucruri ar fi putut fi diferite. Nu i-am spus că-l iubesc înainte să moară.

Pentru mine, a fost o recunoaștere a faptului că trebuie să spui astăzi ce este adevărat pentru tine și să nu aștepți până mâine. Dacă cineva moare zece secunde după ce stă de vorbă cu tine? Vrei ca ultimul lucru pe care i-l spui să fie: „Ești un tâmpit?" Sau vrei ca ultimul lucru pe care îl spui să fie: „Sunt recunoscător să te am în viața mea?"

Ce anume vrei să spui în ultimele zece secunde din viața ta? Ce anume ți-ar plăcea să auzi în acele ultime zece secunde ale vieții tale? Ce anume ți-ar plăcea să faci în acele ultime zece secunde ale vieții tale? Dacă ar fi să mori și ai ști că ai doar zece secunde, care ar fi cel mai important lucru pentru tine? Când te uiți la acest aspect, începi să-ți dai seama ce este important pentru tine și ce nu este important, ce vrei să faci semnificativ și ce este irelevant.

Dain: Asta ajută foarte mult.

Întrebare: Acum câteva săptămâni, aveam dificultăți la școala unde lucrez și cu modul autoritar în care mă tratau. M-am dus acasă și am ascultat prima clasă Sinteza energetică a comuniunii și s-a petrecut ceva. Am zis: „Uau, mă voi conecta cu școala și cu profesorii și cu copiii" și asta am făcut. Atât de multe s-au schimbat cu alegerea aceea făcută în zece secunde. Acum oamenii sunt cu adevărat drăguți și e foarte ușor la școală.

Gary: Nu este un efort, nu este ceva ce faci. Doar ești și îți dai voie să alegi așa cum ai făcut-o iar asta schimbă întreaga realitate.

Da, este o realitate diferită. Atât de ușor a fost.

Gary: Acum trebuie să spui: „Ok, aceea a fost o bună alegere în zece secunde. Ce alte alegeri am acum? Și cum pot folosi tot ce am la dispoziție și tot ce știu într-un alt mod decât a făcut-o vreodată cineva?"

Întrebare: Ce faci atunci când știi că cineva e pe moarte iar tu încerci să trăiești în acele zece secunde sau să le arăți „Uite, e vorba doar despre zece secunde" dar ei nu vor să audă asta?

Gary: Nu poți face pe cineva să audă ceva ce nu vrea să audă. Am avut o prietenă, Mary, care locuia împreună cu noi. Mary avea 92 de ani, era pe moarte și spunea: „Aș vrea doar să plec acum".

Am întrebat: „Ce te reține aici?

Ea mi-a spus: „Ei bine, nu sunt sigură."

Am întrebat: „Este ceva de care ai vrea să fii conștientă înainte să pleci?"

Mi-a spus: „Da, aș vrea să știu unde merg mai departe."

Am spus: „De ce nu decizi tu ce anume vei avea după asta? Dacă ai trece într-o viață viitoare, cum ți-ar plăcea să fie?"

A spus o serie de lucruri iar eu i-am zis: „Poți să ai toate astea dacă vrei."

Ea a întrebat: „Pot?"

I-am spus: „Da. Este vorba doar despre alegere. Este alegerea ta. Dacă asta este cum ți-ar plăcea să fie viața ta, fă-o, cere asta. Solicită ca acest lucru să-și facă apariția pentru tine".

Ea a răspuns: „Asta este grozav" și după aproximativ o lună a putut să se ducă. Faptul că am curățat disponibilitatea ei de a crea obiective pentru următoarea viață i-a permis să facă acest lucru.

Pentru mulți oameni, mai ales catolici sau din categoria metafizică, este necesar să-și creeze obiective pentru viața următoare. Trebuie să facă asta înainte să poată pleca. Apoi, incrementele de zece secunde ale acestui aspect sunt: bine, în următoarele zece secunde mori. Ce urmează? Ce vei alege?

Și, așa cum spui, dacă nu vor să se schimbe este alegerea lor, corect?

Gary: Da, este alegerea lor. Din punctul lor de vedere, ei nu au ca și realitate incrementele de zece secunde ale alegerii. Ei cred că trebuie să facă o alegere corectă sau greșită. Dacă cineva nu este dispus să audă că există incremente de zece secunde pentru alegere trebuie să recunoști ce au ales și să spui, „Interesantă alegere, asta este alegerea ta" nu dintr-un punct de vedere de corect sau greșit, ci din punctul de vedere: „Asta nu ar fi alegerea pe care aș face-o eu, dar n-ai decât. Fă orice funcționează pentru tine."

Dain: Dă-mi voie să rulez un alt proces pe care l-a creat Gary, pentru că este încă unul strălucit.

Ce generare și creare a lui a nu fi, a nu face, a nu avea, a nu crea, genera sau institui orice și totul la alegere, ca și anularea realității tale folosești pentru a bloca în existență HEPAD-urile poziționale pe care le institui ca să dai vina pe tine că nu ai rezolvat problemele întregii lumi? Tot ce este acest lucru, de un dumnezelion de ori, vrei să distrugi și să decreezi, te rog? Right and wrong, good and bad, POD and POC, all 9, shorts, boys and beyonds.

Gary: Recunoaște vreunul dintre voi că vă învinovățiți pentru a nu fi ales lucrul corect pentru a face din această lume un loc mai bun? *Da.*

Gary: Bun.

Dain: Ce generare și creare a lui a nu fi, a nu face, a nu avea, a nu crea, genera sau institui orice și totul la alegere, ca și anularea realității tale folosești pentru a bloca în existență HEPAD-urile poziționale pe care le institui ca să dai vina pe tine că nu ai rezolvat problemele întregii lumi? Tot ce este acest lucru, de un dumnezelion de ori, vrei să distrugi și să decreezi, te rog? Right and wrong, good and bad, POD and POC, all 9, shorts, boys and beyonds.

Gary: Dacă nu faci alegeri în incremente de zece secunde, nu poți să vindeci lumea. Tot ce poți să repari este trecutul – pentru că atunci când nu ești în incremente de zece secunde, nu mai ești în prezent.

Dain: Cu alte cuvinte, trebuie să funcționezi în incremente de zece secunde.

Gary: Dacă nu funcționezi în incremente de zece secunde, funcționezi în trecut. Și dacă funcționezi din trecut, nu poți să repari nimic, nu poți să îmbunătățești nimic și nu poți genera nimic.

Dain: Dacă nu funcționezi în incremente de zece secunde, fie funcționezi din trecut, fie proiectezi în viitor...

Gary: Ceea ce înseamnă că funcționezi din ceea ce viitorul *ar putea* să fie.

Dain: Ce generare și creare a lui a nu fi, a nu face, a nu avea, a nu crea, genera sau institui orice și totul la alegere, ca și anularea realității tale folosești pentru a bloca în existență HEPAD-urile poziționale pe care le institui ca să dai vina pe tine că nu ai rezolvat problemele omenirii? Tot ce este acest lucru, de un dumnezelion de ori, vrei să distrugi și să decreezi, te rog? Right and wrong, good and bad, POD and POC, all 9, shorts, boys and beyonds.

Gary: Mult timp am încercat să-i fac pe oameni să-și creeze propria realitate. Nu puteam să pricep de ce nu puteau face asta. Apoi mi-am dat seama că motivul pentru care nu pot să facă asta era pentru că nu înțelegeau niciuna dintre cele „Zece chei". Dacă nu fac alegeri în incremente de zece secunde, nu-și pot crea realitatea. Pot doar să creeze o realitate bazată pe trecut, care nu are nimic de-a face cu ei, cei din prezent.

Dain: Asta este chestia cu funcționarea din trecut. Nu are nicio legătură cu tine din momentul prezent. Funcționezi din toate celelalte lucruri pe care le-ai pus în funcțiune, fanteziile, ființările și agendele secrete. Ele nu au nimic de-a face cu tine când ești tu însuți. E o nebunie!

Întrebare: Sunt trei zone în care mă simt limitat în ceea ce privește alegerea în incremente de zece secunde. Aș vrea să vorbesc despre asta pentru că mi-aș dori să am o experiență diferită. Numărul 1: devin anxios când vine vorba de a funcționa în incremente de zece secunde. Sunt conștient de faptul că trec mult mai mult de zece secunde până să aleg altceva. Ce ar fi necesar pentru ca eu să mă relaxez în legătură cu asta sau, de fapt, să conștientizez trecerea celor zece secunde?

Gary: Tu privești aceste zece secunde ca și când ar fi o perioadă fixă de timp. De fapt, este doar despre alegerea pe care trebuie să o faci în acest moment. Este: „Ce mi-ar plăcea să aleg chiar acum?" Trebuie să exersezi folosind această întrebare. Să spunem că intri în cadă. Întrebi: „Ok, ce mi-ar plăcea să aleg chiar acum? Vreau ca apa să fie mai fierbinte". Ok, bine. Acele zece secunde au trecut. Apoi spui: „Nu este suficient de fierbinte." Ok, o să mai fac apă fierbinte încă zece secunde. „Încă nu este destul de fierbinte." Ok, mai fac apă fierbinte alte zece secunde.

Încerci mereu să ajungi la o concluzie despre ce sunt cele zece secunde în loc să vezi că ele sunt despre a învăța să alegi. Nu ai fost niciodată învățat să alegi; ai fost învățat să faci ce e corect. Așadar, anxietatea ta legată de a face ceva în contextul incrementelor de zece secunde nu este anormală. Este normală pentru că niciodată nu ai fost învățat să alegi.

Mulțumesc. Văd că am funcționat dintr-un univers predominant lipsit de alegere. Asta mă aduce la aspectul numărul doi. Ce este, în mod concret, alegerea sau alegerea adevărată? Când dai un exemplu, este întotdeauna o acțiune sau ceva ce poți face, precum reglarea temperaturii apei. Dar dacă acestea ar fi ultimele mele zece secunde și m-aș întreba ce aș alege, primul meu gând este: „Mi-ar plăcea să fiu în ocean, înotând cu delfinii." Dar asta nu se va întâmpla în zece secunde.

Gary: Trebuie să pornești de acolo de unde te afli și să înveți să alegi. Scopul este să înveți să alegi. Tu încă încerci să faci cele mai bune alegeri.

Alegerile pe care le-aș prefera.

Gary: Nu, nu alegerile pe care le-ai prefera. Trebuie să înveți să alegi în incremente de zece secunde. Tu spui: „Asta ar fi cea mai bună alegere." Aceasta este o concluzie, nu este o alegere. Ai identificat și ai aplicat în mod greșit concluzia ca fiind alegere. Câți dintre voi ați identificat și ați aplicat în mod greșit alegerea ca fiind concluzie și concluzia ca fiind alegere?

Tot ce este acest lucru, de un dumnezelion de ori, vrei să distrugi și să decreezi, te rog? Right and wrong, good and bad, POD and POC, all 9, shorts, boys and beyonds.

Ultima parte a întrebării mele este despre a alege din spațiu pentru că, de cele mai multe ori, mă simt ca și cum aleg în interiorul unei cămăși energetice de forță . Chiar îmi place să am acea percepție a spațiului.

Gary: Pentru a avea percepția spațiului tot ce trebuie să faci este să ieși afară din casă și să întrebi: „Ok, vreau să pun piciorul drept înaintea piciorului stâng sau piciorul stâng înaintea piciorului drept?" Dă-ți voie să faci pași mici. Ai fost învățat să sari la concluzie, să înțelegi ceva foarte bine și să faci doar lucrul corect. Asta nu este alegere. Asta este judecată. Ăsta este celălalt lucru pe care l-ai identificat și aplicat în mod greșit. Tu crezi că judecata este alegere și că alegerea este judecată.

Tot ce este acest lucru, de un dumnezelion de ori, vrei să distrugi și să decreezi, te rog? Right and wrong, good and bad, POD and POC, all 9, shorts, boys and beyonds.

Aici este vorba despre a învăța cum să alegi. Am zece secunde ca să-mi aleg tot restul vieții, ce voi alege? Ok, aceste zece secunde s-au scurs. Am zece secunde să-mi aleg tot restul vieții, ce aș alege? Înveți cum să alegi. Scopul acestui lucru este să te facă să înveți cum să alegi și nu cum să faci alegerea corectă.

Vrei să spui că tu alegi ceva ce poți de fapt să faci în acele zece secunde?

Gary: Da, pentru că acesta este singurul mod prin care vei învăța să alegi.

Ok, mulțumesc.

Gary: Varianta ta e ceva de genul: „Ce-ar fi cel mai bun lucru de făcut?" Asta se bazează pe judecată și pe ce ți-ai dori să faci și nu ai făcut.

Dain: Nu este vorba despre a face ceva foarte bine. Este vorba despre a învăța cum să alegi. Cum ar fi dacă te-ai uita la „Cele zece chei" din această perspectivă: „Ar trebui deja să aplic *Cele zece chei* în mod perfect așa că o să particip la acest call."

Și acum, din această perspectivă: „Este timpul să învăț despre aceste *Zece chei*, cum să le aleg, să le institui și să le folosesc în viața mea."

Una dintre fiicele lui Gary voia să meargă la lecții de balet dar, înainte de asta, a vrut să studieze acasă. Voia să învețe despre balet înainte să se înscrie la cursuri. Facem asta cu noi tot timpul. Credem că, într-un fel, trebuie să fim perfecți făcând ceva ce nu am învățat încă. Înainte să fi mers la școală, ai știut să citești? Sau te-ai dus la școală cu speranța că vei învăța câte ceva?

Tot ce ai făcut ca să crezi că ar trebui să aplici perfect aceste „Zece chei", motiv pentru care participi la acest call, vrei să distrugi și să decreezi, te rog și să-ți dai voie să înveți aceste lucruri și modul în care să le alegi și să le institui? Right and wrong, good and bad, POD and POC, all 9, shorts, boys and beyonds.

Gary: Toate acestea sunt despre a învăța să fii o ființă infinită. O ființă infinită ar alege cu adevărat acest lucru? Este despre a învăța să vezi ce ar alege o ființă infinită. Interesant punct de vedere că am acest punct de vedere este despre a recunoaște că nouăzeci la sută din tot ce percep nu este al meu.

A funcționa în incremente de zece secunde este despre a ieși din judecată. Este despre a învăța să alegi fără judecată. Este un mare dar. Îți va face viața mult mai ușoară. Trebuie doar să alegi.

Și să depășești frica de a face o greșeală.

Gary: Dacă alegi doar pentru zece secunde, nu poți să faci o greșeală. Spui: „Ok, alegere proastă. Ce vreau să aleg acum?" Nu poți să judeci în incremente de zece secunde. Poți doar să alegi.

Dain: Cu alte cuvinte, alegerea în incremente de zece secunde elimină judecata. Dacă pricepi cu adevărat că poți să alegi altceva peste zece secunde, de ce ai judeca alegerea respectivă? Pur și simplu ai continua cu altceva. Instrumentul în sine conține eliberarea de limitarea pentru care îl folosești.

Frumos.

Dain: Ce generare și creare a lui a nu fi, a nu face, a nu avea, a nu crea, genera sau institui orice și totul la alegere, ca și anulare a realității tale folosești pentru a bloca în existență HEPAD-urile poziționale pe care le institui ca să dai vina pe tine că nu ai rezolvat problemele omenirii? Tot ce este acest lucru, de un dumnezelion de ori, vrei să distrugi și să decreezi, te rog? Right and wrong, good and bad, POD and POC, all 9, shorts, boys and beyonds.

Tocmai am avut o conștientizare interesantă acum. Dacă tu crezi că fiecare alegere în sine nu este suficientă pentru a rezolva problemele lumii, nu cumva neagă asta înclinația, capacitatea și abilitatea ta precum și valoarea alegerii?

Gary: Doar în mod absolut, total și irevocabil.

Dain: Tot ce ai făcut ca să crezi că fiecare alegere este prea mică pentru a face, de fapt, lumea să fie un loc diferit și tot ce ai făcut să crezi că toate alegerile pe care le putem face împreună, adunate, ar schimba lumea dar că nu se pot materializa vreodată, vrei să distrugi și să decreezi, te rog? Right and wrong, good and bad, POD and POC, all 9, shorts, boys and beyonds.

Gary: Dain, genialitatea aceasta este unul dintre motivele pentru care te ador.

De fiecare dată când alegi, în fiecare moment, deschizi o ușă pentru posibilități mai mărețe. Alegerea ta este, de fapt, un dar pentru univers.

Ajungi să alegi - și înveți să alegi – astfel încât fiecare alegere pe care o faci deschide o ușă pentru mai multe posibilități, ceea ce ajută omenirea.

Dain: Aceasta este potența care am refuzat să fim.

Gary: Când înțelegi că alegerea ta deschide o ușă, poți face o alegere și apoi să spui: „Ah, alegerea aceea nu a funcționat! Următoarea alegere." Faci acest lucru fără judecată. Nu înțepenești alegerea aceea în lume ca ceva care nu poate fi schimbat. Deschizi ușa unei posibilități diferite alegând din nou.

Dain: Ce generare și creare a lui a nu fi, a nu face, a nu avea, a nu crea, genera sau institui orice și totul la alegere, ca și anularea realității tale folosești pentru a bloca în existență HEPAD-urile poziționale pe care le institui ca să dai vina pe tine că nu ai rezolvat problemele omenirii? Tot ce este acest lucru, de un dumnezelion de ori, vrei să distrugi și să decreezi, te rog? Right and wrong, good and bad, POD and POC, all 9, shorts, boys and beyonds.

Gary: Dacă vrei să rezolvi problemele omenirii, învață să alegi – nu din judecată, ci din alegere.

Dain: Alege din alegere doar pentru că poți. După ce vei fi folosit aceste instrumente o perioadă iar judecățile tale nu mai trag de tine, e posibil să spui: „Ce s-a întâmplat?" Ceea ce se petrece este că ai ajuns în acel punct pe care îl descria Gary, când nu-ți mai pasă unde mergi să mănânci. Ai putea sta pe canapea toată ziua să te uiți la televizor. E ciudat pentru că nu te mai simți hărțuit din toate direcțiile așa cum se întâmpla. Tu credeai că asta era un indiciu că trebuia să alegi ceva dar, de fapt, acesta este spațiul în care începe alegerea adevărată.

Alegerea provine din acest spațiu, nu dintr-o soliditate care te lovește peste cap, pe care tu încerci să o propagi în lume. Este un spațiu care nu conține niciuna dintre rigiditățile, construcțiile mentale sau greutatea cu care probabil ești obișnuit.

Ce generare și creare a lui a nu fi, a nu face, a nu avea, a nu crea, genera sau institui orice și totul la alegere, ca și anularea realității tale folosești pentru a bloca în existență HEPAD-urile poziționale pe care le institui ca să dai vina pe tine că nu ai rezolvat problemele omenirii? Tot ce este acest lucru, de un dumnezelion de ori, vrei să distrugi și să decreezi, te rog? Right and wrong, good and bad, POD and POC, all 9, shorts, boys and beyonds.

Gary: Acum trebuie să încheiem. Sunt foarte recunoscător pentru întrebările voastre și sper că vedeți că scopul de a învăța să alegeți este pentru a nu trebui să alegeți aceeași problemă iar și iar, ci pentru a avea o alegere diferită. Puteți alege diferit la fiecare zece secunde. Acesta este cel mai important concept pe care îl puteți pricepe în viață.

Dain: Este vorba, realmente, despre exercițiu. Este ceva ce înveți și învăț și eu mai mult în fiecare zi. Nu este ceva la care trebuie să fii deja perfect. Poate că nu ai ales. Poate că acum nici măcar nu știi ce este aceea o alegere – dar dacă exersezi continuu, vei pricepe ce este alegerea.

Nu este ceva ce ai învățat să faci înainte. E în regulă. Nu înseamnă că e ceva în neregulă cu tine. Te rog continuă să alegi, continuă să exersezi și te rog să te bucuri în continuare de această aventură de a funcționa dintr-un punct din care aproape nimeni de pe planetă nu a funcționat vreodată până acum. Planeta are nevoie de tine. Și acum este momentul nostru.

4

Trăiește ca întrebare

Gary: Bun găsit, tuturor. În seara aceasta vom vorbi despre cea de a patra cheie: Trăiește ca întrebare.

Dain: În această realitate am fost cu toții învățați să nu trăim ca întrebare. Am fost învățați în mod specific să nu funcționăm ca întrebare. Trebuie să fim răspunsul.

Gary: Totul este despre a avea răspunsul. Suntem învățați să căutăm răspunsul, să găsim răspunsul și să facem ce zice răspunsul pentru că, dacă obținem răspunsul corect, totul în viața noastră va fi așa cum trebuie. Asta, apropo, nu este adevărat.

Dain: Am fost făcuți să credem minciuna că greșim dacă trebuie să punem o întrebare – nu ai cum să ai dreptate dacă pui o întrebare. Asta este o tâmpenie absolută.

Gary: Primul pas către a trăi ca întrebare este să pui întrebări. Dacă pui întrebări încontinuu, vei ajunge la un punct în care ești întrebarea și, dintr-odată, nevoia de întrebări încetează pentru că tu funcționezi din întrebarea numită conștientizare absolută. Conștientizarea absolută este întotdeauna o întrebare. Nu mai trebuie să pui o întrebare întrucât toată viața ta este despre a fi întrebarea. Asta este ce vrem noi să spunem cu a trăi în întrebare.

Întrebare: De când am fost copil şi până la adolescenţă, îmi venea instinctiv să pun o întrebare. Avansând în vârstă, am început să fiu ridiculizat sau ignorat pentru că puneam prea multe întrebări şi, treptat, m-am oprit. Am încetat să mai fiu în întrebare, care mie îmi oferea cea mai mare bucurie, evoluţie si dezvoltare. Îmi puteţi da un proces pentru a anula judecata multor ani în care am pus la inimă sentimentul că sunt prost, obtuz, încet sau nu suficient de deştept?

Gary: Ce generare şi creare a întrebării ca şi greşeală înnăscută foloseşti ca să validezi HEPAD*-urile poziţionale pe care le alegi, care fac din răspunsuri realitatea şi din întrebări întruparea prostiei, tâmpeniei şi încetinelii? Tot ce este acest lucru, de un dumnezelion de ori, distrugi şi decreezi în totalitate? Right and wrong, good and bad, POD and POC, all 9, shorts, boys and beyonds.

Întrebare: Ce vrei să spui prin tâmpenie?

Gary: Tâmpenia este ideea că nu eşti suficient de inteligent ca să ştii ce este adevărat. Este a nu avea conştientizare. Tu, de fapt, nu eşti tâmpit – dar te poţi preface că eşti dacă vrei! A fi tâmpit este acolo unde foloseşti energie ca să te faci mai puţin conştient.

Ai folosit cantităţi masive de energie pentru ca să te faci suficient de tâmpit ca să trăieşti în această realitate? Hopa, am spus chestia asta? Vrei să distrugi şi să decreezi asta în totalitate? Right and wrong, good and bad, POD and POC, all 9, shorts, boys and beyonds.

Ce generare şi creare a întrebării ca şi greşeală înnăscută foloseşti ca să validezi HEPAD*-urile poziţionale pe care le alegi, care fac din răspunsuri realitatea şi din întrebări întruparea prostiei, tâmpeniei şi încetinelii? Tot ce este acest lucru, de un dumnezelion de ori, distrugi şi decreezi în totalitate? Right and wrong, good and bad, POD and POC, all 9, shorts, boys and beyonds.

Întrebare: Când eram copil şi puneam o întrebare, familia mea îmi spunea: „Curiozitatea este crima supremă. Nu pune întrebări."

Gary: Da, în familia mea spuneau: „Curioşii mor repede. Să te omoare şi pe tine, mă rog frumos?" Ce zici de asta ca amuzament?

---

* Vezi glosarul pentru definiţie

Am descoperit că motivul pentru care încercau să mă oprească să mai pun întrebări era pentru că ei nu aveau niciodată un răspuns rezonabil. Iar eu puneam o altă întrebare până când ceva avea sens pentru mine după care nu mai puneam întrebări. Și pentru că nu aveau răspunsuri care să aibă sens și pentru ca să mă facă să încetez, încercau să mă oprească să mai pun întrebări. Ai trăit și tu ceva asemănător?

Tot ce este acest lucru, de un dumnezelion de ori, distrugi și decreezi în totalitate? Right and wrong, good and bad, POD and POC, all 9, shorts, boys and beyonds.

Oamenii îți dau răspunsuri stupide care nu au sens iar tu îți zici: „Cum poate ăsta să fie răspunsul?" Dacă ai un gram de conștientizare, îți dai seama că răspunsurile care ți se dau sunt idioate și lipsite de valoare.

De ce nu ai putut să primești un răspuns la întrebarea ta? Pentru că tu aveai douăzeci de grame de conștientizare și toți ceilalți aveau un singur gram de conștientizare. Întrebarea ta era prea genială pentru ca ei să-ți dea un răspuns!

O doamnă mi-a spus: „Eu am fost cea mai tâmpită persoană din familia mea."

Am întrebat: „Pe ce te-ai bazat când ai luat această decizie?"

Ea a spus: „Ei bine, când aveam cinci ani, mi-au spus că sunt o persoană care atinge succesul depășind cu mult orice standarde existente (n.t.: *overachiever* în limba engleză)."

Am întrebat: „Știi ce este acela un *overachiever*?"

Ea s-a oprit brusc și a zis: „Este cineva care trebuie să se străduiască din greu pentru că este mai prostuț."

Am răspuns: „Nu, este cineva care este atât de inteligent încât face mai mult decât poate face oricine altcineva!"

Ea spuse: „Poftim? Nu eram proastă?"

Acest lucru s-a petrecut când avea cinci ani iar acum are cincizeci de ani. Timp de 45 de ani a crezut că este cel mai tâmpit membru din familia ei pentru că era un *overachiever* – dar ea nu știa ce înseamnă acest termen.

Oamenii îți spun lucruri ca acesta atunci când ești copil iar tu habar nu ai ce înseamnă așa că dai un înțeles personal cuvintelor lor. Tu presupui că a fi un *overachiever* este un lucru rău. Deci, dacă sunt rău înseamnă că greșesc și, dacă greșesc, înseamnă că sunt tâmpit.

Oriunde ai decis acest lucru, vrei să distrugi și să decreezi în totalitate, de un dumnezelion de ori? Right and wrong, good and bad, POD and POC, all 9, shorts, boys and beyonds.

Ce generare și creare a întrebării ca și greșeală înnăscută folosești ca să validezi HEPAD*-urile poziționale pe care le alegi, care fac din răspunsuri realitatea și din întrebări întruparea prostiei, tâmpeniei și încetinelii? Tot ce este acest lucru, de un dumnezelion de ori, distrugi și decreezi în totalitate? Right and wrong, good and bad, POD and POC, all 9, shorts, boys and beyonds.

Întrebare: Simt ca și când am fost oprită atunci când vorbeai despre overachiever.

Am avut o reacție emoțională intensă. A adus înapoi experiența cu părinții mei care se simțeau teribil de amenințați de fiecare dată când puneam o întrebare. Încă simt ca și cum sunt pe cale să comit o crimă atunci când pun o întrebare. Pare a fi un lucru important iar palmele îmi transpiră. Ce aș putea face ca să distrug și să decreez aceasta ca reacție automată atunci când pun o întrebare?

Gary: Câte minciuni ai „cumpărat" privind greșeala de a pune întrebări? Tot ce este acest lucru, de un dumnezelion de ori, distrugi și decreezi în totalitate? Right and wrong, good and bad, POD and POC, all 9, shorts, boys and beyonds.

Ai „cumpărat" o minciună legat de faptul că a pune întrebări este o greșeală? Câte minciuni folosești ca să consideri greșit faptul că pui întrebări sau că ești întrebarea care ești cu adevărat? Tot ce este acest lucru, de un dumnezelion de ori, distrugi și decreezi în totalitate? Right and wrong, good and bad, POD and POC, all 9, shorts, boys and beyonds.

Vorbeai despre a fi deștept. Familia mea a recunoscut și a apreciat că eram deștept dar asta m-a făcut să mă simt impotent pentru că, în ciuda conștientizării mele, în pofida inteligenței mele, nu păream a avea un impact

---

* Vezi glosarul pentru definiție

pozitiv. Ce pot să fac pentru a ieși din această identitate în care, indiferent de cât sunt de deștept sau de conștient, tot voi fi blocat în acel eșec?

Gary: E posibil să trebuiască să faci ceva îngrozitor.

Cum ar fi?

Gary: Să alegi împotriva familiei tale.

Ah...

Gary: Tatăl meu a murit când aveam 17 ani. Voiam să intru în armată. Voiam să fiu soldat în infanteria marină. Mama mi-a spus: „Trebuie să mergi la colegiu. Dacă nu mergi la colegiu, tatăl tău se va răsuci în mormânt. A fost singurul lucru pe care și-l dorea să-l faci." Așa că am intrat la colegiu.

Am făcut trei ani de colegiu. M-am dus acasă în vizită; sora mea devenise una din acele persoane care se plimbă prin biserică și strigă: „Da, Isus! Da, Isus!"

La momentul acela aveam 20 de ani. Sora mea mi-a spus: „Dacă nu crezi în Isus, vei ajunge în iad!"

Am spus: „ Păi, ca să fiu sincer cu tine, nu cred că cred în Dumnezeu." A fugit în casă urlând pentru că eu nu credeam în Dumnezeu.

Mama i-a spus: „Nu te îngrijora, draga mea. Asta este doar o idee prostuță pe care a pescuit-o la colegiu."

Mama m-a obligat să merg la colegiu pe baza ideii că tata s-ar fi răsucit în mormânt dacă nu mergeam, dar punctul ei de vedere era că pescuiam idei stupide din colegiu.

M-am uitat la acest aspect și am spus: „Asta-i o nebunie. Îi spui sorã-mii că asta este o idee proastă pe care am învățat-o la colegiu și mie îmi spui că trebuie să merg la colegiu pentru că altminteri sunt tâmpit. Scuză-mă dar asta e o prostie!"

Am început să pic examenele la colegiu doar pentru ca să-i dovedesc ei că greșește. M-am uitat în cele din urmă la asta și am zis: „Știi ceva? Și asta e o prostie! De ce încerc să demonstrez că mama mea are dreptate dovedind că sunt prost dacă mă duc la școală și că sunt prost dacă nu mă duc la școală și că sunt prost dacă sunt dat afară din școală și ce naiba încerc să cred aici?"

Așadar, vreunul dintre voi de aici, care încă mai încercați să faceți pe plac părinților încă în viață sau decedați de multă vreme, opriți-vă şi puneţi, în schimb, această întrebare:

Cât de tâmpiţi au fost părinţii mei? Tot ce este acest lucru, de un dumnezelion de ori, distrugi şi decreezi în totalitate? Right and wrong, good and bad, POD and POC, all 9, shorts, boys and beyonds.

Întrebare: Prima dată când am trăit a fi în întrebare, nu s-a simţit ca nimic special. Nu s-a simţit ca ce spuneţi voi. Când pun întrebări, este ca şi când sunt în noroi. Se simte ca şi când sunt în minte.

Dain: Tot ce ai hotărât tu că înseamnă a trăi în întrebare - şi cum crezi că se va simţi când trăieşti în întrebare – este o proiecţie dintr-un punct de vedere. Nu este o întrebare.

Gary: Tot ce ai decis că va fi a trăi în întrebare şi tot ce ai decis legat de cum va arăta acest lucru, distrugi şi decreezi de un dumnezelion de ori? Right and wrong, good and bad, POD and POC, all 9, shorts, boys and beyonds.

Dain: Când ai un mod de a fi care este despre această realitate, funcţionezi din răspuns. Ieşi în afara disponibilităţii de a fi întrebarea, ca şi când asta ar fi o mizerie. Când faci lucrul acesta, îţi programezi corpul să fie întruparea fizică a acestei realităţi şi să poarte această greutate pentru tine pentru ca tu să nu trebuiască să evadezi din întrebare în fiecare moment al fiecărei zile.

Gary: Corpul tău trebuie să te însoţească în călătoria conştiinţei la fel de mult ca şi tine. Schimbările care pot apărea în corpul tău şi în legătura ta cu tot ce te înconjoară, atunci când trăieşti ca şi întrebare, sunt uluitoare. Corpul tău este un organ senzorial care îţi dă informaţie. Îţi spune ce se petrece în jurul tău. Dacă nu eşti dispus să fii în comuniune cu el, îţi reduci cu 90% capacitatea de a percepe, a şti, a fi şi a primi. Este acesta locul unde vrei să trăieşti?

Dain: Corpul tău este o contribuţie la energia totală pe care o percepi a fi tu însuţi în această realitate.

Gary: Este cum te creezi tu pe tine. De aceea rulăm acest proces – te va ajuta să trăieşti ca întrebare. Te va ajuta şi dacă faci clasa Avansată pentru corp.

Dain: Oamenii întreabă: „Care este legătura între o clasă avansată Access pentru corp şi a fi capabil să trăieşti ca întrebare?"

Clasa Avansată de procese pentru corp deblochează lucruri așa că în loc să ai pe umeri un elefant super greu care se numește „realitatea aceasta", elefantul tău începe să slăbească. Devine mai ușor să fii lucrurile despre care am vorbit.

Întrebare: Am fost la clasa Avansată de procese pentru corp, care a fost mai mult decât formidabilă, și mi-am dat seama că întrebările mele obișnuiau să vină din minte. Acum, par să vină dintr-un alt spațiu.

Gary: Da. Exact așa funcționează. Corpul tău trebuie să meargă în aceeași călătorie cu tine. Așa că, faci Bars, Fundația, COP și prima clasă pentru corp pe care trebuie să o faci de cel puțin două ori ca să poți participa la clasa Avansată de procese pentru corp pentru că, dacă nu ai lucrat suficient de mult cu corpul, rezultatele pe care le obții sunt pe jumătate din ce vor primi ceilalți. Și apoi, clasa Sinteza energetică a ființei. Cu toate acestea, ai șansa de a alege o realitate cu totul diferită – dacă asta este ceea ce ți-ar plăcea să ai. Asta e, am spus-o.

Întrebare: Ascultam o clasă de mai demult despre cum Gary l-a vizitat pe Dain la cabinet pentru o ședință de chiropractică. Era prima dată când se întâlneau. Dain a lucrat pe corpul lui Gary fără să-l atingă iar Gary a avut un rezultat grozav.

A crede asta ar fi ceva precum încrederea oarbă pentru mine. Nu cred nimic până nu văd. E la fel ca atunci când eram copil. Obișnuiam să plâng când mergeam la culcare pentru că nu credeam în Isus. Mi se spusese că voi merge în iad dacă nu cred în el așa că mă asiguram că cred chiar și atunci când, în sufletul meu, știam că nu cred.

Așadar, dacă nu cred în asta, de ce am mers luna trecută la clasa lui Dain, Sinteza energetică a ființei? De ce încerc să cred în lucruri pe care nu le cred? Primesc foarte mult de la curățările energetice și de la lucrul cu corpul, eu însumi ofer terapii corporale. Cred în puterea vindecătoare a energiei. Dar dacă nu pot să simt, să văd sau să ating, nu pot să cred. Este asta o lipsă de încredere și dreptatea punctului meu de vedere despre încrederea oarbă? La ce anume din toată această poveste mă împotrivesc atât de mult?

Gary: Dar dacă ideea de încredere oarbă este modul în care te orbești pe tine în raport cu încrederea în tine? Hopa.

Tot ce este acest lucru, de un dumnezelion de ori, distrugi și decreezi în totalitate? Right and wrong, good and bad, POD and POC, all 9, shorts, boys and beyonds.

Mă împotrivesc să primesc și mă împotrivesc Sintezei energetice a ființei. *Are legătură cu a nu fi capabil să primesc ceva ce nu înțeleg? Este un aspect legat de control? Am nevoie de mai multă informație? Ce altceva este posibil aici?*

Gary: Când întrebi „Este vorba despre un aspect legat de control?" este aceasta o întrebare sau este un răspuns la finalul căruia adaugi un semn de întrebare, ca și când asta îți va da claritate?

Dain: Asta fac o mulțime de oameni. Au un răspuns sau o concluzie căreia îi lipesc un semn de întrebare la final. Ei se comportă ca și când ar pune o întrebare și se întreabă de ce nu deschide asta nicio ușă. O întrebare va deschide întotdeauna uși ale conștientizării. Un răspuns îți va da mereu mai mult din ceea ce ai decis că este.

Gary: Iar răspunsul te menține pe calea pe care mergeai deja – cea care nu funcționa de la bun început.

Dain: O întrebare deschide uși dincolo de calea pe care te afli.

Gary: „Am nevoie de mai multă informație?" nu este o întrebare. Dacă ești confuz sau frustrat sau dacă simți că ceva nu este tocmai în regulă, ai nevoie de mai multă informație. Nu este: „Am nevoie de mai multă informație?" Este: „Unde găsesc informația de care am nevoie și care îmi va da mai multă claritate și ușurință?"

Încearcă să întrebi „Ce altceva este posibil aici?" Aceasta este o întrebare adevărată. Ce altceva este posibil aici ce nu am fost dispus să percep, să știu, să fiu și să primesc? Ce anume ai decis tu că trebuie să crezi, ce dacă nu ai crede, nu ai putea fi?

Cum ar fi dacă ai fi atât de extraordinar încât a trebui să crezi în măreția ta este ceea ce ai definit ca necesitatea de a fi măreție? Ai crezut că poți să fii asta doar dacă o poți defini? Tot ce este acest lucru, de un dumnezeion de ori, distrugi și decreezi în totalitate? Right and wrong, good and bad, POD and POC, all 9, shorts, boys and beyonds.

Dain: Ai spus că trebuie să îți definești măreția ca să poți fi măreția

---

* Vezi glosarul pentru definiție

dar, după cum se pare, ce aduce această întrebare la lumină este că pentru a crede în ceva tu trebuie să-l defineşti înainte să crezi în el, înainte să îl ai, înainte să poți fi acel lucru.

Gary: Tot ce este acest lucru, de un dumnezelion de ori, distrugi şi decreezi în totalitate? Right and wrong, good and bad, POD and POC, all 9, shorts, boys and beyonds.

Dain: Cum ar fi dacă nu ar trebui să crezi în ceva sau să-l defineşti pentru a fi acel lucru?

Gary: Dain, când am venit pentru prima dată la tine la cabinet, ai crezut că ştiu despre ce vorbesc?

Dain: Ahh, nu.

Gary: Ai crezut că sunt nebun?

Dain: Da, un pic. Făcusem schimb de sesiuni şi am ştiut că, atunci când ai lucrat pe mine, s-a întâmplat ceva. Am putut să-mi simt realitatea schimbându-se. Dar nu am crezut deloc în abilitatea mea de a-ți dărui sau a-ți contribui cu ceva. Asta nu a contat. Ceea ce credeam nu a avut nimic de-a face cu asta.

Gary: Deci, cum ar fi dacă nu ar fi vorba despre ceea ce crezi? Cum ar fi dacă este despre tine alegând ceva? În acea primă sesiune ți-am spus: „Doar ai încredere în ceea ce ştii şi întreabă-mi corpul ce poți face pentru el." Adevărat?

Dain: Da, ai spus: „Ai să ştii ce să faci." Era o parte din mine care venea din vechiul loc al încrederii şi al îndoielii dar era, de asemenea, o parte care era ispitită şi entuziasmată. Acea parte din mine spunea: „Serios? Voi şti ce să fac?" Trecea dincolo de convingerea că nu am nicio abilitate şi nicio contribuție pentru cineva.

Gary: Acesta este cel mai important aspect al situației. Trebuie să fii dispus să pui întrebarea şi să treci dincolo de convingerile tale limitate. Singura cale de a merge dincolo de ce crezi este prin a pune o întrebare.

Dain: Dincolo de ceea ce crezi, se află ceea ce este cu adevărat posibil. Ce se află dincolo de ceea ce crezi, este ceea ce ştii de fapt. Este ce poți să percepi, ce poți să primeşti şi ce poți să fii.

Gary: A trăi în incremente de zece secunde de alegere este începutul recunoaşterii faptului că ai alegere infinită. Din nefericire, cei mai mulți oameni nu pricep asta. Ei încearcă să creeze concluzia, judecata sau răspunsul care vor face ca totul să funcționeze pentru ei, ca și când asta este de fapt posibil. Ceea ce îți sugerez eu să faci este să pui întrebarea „Dacă fac această alegere, ce voi crea?" Ai vreun exemplu în viața ta legat de asta, Dain?

Dain: Te gândeai la ceva anume, prietene?

Gary: A fost o femeie care voia să petreceți noaptea împreună iar tu te-ai uitat la situația aceasta și ai întrebat...

Dain: Așa e. Am întrebat: „Dacă aleg acest lucru, va fi o contribuție pentru viața și traiul meu? Va crea mai mult sau mai puțin pentru mine?" Să pun această întrebare a fost foarte diferit față de a funcționa din concluzia mea obișnuită care era: „Sex? Da. Femei? Da, absolut."

Așadar, am pus o întrebare și am primit o conștientizare cu totul diferită de ce am fost dispus să am anterior. Te uiți la energie. Când întrebi: „Dacă aleg asta, va fi contribuție pentru viața și traiul meu?" Vei avea o percepție sau vei simți cum va fi dacă alegi lucrul respectiv.

Eu am văzut că a fi cu acea femeie nu ar fi creat o energie pe care mi-o doream în viața mea. A face sex cu ea nu ar fi fost o contribuție pentru viața mea. Se simțea mai mult ca o secătuire a vieții mele. Am spus: „Știi ceva? Nici măcar pentru sex nu sunt dispus să aleg asta."

Asta este o schimbare majoră pentru mine. Se pare că toți avem cel puțin un aspect în care părem că ne negăm disponibilitatea de a pune întrebări, de a ne uita la lucruri și de a alege ce va contribui pentru noi. Oricare ar fi aspectul acela pentru tine, te poți uita la el și poți întreba: „Alegând acest lucru, va fi o contribuție?"

Fii dispus să pui această întrebare. Dacă o pui și dacă funcționezi în conformitate cu conștientizarea pe care o primești, vei primi o conștientizare și mai puternică despre ce înseamnă să fii întrebarea.

Întrebare: Atunci când pun întrebări, simt că trebuie să am grijă de lucrurile care vin în conștiința mea. Este ca și când aș avea o responsabilitate să rezolv lucrurile acelea.

Gary: Acesta este un punct de vedere pe care îl presupui. Nu are legătură cu a pune întrebări. A pune întrebări are legătură cu a avea o conștientizare mai măreață. Atunci când primești o conștientizare mai măreață, este disponibilă o posibilitate diferită. Trebuie să fii dispus să uiți la ceva și să întrebi: „Ok, ce este posibil aici, de fapt, pe care nu-l percep, pe care nu-l știu, care nu sunt și pe care nu-l primesc?"

Tot ceea ce este Access Consciousness îți expansionează conștiința. Trebuie să renunți la ideea că tu ești răspunzător de tot ce se petrece și că trebuie să faci ceva în legătură cu orice conștientizare pe care o ai. O să înnebunești.

A fi conștient de ceva anume nu înseamnă că trebuie să faci ceva cu acel lucru. Ceea ce trebuie să faci este să pui o întrebare: „Este ceva ce se cere să fac, trebuie să fac sau aș putea să fac în această situație?" În nouăzeci la sută din cazuri vei constata că nu e nimic de făcut. De exemplu, eu văd cu ușurință când oamenii aleg să moară. Pun întrebarea: „Pot să fac ceva în legătură cu asta? Da, nu? Nu, ok. Este ceva ce pot să schimb aici? Da? Nu? Nu, ok. Este asta ce vor ei? Da sau nu? Da, ok."

În acel moment, mă opresc din a mai încerca să fac ceva. Recunosc că pur și simplu am o conștientizare. Apoi, întreb: „Când vor muri?" Când pui o întrebare ca asta, devii conștient de energia morții și de momentul când se va întâmpla. Nu o poți defini ca o zi din calendar și o oră anume. Doar știi că moartea se va produce. A înțelege acest lucru schimbă radical situația.

Dain: Dacă nu funcționezi ca întrebare sau dacă nu pui o întrebare reală, mergi într-o direcție. Este ca și când ai avea ziduri de-o parte și de alta. Nu vezi pe deasupra zidurilor, nu vezi în jurul lor, nu vezi prin ele, nu vezi între ele. Poți merge doar în acea singură direcție.

De îndată ce pui o întrebare, se deschid uși și pe stânga și pe dreapta și vezi posibilități pe care nu le-ai luat niciodată în considerare. Întrebarea este lucrul care deschide acele posibilități. Întrebarea este cheia care permite acelor posibilități să existe.

Ne comportăm ca și când nu avem disponibile alte alegeri și posibilități. Nu suntem dispuși să fim întrebarea iar modul în care ajungem acolo este prin a începe să punem întrebări. Mergi pe un coridor îngust numit viața ta. Ai ziduri de ambele părți și nu vezi nicio altă posibilitate. Dacă pui o întrebare, încep să se deschidă uși și pe stânga, și pe dreapta. Dacă ești întrebarea, nu există ziduri care să-ți limiteze conștientizarea a ce poți să ai sau să fii. Zidurile încetează să mai existe. Și, nu sunt oare zidurile cele în care ai dat cu capul toată viața ta în timp ce te întrebai: „Cum trec prin zidul acesta? Cum trec prin zidul acesta? Cum trec prin zidul acesta?"

Treci prin zid fiind întrebarea, care începe cu a pune o întrebare.

Întrebare: Care este diferența între cunoaștere intuitivă și cunoaștere științifică? Ca atunci când știi răspunsul într-un mod intuitiv și când știi răspunsul în termenii societății?

Gary: Intuiția, în și prin ea însăși, este o minciună. Ceea ce ai nu este intuiție, ci este conștientizare.

Tu definești intuiția ca ceva care vine și pleacă, în loc de conștientizare care este ceva ce este întotdeauna acolo. Intuiția este ideea că ceva vine la tine ca prin magie. Dar conștientizarea nu este ceva care vine la tine ca prin magie, este ceva care este parte din cine ești. Atât timp cât definești conștientizarea ca intuiție, o vezi ca pe ceva care nu-ți este disponibil imediat, în orice moment.

Trebuie să fii dispus ca tot ceea ce apare să-ți fie disponibil tot timpul.

Întrebarea este: „Cum îmi amplific această conștientizare?" De câte ori ai o intuiție, recunoaște-o ca fiind conștientizare. Întreabă: „Cum expansionez această conștientizare până când este aici în permanență?"

Întrebare: Mama mea a murit săptămâna trecută și am primit o mică moștenire. Acum, familia mea vrea o parte din ea. Nu știu ce să fac. Am încercat să găsesc o întrebare ca să-mi dau seama ce să fac în situația asta...

Gary: Întrebarea este: „Cât de tâmpiți sunt ei să creadă că merită asta?" Mama ta ți-a lăsat-o ție. Le-a lăsat-o lor?

Nu.

Gary: De ce ar merita ei ceva?

Ei nu au niciun ban.

Gary: Toți oamenii care nu au niciun ban cred că merită totul din partea oricui are bani.

Tot ce trebuie să faci este să spui: „Îmi pare rău, sunt atât de săracă încât trebuie să folosesc toți acești bani ca să-mi plătesc facturile."

Sora mea mi-a spus: „Dacă sunt foarte mulți bani trebuie să-i împarți cu mine."

Gary: Dar tu ai întrebat „De ce?"

Da, și apoi m-am simțit foarte vinovată.

Gary: Vinovăția aceea nu e a ta. Se proiectează asupra ta, dragă. Câți din familia ta încearcă să te facă să te simți vinovată pentru că ai primit banii?

Toți.

Gary: Ai primit moștenirea pentru că ai fost un copil rău sau pentru că ai fost un copil bun? Ei nu au primit-o pentru că au fost copii răi sau copii buni?

Nu știu.

Gary: Ba da, știi. Ei nu au primit-o pentru că au încercat să o ia de la mama ta înainte să vină momentul.

Așa e.

Gary: Toată viața au încercat să o obțină. „Ar trebui să mori ca să pot avea banii tăi" nu este ceva drăguț să proiectezi asupra unei sărmane doamne în vârstă. Tu, pe de altă parte, ai iubit-o indiferent dacă ți-a dat sau nu bani.

Corect.

Gary: Ai fost cumva o persoană căreia îi păsa?

Da, cred că da.

Gary: Nu crezi, știi. Termină cu asta. Când apelezi la *gândire*, nu ești în întrebare. Treci la întrebarea: „Îmi păsa?" Chiar îți păsa de banii ei? Adevăr?

Nu. Da, nu.

Gary: Nu, nu îți păsa doar de banii ei. O plăceai pentru cine era. Toți ceilalți o plăceau pentru banii ei. Ai putea crede că ea a fost suficient de conștientă ca să știe acest lucru și să zică: „Să-i ia dracu', nu le voi lăsa nimic."

Da.

Gary: Sau a vrut să-ți lase ție totul ca să te tortureze până la moarte?

Dain: Sau poate ți-a lăsat ție totul ca să te poată tortura și pe tine și pe ei.

(Râzând) M-am gândit și la această posibilitate.

Gary: Tot ce nu ești dispusă să percepi, să știi, să fii și să primești în legătură cu toate acestea, vrei să distrugi și să decreezi în totalitate, de un dumnezelion de ori? Right and wrong, good and bad, POD and POC, all 9, shorts, boys and beyonds.

Dain: Când am spus: „Ți-a lăsat totul ca să te tortureze și pe tine, și pe ei" ai râs. Așa se simte când primești conștientizarea care vine din a fi în întrebare sau din a pune întrebarea. Este conștientizarea a ceea ce este adevărat. Te face să te simți mai ușor și, adesea, te face să râzi.

Gary: Dacă te face să te simți mai ușor sau te face să râzi, este adevărat. Dacă te face să te simți apăsat și mizerabil, nu este adevărat.

Eu cred că este grozav că ți-a dat ție frâiele ca să tortureze restul familiei. Acum, îi poți tortura dacă îți dorești să o faci. Sau, poți să minți și să te prefaci că erai atât de înglodată în datorii încât a trebuit să folosești toți banii ca să-ți plătești facturile. Poți să spui că înțelegi pe deplin că și ei au datorii mari și că nu-și pot plăti facturile dar că-ți pare rău, toți banii s-au dus.

Și de ce nu i-ai minți pe oamenii urâți? Toți oamenii urâți din viața ta pe care nu ești dispusă să-i minți și referitor la care nu ai o întrebare, va crea sau genera acest lucru ceva în lumea lor?

Și dacă le-ai da bani, ar crea și ar genera acest lucru ceva mai măreț în lumea lor? Sau ar fi doar soluția pe care au așteptat-o ei toată viața lor? Ar realiza asta ceva? Adevăr?

Nu.

Gary: Ok, atunci ducă-se la dracu.

Tot ce este acest lucru, de un dumnezelion de ori, distrugi și decreezi în totalitate? Right and wrong, good and bad, POD and POC, all 9, shorts, boys and beyonds.

Întrebare: Am trăit în nefericire atât de mult timp încât nu era nicio întrebare în universul meu despre vreo altă posibilitate. Apoi, am început să fac procesele din Clasa avansată pentru corp și m-am trezit într-o dimineață într-o stare de fericire incredibilă. Am zis „Ce e asta?" Mă obișnuisem atât de mult cu nefericirea sau durerea și pedeapsa încât m-am gândit: „Ei bine, așa stau lucrurile." Nu știam nimic altceva.

Gary: Ce întrebare este „Așa stau lucrurile?"

Exact, nu era nicio întrebare în lumea mea despre asta. Până la momentul acela, nu fusesem conștient că aș fi putut pune o întrebare precum „Cum aș putea fi mai fericit?"

Gary: Așa cum spui, este vorba despre a pune întrebarea. Ai putea întreba „Sunt fericit?" Dar asta nu e o întrebare. Este un punct de vedere corect sau greșit. Ar trebui să fie o posibilitate deschisă.

O întrebare deschisă ar fi: „Ce-ar fi necesar pentru ca să fiu fericit?"

Tot ce ai făcut corect sau greșit despre fericirea ta, de un dumnezelion de ori, vrei să distrugă și să decreezi în totalitate? Right and wrong, good and bad, POD and POC, all 9, shorts, boys and beyonds.

Întrebare: Am o dilemă dacă să pun o întrebare sau să las ceva să fie. Am vorbit cu cineva de câteva ori și el a spus: „Aș vrea să vin la clasa ta Access Consciousness Bars." Un prieten m-a sunat azi și mi-a spus: „Am vorbit cu el azi și a spus că nu vine la clasa ta pentru că ești prea exuberant." Mi-am zis: „Trebuie să pun o întrebare despre asta?" Apoi am primit un „Nu, pur și simplu o las așa."

Gary: Era el în întrebare, concluzie sau răspuns?

Era în concluzie. Dar trebuie să fac ceva în legătură cu asta?

Gary: Nu. Îmi pare rău, cine pierde dacă el nu vine la clasa ta? El sau tu?

Amândoi. Eu pierd un client.

Gary: Nu, nu, nu. Tu presupui că banii pe care i-ar plăti el pentru clasă ar rezolva anumite lucruri pentru tine. Nu te uiți la faptul că alegerea lui de a nu trăi, care este ceea ce alege el prin a nu veni la clasă, înseamnă într-un fel că tu pierzi. Trebui să vezi că anumiți oameni sunt dispuși să aleagă doar ceea ce le dă voie să piardă. Eu văd asta întâmplându-se tot timpul.

Tot ce este acest lucru, de un dumnezelion de ori, distrugi și decreezi în totalitate? Right and wrong, good and bad, POD and POC, all 9, shorts, boys and beyonds.

Ce întrebare poți să fii, care refuzi să fii, care dacă ai fi-o, ar schimba toate realitățile? Tot ce este acest lucru, de un dumnezelion de ori, distrugi și decreezi în totalitate? Right and wrong, good and bad, POD and POC, all 9, shorts, boys and beyonds.

Dain: Cât de multă anticonștiință este necesară pentru a te scoate din a fi întrebarea care ești în mod firesc și a te duce în zona unde se simte nefiresc pentru tine acum?

Gary: Este parte din ce a fost scos din tine cu forța în copilărie când spuneau: „Taci din gură și nu pune nicio întrebare." Ai fost învățat să nu pui sub semnul întrebării. Capacitatea ta înnăscută este de a cerceta.

Dain: Mama mea îmi punea câte un plasture la gură când eram copil pentru că puneam întrebări încontinuu. Crezi că a funcționat? Sigur că nu! Am găsit o cale să vorbesc cu plasturele pe gură. Trebuie doar să-l desfaci puțin să intre suficient aer ca să poți vorbi în continuare.

Gary: Asta-i foarte amuzant.

Tot ce este acest lucru, de un dumnezelion de ori, distrugi și decreezi în totalitate? Right and wrong, good and bad, POD and POC, all 9, shorts, boys and beyonds.

Dain: Așa că, uite cum stă treaba: dacă plasturii nu au ucis întrebarea din mine, și dacă încă mai pot să fiu în întrebare și agasant așa cum sunt, la fel poți și tu.

Gary: Lucrul care îl face pe Dain să fie diferit de oricine altcineva care a venit la Access Consciousness este că el pune o întrebare legat de ceva anume, găsim o procesare, îl curățăm într-un aspect major din viața lui și treizeci de secunde mai târziu, el spune: „Acum că avem asta, ce zici de astălaltă?"

Eu zic: „Nu te poți bucura măcar o clipă de liniștea și posibilitatea lucrului pe care l-ai creat?"

El spune: „Nu, mai sunt lucruri de curățat!" Această disponibilitate de a căuta întotdeauna mai mult este a trăi ca întrebare. Când te oprești din a mai căuta, este momentul în care mori. Dacă nu mă credeți, uitați-vă la oamenii care sunt cu adevărat bătrâni și încă activi și care fac diverse lucruri. Au o minte activă, își doresc mai mult. Mai mult este stadiul fundamental de funcționare al celui care este dispus să fie o întrebare.

Întrebare: Toată viața mea când eram copil mi s-a spus să nu fiu mai mult, să nu cer mai mult, să nu aștept mai mult, așadar mi s-a spus practic să fiu un zombie?

Gary: Ți s-a spus să nu fii.

Dain: Mai mult, mai mult, mai mult. A fi mai mult, a primi mai mult şi a cere mai mult reprezintă stadiul fiinţei. Tu, ca fiinţă, îţi doreşti mereu mai mult, creezi mai mult şi generezi mai mult.

Gary: Dacă eşti dispus să fii cu adevărat, există vreodată vreun loc în care nu eşti în întrebare despre cum să ai mai mult din a percepe, a şti, a fi şi a primi?

Este ca un concept nou. Vechiul meu mod de a fi a fost întors cu susu-n jos. Este uluitor.

Gary: Asta este ce încercăm să facem aici. Cele zece chei prin ele însele vor crea pentru tine un simţ al căutării a ce altceva este posibil în viaţa ta, un sentiment de a avea mai mult şi de a fi întrebarea.

Dain: Am remarcat că, uneori, când vorbim despre „Cele zece chei", dacă oamenii au dificultăţi în a înţelege ceva trec în judecată de sine. Este ca şi când cred că noi le spunem: „Eşti tâmpit. Nu eşti conştient."

Toată treaba asta este din punctul de vedere al acestei realităţi. Este ceea ce ni s-a dat. Este un loc din care funcţionăm – credem lucruri şi continuăm să creăm greşeala de sine.

Gary: Trebuie să pui întrebarea: „Ce e în regulă cu mine de care nu mă prind?"

Ţi s-a spus că greşeşti pentru că pui întrebări, ţi s-a spus că greşeşti pentru că voiai mai mult, ţi s-a spus că greşeşti pentru că percepeai faptul că trebuia să fie ceva mai măreţ şi pentru că îţi doreai o viaţă mai grandioasă decât avea majoritatea oamenilor.

La un moment dat în viaţă, am avut ceea ce mama mea numea modelul de casă perfectă. Era într-un cartier nasol din oraş, dar aveam ditamai casa. Punctul de vedere al mamei mele era: „Ce altceva şi-ar mai putea dori cineva?"

Am vândut casa aceea şi m-am mutat într-o casă părăginită, în cea mai bună zonă a oraşului. Lucrul grozav în a trăi în cea mai bună parte a oraşului este că ai adresa „corectă" pe care o poţi comunica oamenilor care cred că sunt mai buni decât tine.

Punctul de vedere al mamei mele era: „Ai o casă foarte bună. De ce te muţi?"

Punctul meu de vedere era: „Pentru că nu este suficient. Vreau mai mult în viața mea."

Punctul ei de vedere era: „Trebuie să te mulțumești cu ceea ce ai."

Eu nu aș fi putut să am niciodată acest punct de vedere pentru că eu trăiam ca întrebare în fiecare clipă a vieții mele.

Și până la urmă, am și vândut ruina de casă pentru mai mulți bani decât plătisem pe ea.

Întrebare: Ce întrebări și procese ne-ar fi de folos celor care avem dorința să facem lucruri pe care aparent nu ni le putem permite?

Gary: Când oamenii nu-și pot permite ceva, este o rezolvare pe care au găsit-o pentru a nu fi vreodată mai mult.

Ce soluție ai creat pentru a nu fi vreodată mai mult, ca să te asiguri că nu poți fi niciodată mai *multul* care ai putea să fii cu adevărat? Tot ce este acest lucru, de un dumnezelion de ori, distrugi și decreezi în totalitate? Right and wrong, good and bad, POD and POC, all 9, shorts, boys and beyonds.

Acesta este procesul pentru oameni care spun că nu-și pot permite mai mult.

Întrebare: Pe măsură ce devin mai senzitiv, percep sentimentele, emoțiile și gândurile oamenilor din jurul meu. Nu vreau în mod special să percep totul. Ce pot să fac în legătură cu acest aspect?

Gary: De ce nu?

Pentru că am dureri în corp. Azi dimineață vorbeam la telefon cu o prietenă care era bolnavă și puteam să percep tot ce se petrecea în corpul ei.

Dain: Stai puțin! Când spui că nu mai vrei să percepi totul, te scoți în afara capacității de a avea și a fi tot ce ai cerut. Ai identificat și ai aplicat în mod greșit faptul că percepția ta este cea care creează problema.

Problema vine din punctele de vedere fixe pe care le ai și lucrurile pe care le faci cu percepția ta. Gary poate percepe totul și poate să nu fie influențat de acestui lucru. Eu ajung în punctul în care pot să percep totul și să nu fiu influențat de asta. Este un alt fel de a fi care nu a putut să apară până acum. Trebuie să te duci în întrebare.

Gary: Soţul unei prietene prezintă semne de demenţă. Este furios la culme şi deţine o mulţime de arme. Percepţia mea a fost că dacă ea nu schimbă rapid ceva major în viaţa ei, el o va împuşca. Este asta ceva ce aş vrea să se întâmple? Nu. Pot eu să opresc asta? Nu. Numai ea poate. Pot să-i spun? Nu. Ce fac în legătură cu asta? Sunt conştient. Asta este tot ceea ce poţi face cu mare parte din informaţia pe care o ai.

Tu crezi că, având această conştientizare, trebuie să trăieşti durerea, să schimbi durerea şi să faci ceva pentru oamenii care au durerea. Cine te-a făcut Dumnezeu? A avea conştientizare totală nu te transformă-n Dumnezeu. Te transformă într-o persoană cu abilităţile lui Dumnezeu – nu cu responsabilitatea lui Dumnezeu.

Pentru tot pentru ce încerci încontinuu să te faci răspunzător, ca fiind Dumnezeul conştientizării, vrei să distrugi şi să decreezi în totalitate? Right and wrong, good and bad, POD and POC, all 9, shorts, boys and beyonds.

Întrebare: De fiecare dată când spui „a crea", îmi dau seama că nu ştiu ce este „a crea". Sau cum se simte. Ştiu ce este generarea dar nu ştiu ce este creaţia.

Gary: *A crea* este atunci când iei energia generativă de care eşti conştient şi o transformi în ceva. Eşti dispus să fii conştient de energie şi dispus să faci paşii necesari pentru a face ceva să dea roade. Ai putea spune: „Aceasta este o energie generativă. Ceea ce îmi doresc ar trebui doar să se materializeze." Da, ar trebui, dar nu o va face. Trebuie să faci tu ceva pentru a crea acel lucru. Trebuie să o aduci în existenţă.

Energia generativă este un lucru bun de înţeles dar, dacă nu eşti dispus să iei acea energie generativă şi să creezi ceva, să o aduci în realitate, energia generativă în sine nu va crea nimic în viaţa ta. Ce energie creativă ţi-ar plăcea să ai în viaţa ta? Trebuie să întrebi: „Cum folosesc acest lucru? Cum profit de asta? Cum fac ca acest lucru să lucreze în favoarea mea?"

Aud cuvintele pe care le spui şi le înţeleg dar tot nu pricep. Pur şi simplu nu pricep. Aş putea întreba: „Ce ar fi necesar ca să pricep ce înseamnă a crea?" Sau...

Gary: Întreabă: „Ce refuz să fiu ce aş putea cu adevărat să fiu, ce dacă aş fi, ar schimba toate realităţile?"

Tu refuzi să fii ceva ca să nu trebuiască să creezi o realitate diferită. Majoritatea dintre noi avem un loc unde știm că ar trebui doar să percepem energia a ceva anume pentru ca acel lucru să ne cadă în brațe. Știm că asta ar trebui să fie o realitate. Dar nu așa stau lucrurile.

Cum ajungem în locul în care îți dai seama cum să iei această energie generativă și să o fructifici ca ceva care apare cu adevărat în această realitate? Asta este creația – ceva ce apare în această realitate din energia pe care ești capabil să o folosești, să o controlezi, să o schimbi și să o institui.

Pricep asta în contextul creării unei clase. Știu cum să fac asta.

Gary: E similar dar întreaga ta viață ar trebui să fie asta, nu doar o clasă.

Întrebare: Cum putem să fim întrebarea și, până ajungem la acel punct, ce întrebări putem folosi?

Gary: Asta probabil că s-ar aplica la întrebarea ta despre creație:

De ce energii sunt conștientă pe care le-aș putea folosi pentru a crea ceva care ar fi valoros pentru mine?

Odată ce simți și devii conștientă de ce anume ar fi valoros pentru tine, atunci începi să institui. Întrebi: „Ce ar trebui să institui azi pentru a crea acest lucru imediat?"

Iată un exemplu: zilele trecute vorbeam cu cineva care era interesat să creeze o clasă. Am spus: „Vrei să creezi o clasă. Care este scopul acestei clase?" Ea îmi răspunde: „Ca să stârnesc interesul oamenilor în legătură cu asta, cu asta și cu asta."

Am întrebat: „Pe ce platformă construiești acest lucru?"

Ea m-a întrebat: „Ce vrei să spui?"

Am răspuns: „Trebuie să ai o platformă pe baza căreia construiești ceva." Am explicat că atunci când au construit clădirile din Veneția, au pus piloni în nămol și apoi au construit o platformă peste acești piloni. După care, au construit o casă cu două rânduri de pereți interiori ca să susțină structura principală și alte două rânduri de pereți care mergeau în direcție opusă. Au înclinat zidurile exterioare ca să se sprijine pe structura pereților interiori. Casele nu aveau fundație. Aveau o platformă pe care au construit totul. Acea platformă susținea totul.

Platforma rămânea în picioare chiar dacă structura se dezmembra.

Platforma este partea care reprezintă creația. Ai generarea, care este energia a ceea ce ți-ai dori să creezi, ai platforma și apoi poți institui părțile care vor funcționa și tot ce e necesar să se întâmple după, totul bazat pe platformă. Platforma este creația.

Odată ce ai generarea, creația este platforma pe baza căreia vei institui ce încerci să creezi. Te ajută?

Da, mulțumesc.

Gary: Cu plăcere. Apropo, grozave întrebări. Ia în considerare să pui niște întrebări reale în loc de „Când o să-mi ajungă noul BMW?" sau „Când apare partenerul meu?" Acestea nu sunt întrebări. Acestea sunt decizii cu un semn de întrebare atașat.

Trebuie să te uiți la „Ce pot să generez care va crea platforma de pe care pot să institui tot ce mi-ar plăcea să creez în și ca și viață a mea?" Te rog folosește întrebări deschise.

Dain: Sau, te-ai putea uita la asta în felul următor: „Dacă nu aș mai considera că greșesc în legătură cu nimic, ce întrebări aș putea pune? Ce alegeri aș avea, pe care nu le-am avut niciodată până acum?"

Gary: Bine, oameni buni. Sper ca asta să clarifice anumite lucruri pentru voi. Vă rog să țineți minte că de fiecare dată când puneți o întrebare, creați o alegere diferită. Când creați o alegere diferită, creați o conștientizare diferită. Dr. Dain a spus: „Alegerea creează conștientizare, conștientizarea nu creează alegere." Trăiți astfel!

Dain: Asta e!

Gary: Asta e! Vă iubim pe toți și abia așteptăm să vorbim cu voi despre cea de a cincea cheie. Pe curând!

Dain: La revedere, tuturor!

5

Fără formă, fără structură, fără semnificație

Gary: Bună tuturor. În această seară vom vorbi despre cea de a cincea cheie. Această cheie este: Fără formă, fără structură, fără semnificație.

Forma este aspectul sau conturul a ceva anume. De asemenea, este modul în care se face ceva sau este un mod de acțiune.

Structura este o modalitate de organizare, construire sau proiectare care se asigură că totul funcționează într-o anumită manieră. Este ceva cu care toată lumea este de acord că există într-un anumit fel și că nu ai dreptul să-l schimbi.

Semnificația este importanță sau sens. Facem ceva semnificativ atunci când îl facem plin de sens, important sau crucial.

Să zicem că ești într-o relație nouă și spui: „Am acum o relație cu cineva care este iubirea vieții mele. Relația noastră va fi perfectă."

Relația este o formă.

O relație perfectă este o structură pe care încerci să o faci reală și rigidă și adevărată și care poate că nu e astfel.

Iubirea vieții mele este o semnificație. Serios.

Toate acestea sunt doar puncte de vedere interesante. Nu este nicio necesitate de a avea o formă (o relație), nicio necesitate de a crea o structură (relația perfectă) şi nicio necesitate de a avea o semnificație (acea persoană este iubirea vieții tale).

Cum ar arăta fără formă, fără structură şi fără semnificație în acest exemplu? Ar fi: „Această relație este grozavă astăzi."

Dacă vei avea o relație, abordeaz-o din punctul de vedere: „Ce pot crea azi? Ce îmi doresc azi? De ce anume mă pot bucura azi? Şi cum ar fi să o transform în şi mai mult?"

Cei mai mulți dintre noi nu suntem dispuşi să avem o relație care nu se bazează pe formă, structură sau semnificație aşa cum am văzut, despre care am auzit şi despre cum ni s-a spus că ar trebui să avem.

Când începi să creezi o relație din lipsa formei, a structurii şi a semnificației, renunți a mai fi Cenuşăreasa, prințul pe calul alb sau piticul care ajunge să sărute doar pe cine este în pericol.

Când creezi o relație din lipsa formei, a structurii şi a semnificației, poți să renunți la relație sau poți, de asemenea, să o creezi, să o doreşti, să te bucuri de ea şi să alergi după ea. Vezi libertatea pe care ți-o oferă asta? Pune asta în contrast cu versiunea de relație din formă, structură şi semnificație: „Trebuie să am o relație perfectă cu persoana care este iubirea vieții mele."

Dain: Atunci când nu există formă, structură şi semnificație nu există judecată ataşată la nimic. Fiecare judecată pe care o foloseşti creează o formă, o structură şi o semnificație. Ridică ziduri în jurul tău. Tu încerci să te arunci cu capul înainte sau să ocoleşti zidurile dar nu poți.

În cazul abordării fără formă, structură şi semnificație nu există judecată. Este întruchiparea punctului de vedere interesant.

Gary: Observi cum funcționează asta?

Întrebare: Înțeleg ce înseamnă a nu face ceva semnificativ dar nu mi-e clar ce sunt forma şi structura. De exemplu, am crezut că există formă şi structură într-o clasă de Bars pentru că sunt lucruri pe care trebuie să le faci pentru ca aceea să fie o clasă de Bars „corectă". Ai spus că nu era vorba despre formă şi structură şi nu pricep. Poți spune mai multe despre asta, te rog?

Gary: Ceea ce menționezi tu legat de clasa de Bars este un sistem care va face ceva să funcționeze.

Există o diferență între un sistem și o structură. Un *sistem* este ceva pe care îl poți schimba și transforma atunci când nu funcționează. O *structură* este ceva care este fixat pe loc. Ai o structură atunci când încerci să faci totul în jurul tău să funcționeze, ca și când nu ai altă alegere.

Adesea, profesorii spun: „Trebuie să înveți în acest mod. Trebuie să faci lucrurile așa." Asta devine un format rigid în care nu poate apărea nicio schimbare și nicio conștientizare nu poate crește. Au transformat *sistemul* într-o *structură*.

O semnificație ar fi: „Acesta este singurul mod care există. Acesta este modul în care trebuie să fie și acesta este modul în care trebuie să-l faci. Acesta este singurul mod care funcționează. Acesta este cel mai bun mod. Acesta este modul corect."

Oricând spui: „Aceasta este singura cale" sau „Acesta este răspunsul" ai creat o semnificație care creează o structură ce menține în loc ceea ce nu poți schimba – aceea este forma care este sursa tuturor limitărilor.

Dain: Asta a fost genial.

Gary: Am și eu momentele mele. Sunt rare dar există.

Să spunem că urmează să cureți toaleta. *Forma* pentru a curăța toaleta este: trebuie să iau peria, trebuie să iau detergentul, trebuie să frec cu răspundere și trebuie să folosesc un fel de substanță, altminteri nu va ieși curată. *Structura* în cazul curățării toaletei este: freacă, freacă, freacă până când totul este „curat". *Semnificația* curățării toaletei este: nimeni nu mă va judeca pentru că am o toaletă murdară.

Dacă nu ar fi nicio formă, nicio structură, nicio semnificație, ai putea să cureți toaleta în orice mod ai vrea – pentru că nicio formă, nicio structură, nicio semnificație creează alegere totală.

Întrebare: Mai întâi, o mică recunoaștere. După clasa de la San Francisco, am fost într-un stare de pace de nedescris timp de săptămâni la rând. Am un sentiment de libertate și am momente în care vreau doar să strig: „Bună! Sunt liberă". Sunt atât de ușoară și de fericită. Mulțumesc, mulțumesc, mulțumesc.

Te rog explică legat de această formă fizică pe care o avem. Este ea reală sau este o iluzie creată de conștiință? Cum creăm forme? Cum arată o formă de viață în afara cutiei modului în care credem noi că arată?

Gary: Tu îți creezi forma fizică din forma, structura și semnificația acestei realități. Ți-o creezi și apoi spui lucruri precum: „Am paisprezece ani acum, așa că sunt prea mare ca să zburd și să mă joc ca un copil. Trebuie să fac totul așezat și frumos, și să fiu lebăda care alunecă pe apa vieții." Aceasta este formă.

Când creezi structură, te uiți la corpul tău și spui: „Nu am o siluetă atletică pentru că nu pot face asta."

Semnificație ar fi: „Sunt prea bătrână iar asta înseamnă că trebuie să mă îngraș ca toate prietenele mele". Acestea sunt forma, structura și semnificația acestui corp.

Dain: Ador întrebarea despre cum se creează forma – pentru că ai alegere în legătură cu modul în care se creează ea. Poți să alegi să creezi din formă, structură și semnificație din tot ce este în această realitate sau, poți alege să creezi dintr-un punct diferit. Când creezi dintr-un alt spațiu, lucrurile nu sunt fixate în loc. Totul este maleabil.

Gary: Este atunci când viața înseamnă *sistemul* creației în loc de *structura* creației – pentru că sistemul este ajustabil. Dacă te-ai uita la corpul tău și ai spune: „Sunt foarte grasă. Ce structură trebuie să folosesc ca să schimb acest lucru?" sau „Ce formă pot să iau ca să schimb asta?" va trebui să ții regim și să faci exerciții fizice și toate celelalte.

Un sistem ar fi așa: „Ok, corpule, dacă facem acest lucru, s-ar schimba situația?" Și apoi corpul tău începe să-ți spună: „Fă asta, asta și asta". Dintr-odată încetezi a mai face lucrurile din prisma formei, structurii și semnificației pe care le-ai învățat și începi să creezi un sistem care funcționează pentru corpul tău.

Dain: Când nu creezi ceva din formă, structură și semnificație poți să-l schimbi în incremente de zece secunde. Nu poți face asta atunci când creezi din formă, structură și semnificație. Cu alte cuvinte, ți-ai creat forma la fel cu semnificația pe care i-o atribui, fapt care nu îți lasă loc să schimbi nimic.

Gary, este interesant că ai menționat vârsta de 14 ani. Aceea este perioada în care forma, structura și semnificația încep, de fapt, să devină realitate pentru noi.

Gary: Înainte să atingă vârsta de paisprezece ani, copiii se așteaptă ca fiecare zi să fie diferită. Nu au ideea că ceva trebuie să fie într-un fel anume sau că trebuie să se comporte într-un anumit fel sau să arate într-un anumit fel. Dar, la vârsta de paisprezece ani, momentul pubertății, dintr-odată gândesc: „Trebuie să încep să mă comport ca un adult. Trebuie să încep să mă comport precum..." în loc să spună: „Ce mi-ar plăcea să aleg azi? Ce ar fi amuzant pentru mine și corpul meu?" Distracția dispare din peisajul vieții și se instalează corvoada vieții de adult.

Când faci ceva din formă, structură și semnificație, începi să blochezi părți ale corpului tău iar acesta începe să nu mai funcționeze la fel de bine.

A fost foarte interesant să-l privesc pe Dain schimbându-și și transformându-și corpul sub ochii mei, în moduri în care nu am știut că este posibil pentru oameni. El face asta atunci când funcționează din lipsa formei, structurii și a semnificației. Apoi, când trece în formă, structură și semnificație, își micșorează corpul. Odată, a devenit mai scund decât mine într-o clipă, doar pentru că folosise formă, structură și semnificație legat de ceva anume.

Dain: În mod obișnuit, Gary și cu mine avem aceeași înălțime dar uneori lucrurile se schimbă. Și atunci, mă uit la gura lui. Spunea: „Ce naiba s-a întâmplat?" Și apoi revin la înălțimea mea obișnuită sau, câteodată, sunt chiar mai înalt decât Gary. Nu este niciodată ceva cognitiv. Nu e ca și cum mi-aș spune: „Acum îmi voi micșora corpul și mă voi simți ca o grămadă de rahat." Asta se întâmpla întotdeauna când făceam alegeri din formă, structură și semnificație. Pe măsură ce citești aceste rânduri, poate îți spui: „Nu pricep. Nu înțeleg asta!" E în regulă. Pe măsură ce vorbim despre aceste lucruri, conștientizarea ta se va schimba. Vei spune: „Stai puțin. Acest lucru poate să fie diferit în viața mea. Există un mod diferit de a crea."

Poate că nu va deveni în totalitate parte din realitatea ta chiar din acest moment, dar fiecare cheie deschide o ușă pentru ca lucrurile să fie diferite pentru tine.

Gary: Azi dimineață vorbeam cu fiica mea. Spunea că atunci când m-a văzut la clasa Avansată pentru corp eram țeapăn și a observat că nu puteam să mă aplec înainte.

M-am uitat la acest aspect și am spus: „Uau, am făcut semnificativ faptul că am vârsta pe care o am. Am creat structura corpului meu să corespundă vârstei mele. Am făcut ca forma corpului meu să apară ca forma vârstei pe care o are corpul meu. Destul cu asta! Fără formă, fără structură și fără semnificație în legătură cu asta azi."

Am intrat la duș și puteam să mă aplec în față doar atât cât să-mi ating genunchii. Am zis:

Toată forma, structura și semnificația pe care le-am folosit pentru a crea acest lucru, right and wrong, good and bad, POD and POC, all 9, shorts, boys and beyonds.

Am continuat să fac asta și peste zece minute mă puteam apleca în față până când mâinile mele se aflau la o distanță de 2 cm de sol. Nu mai putusem să mă apropii atât de mult de podea de multă vreme pentru că făcusem formă, structură și semnificație despre vârsta pe care o aveam și despre forma fizică în care mă aflam și despre cât de mult exercițiu fizic făceam. Am spus: „Știi ceva? Asta e nebunie curată!"

Mulți oameni pe care îi cunosc își creează corpurile în acest fel. Ei spun: „M-am îngrășat 9 kg. Asta pentru că nu fac mișcare." Asta este forma, structura și semnificația modului în care ne creăm corpul așa cum este el acum.

Dain: Îmbrățișăm un punct de vedere și apoi folosim acel punct de vedere ca să creăm o realitate solidă, fie că este vorba despre corpul nostru sau despre altceva.

Am început un program de fitness intensiv care se numește Insanity (Demență) și care se presupunea că îți oferă un corp sculptat în șaizeci de zile. După trei zile, Gary se uită la mine și-mi spune: „Chiar crezi că trebuie să faci acest program timp de șaizeci de zile?"

Am zis: „La ce te referi?"

El m-a întrebat: „Ți-ai privit corpul în oglindă în ultimul timp?"

Am întrebat: „Ce vrei să spui?"

El a răspuns: „Se pare că în trei zile ai obținut deja rezultatul pe care se presupunea că îl vei obține în șaizeci de zile." Am zis: „Ah." Nu observasem că eu obținusem ceea ce spuneau ei că se va obține. Încercasem să aplic forma, structura și semnificația pe care le foloseau ei: „Trebuie să faci asta timp de șaizeci de zile."

Suntem obișnuiți să funcționăm corespunzător cu forma, structura și semnificația acestei realități așa cum se aplică ea la timp, corpuri, rezultatele pe care le putem crea și la ce ne spun alți oameni că putem să facem sau să fim. Cum ar fi dacă nu am avea aceste lucruri? Dacă nu am avea formă, nu am avea structură, nu am avea semnificație și nu am avea un punct de vedere despre ce ar putea sau nu ar putea fi creat, imaginează-ți ce am putea crea cu corpurile noastre.

Gary: Hai să mergem la cea de a doua parte a ultimei întrebări: *Cum arată o formă de viață în afara granițelor modului în care credem noi că arată?*

Înainte de toate, modul în care tu crezi că arată o formă de viață este forma, structura și semnificația pe care le creezi în jurul ei. Atunci când începi să creezi în afara limitelor, dintr-odată totul dispare și lucrurile se schimbă.

Recent, îmi planificasem să merg la Auckland în Noua Zeelandă și hotărâsem să angajez un șofer care să mă ducă la aeroport.

Șoferul m-a întrebat: „La ce oră trebuie să pleci de acasă?"

Am spus: „Nu știu. Ce părere ai? Aș vrea să fiu la Aeroportul din L. A. undeva între 9:00 și 9:30."

El a zis: „Poate ar trebui să plecăm la ora 7."

Am zis: „Ok, să plecăm la 7." A ajuns la mine acasă la șapte fără cinci și, în cinci minute, am pus bagajele în mașină și am plecat. Asta este ce se întâmplă atunci când faci lucrurile fără formă, fără structură și fără semnificație.

Am ajuns la aeroport în mai puțin de două ore, ceea ce nu se întâmplă niciodată, chiar dacă era oră de vârf și un trafic infernal. Cum s-a întâmplat acest lucru? Ah, da, fără formă, fără structură și fără semnificație.

Așadar, am ajuns foarte devreme. M-am dus la ghișeul Qantas ca să-mi fac formele de îmbarcare iar ei îmi spun: „Am anulat acel zbor."

Am zis: „Poftim?"

Ei îmi răspund: „Dar avem un alt zbor care pleacă în jumătate de oră. Dacă puteți trece de controlul de securitate vă vom da un loc pentru acel zbor."

Am zis: „Poftim?"

Mi-au spus: „Acest zbor merge la Sydney, Australia şi, odată ajuns acolo, va trebui să luaţi un alt avion spre Auckland."

Am zis: „Ok."

Mi-au schimbat ruta şi au rezolvat totul într-o clipită. Am fost în avion cu câteva minute înainte de decolare. Dacă nu aş fi sosit la aeroport mai devreme, aş fi aşteptat în aeroportul din Los Angeles o veşnicie pentru că un vulcan din Chile erupsese şi toate zborurile erau anulate.

Aşa arată o formă de viaţă atunci când funcţionezi din lipsa formei, structurii şi a semnificaţiei.

Dain: Oamenii întreabă mereu: „Cum apar în existenţă lucruri precum acesta?" Când Gary a vorbit cu şoferul despre ora la care trebuiau să plece, iar şoferul a sugerat ora 7, acel lucru s-a simţit uşor. S-a potrivit cu energia uşurinţei care era Gary. El nu s-a gândit ce oră ar fi cea mai bună. Cu alte cuvinte, el nu a folosit forma, structura şi semnificaţia, care ar fi fost: „Durează exact o oră şi jumătate dacă nu e trafic deloc şi mai mult de două ore dacă e oră de vârf. Aşadar, ar trebui să plecăm la ora cutare." În loc de asta, Gary a urmărit energia.

Faptul că a urmărit energia a permis ca acel rezultat să apară. Dacă Gary ar fi mers pe direcţia formei, structurii şi semnificaţiei, structura ar fi fost „Durează atât ca să ajungem la aeroport." Dacă ar fi făcut acest lucru, ar fi pierdut avionul pentru că nu ar fi ajuns suficient de devreme ca să prindă cursa pe care i-au oferit-o. El nu a acordat nicio semnificaţie ideii privind durata drumului până la aeroport, el doar a permis informaţiei să existe acolo.

Gary: Şi, de asemenea, nu am avut nicio semnificaţie legată de faptul că am ajuns la aeroport cu trei ore şi jumătate mai devreme. Mi-am zis: „Mă duc să-mi fac check in" şi nu: „Of, nu, am ajuns atât de devreme iar avionul meu pleacă peste câteva ore!"

Dacă aş fi ajuns cinci minute mai târziu, nu aş mai fi avut timp să mă îmbarc pentru acel zbor. Aş fi pierdut avionul.

Dain: Şi nu e cognitiv – niciodată. Este interacţiunea dintre energia ta şi a vieţii tale cu energia alegerilor care apar. Aşadar, când şoferul lui

Gary a spus ora șapte iar Gary a spus „Ok, în regulă" iar șoferul a ajuns la ora șapte fără cinci minute – nimic din asta nu a fost cognitiv. Dacă energia nu s-ar fi potrivit, Gary ar fi pus o întrebare: „Mai devreme sau mai târziu?" Mai devreme. Ok. Trebuie să plec mai devreme. Nu știu de ce, dar hai să plecăm mai devreme.

Noi am procedat așa de sute de ori. Șoferul întreba: „Să vin să vă iau la ora asta?" și unul dintre noi spunea: „Hm, hai să zicem puțin mai devreme". Nu știm de ce alegem asta dar, ca rezultat, nu prindem toate ambuteiajele și accidentele.

Întrebare: Mi-aș dori ca și corpul meu să fie mai puțin semnificativ.

Dain: Atunci când încerci să nu mai faci ceva semnificativ, l-ai făcut deja semnificativ. Altminteri, nu ar mai trebui să încerci să nu-l mai faci semnificativ?

Gary: Tot ce poate face corpul tău este să creeze structura modului în care l-ai judecat că este. Asta este singura alegere pe care o are. Judecata este structura pe care o folosești ca să creezi limitările corpului tău. Indiferent de cum îți judeci tu corpul că este, el trebuie să creeze acea structură și acea formă. Când privești în oglindă, creezi în mod automat o semnificație despre felul în care arată corpul tău.

Dacă emiți judecata că ești gras, corpul va crea mai multă grăsime. Dacă emiți judecata că ești prea slab, corpul tău se va crea să fie mai slab. Dacă judeci că ai prea multe riduri, corpul tău va crea mai multe riduri. Orice aspect judeci, corpul tău va crea mai mult din acel aspect.

Dain: Și cât de important este asta pentru majoritatea oamenilor atunci când sunt supraponderali? Sau când au riduri? Sau când copiii au coșuri? Este cel mai important lucru din viața lor! Când încerci să te închizi la pantaloni și ei nu se închid, este atât de important! Asta înseamnă să faci ceva semnificativ – în loc de „interesant punct de vedere că am acest punct de vedere" sau „Interesant! Mă întreb ce anume e necesar ca să schimb asta".

Nu ai această libertate atunci când ceva este semnificativ pentru că acea energie solidă este singurul lucru care există.

Gary: Semnificația solidifică lucrurile în existență.

Întrebare: Am cerut să fac procesele pentru corp din Clasa Avansată pentru corp și am făcut câteva. Uite ce mă nedumirește: procesele au o formă și o structură și trebuie să fac un anumit număr de procese. Cum nu este asta formă și structură?

Dain: Oamenii au identificat și au aplicat în mod greșit structura și înseamnă ea. În structură există o inerentă lipsă a schimbării. Acesta este un punct cheie. Procesele pentru corp nu sunt de neschimbat. Noi le schimbăm tot timpul. În Clasa Avansată pentru corp, Gary tocmai a eliminat o serie de procese pentru corp pe care le creasem pentru că a descoperit că alte două procese erau cele către care toate procesele convergeau. Așadar, procesele pentru corp nu sunt o structură, ele sunt un sistem care este un mod cu totul diferit de a fi cu lucrurile. Este schimbabil și este maleabil, ceea ce există atunci când nu ai o structură.

Deci, nu este despre forma, structura și semnificația proceselor? Este doar o conștientizare a ceea ce este necesar pentru a obține rezultatul pe care îl dorești? Nu este despre a nu te lăsa prins în energia de a fi obligat să le faci? Dacă în ceva există o ușurință, este acesta un indiciu că nu este o formă, o structură și o semnificație?

Gary: Da, atunci când ai un sentiment de ușurință cu ceva anume, asta înseamnă că ieși din formă, structură și semnificație. Atunci când folosești forța sau simți nevoia de a face ceva, folosești formă, structură și semnificație.

Deci, nu este despre ce acțiune sau declarație faci, ci despre energia din jurul acestora?

Gary: Da.

Dain: Noi nu spunem că nimic din lumea asta nu trebuie să aibă o structură. Lucrul important este modul în care tu alegi să-ți trăiești viața și să te creezi pe tine și dacă ești în comuniune cu tot ce există în viața ta și în lume.

Gary: Dacă există o structură, iar tu poți să ai comuniune cu ea, atunci nu are nicio semnificație. Forma ei este maleabilă sau schimbabilă pentru tine, chiar dacă nu este așa pentru altcineva.

Una dintre situațiile cu care ne-am întâlnit este ideea necesității. Atunci când decizi că ceva este o necesitate, nu ai nicio alegere. Și când nu creezi nicio alegere, de obicei te înfurii. Toată lumea ia furia aceea și face ceva diferit cu ea. Unii oameni creează mai multe celule de grăsime în corpul lor. Alții își încetinesc mintea. Alții se înțepenesc și se rigidizează. Necesitatea devine un blocaj gigantic în corpul nostru. Unii oameni se transformă în dezaxați emoțional.

Are legătură cu situațiile în care ei cred că nu au nicio alegere, care provine din ideea că este o necesitate și nu o alegere. Trebuie să înveți să funcționezi din alegere și să recunoști alegerea pe care o ai.

Atunci când folosești formă, structură și semnificație stai în universul fără-alegere. Îți spui: „Acest lucru este necesar. Așa trebuie să fie. Trebuie să fac acest lucru."

Atunci când ai alegere, întrebi: „Ce altceva este posibil? Ce alegeri am? Ce alte contribuții există acolo? Ce întrebare pot să fiu sau să primesc care ar schimba toate acestea?"

Unul din lucrurile care ne menține în forma, structura și semnificația acestei realități este ideea că nu există alegere, că există doar necesitate și că trebuie să faci ceea ce trebuie să faci – pentru că trebuie să faci asta.

Sunt lucruri care reprezintă priorități și lucruri pe care ți se cere să le faci. De exemplu, sunt lucruri pe care le faci pentru că ești un membru al familiei tale. Trebuie să faci acele lucruri. Nu este neapărat o necesitate, este doar o alegere pe care ai făcut-o cu mult timp în urmă când ai luat hotărârea de a merge la familia aceea. Ai creat anumite alegeri. Nu înseamnă că nu ai alegere, ci că trebuie să alegi să faci ceea ce va face ca lucrurile să fie ușoare pentru tine. Majoritatea oamenilor încearcă să evite ce va fi ușor pentru ei pentru că vor ca ceilalți oameni să se schimbe.

Dain: Atunci când te surprinzi că respingi ceva, poți să întrebi: „Câte necesități am care creează acest lucru?" și apoi să faci POD și POC la asta. Sau atunci când constați că devii încet sau amesteci lucrurile, întreabă: „Câte necesități am ca să fac asta?" și distruge-le și decreează-le. Uită-te la situația respectivă și recunoaște: „Stai puțin! De fapt, fac o alegere ca să fac acest lucru. Nu e o necesitate. Fac o alegere ca să fac acest lucru."

De curând, am vrut să scriu ceva. Gary și cu mine plecam din oraș iar ziua următoare era plină-ochi iar eu încă mai aveam de făcut un milion de lucruri. Gary a zis: „Mă duc să mă întâlnesc cu editorul și să lucrăm la carte. Vrei să vii?"

Am spus „Da". Înainte ca acest lucru despre necesitate să apară, m-ar fi iritat să merg cu el pentru că aveam atât de multe lucruri pe care trebuia să le fac, dar am spus: „Asta este o alegere pe care o fac. Să fac acest lucru va contribui la un viitor mai măreț pentru toată lumea."

Înțelegerea faptului că nu există nicio necesitate schimbă situațiile în care ai avut resentimente vreodată.

Gary: Și blocăm aceste resentimente în corpurile noastre.

Dain: Le înțepenim și le urâțim.

Întrebare: De exemplu, a fi în întrebare, întrebând mereu ce altceva este posibil cu corpul, este antidotul pentru formă, structură și semnificație? Acesta este modul în care funcționează?

Gary: Da. Bun așa. Atunci când nu funcționezi din formă, structură și semnificație lucrurile se petrec cu mai multă ușurință și foarte rapid. Lucrurile cu care alți oameni au dificultăți, tu nu vei avea niciuna.

Fiecare judecată pe care o emiți te blochează într-o formă, structură sau semnificație. Așa cum spunea Dain mai devreme, dacă nu aplici formă, structură și semnificație în raport cu ceva, atunci nu poți să emiți judecată.

Dacă un lucru „înseamnă" ceva, asta este semnificație. Semnificația creează structură și creează formă.

Întrebare: Poți să dai un exemplu de fără formă, fără structură și fără semnificație în legătură cu crearea surselor de venit, a abundenței și a bogăției în viața și în stilul meu de viață?

Gary: Un exemplu ar fi atunci când cineva îmi dă o oportunitate iar eu sunt dispus să am încredere în conștientizarea mea și să pun o întrebare precum: „Dacă te cumpăr, îmi vei face bani?"

Mai poți să întrebi:

- Ce este necesar pentru ca să creez bogăție, bani și abundență în viața mea?
- Ce formă, structură și semnificație am făcut atât de importante încât nu pot să am acest lucru?

Acel proces îți va arăta situațiile în care nu ai fost dispus să creezi bogăție, bani și abundență.

Ai spus „Fără formă, fără structură și fără semnificație nu înseamnă nimic" – așadar, asta înseamnă că pot crea și genera în felul meu și toate legile acestei realități să nu se aplice?

Gary: Da și nu. Are realitatea fizică anumite legi pe care le respectă? Oarecum, dar nu întotdeauna. Toată lumea crede că nu ai nicio alegere atunci când vine vorba de realitatea fizică dar, atunci când ești în *fără alegere*, te afli în necesitatea punctului de vedere.

Nu ești niciodată învățat să pui aceste întrebări:

- Ce este cu adevărat posibil în această situație?
- Ce alegeri am cu adevărat?
- Ce întrebare aș putea pune și ce ar crea acea întrebare?
- Ce fel de contribuție pot să fiu sau să primesc în această situație?

Contribuția este o stradă cu două sensuri, merge în ambele direcții. Poți să fii și să primești în același timp. De exemplu, dacă nu ai formă, structură și semnificație despre cum creezi și cum generezi bani, în loc să spui: „Primesc toate sumele de bani făcând x, y și z" întreabă: „Ce posibilități există azi aici?"

Trebuie să funcționezi din întrebările:

- Unde altundeva pot face bani?
- De unde altundeva pot să vină bani?
- Ce altceva este posibil?

Atât timp cât continui să folosești „Ce altceva?" vei avea o expansionare continuă a modului în care creezi și generezi bani.

Dacă spui: „Pot să fac bani doar din babysitting sau doar mergând la muncă în fiecare zi" vei crea un rezultat diferit. Ai crezut semnificația faptului că muncă este egal bani. Acesta este un mod foarte diferit față de „Cum creez și generez bani dincolo de cele mai îndrăznețe visuri?"

Cum ar fi dacă nu ai spune „Trebuie să lucrez x ore pentru ca să creez asta?" Cum ar fi dacă, în schimb, ai întreba: „Cât de repede aș putea finaliza asta și primi o tonă de bani?"

Poți să o creezi în felul tău dacă ești dispus să nu ai formă, să nu ai structură și să nu ai semnificație când te uiți dacă ai bani, bogăție și abundență. Poți crea orice dacă ești dispus să funcționezi ca întrebare și să vezi ce altceva este posibil.

Dain: De asemenea, trebuie să fii în fără formă, fără structură și fără semnificație dacă creezi sau nu în felul tău.

Gary: Sunt o mulțime de moduri grozave de a face bani așa că de ce să nu le aplici?

Dain: Ia uite. De ce să reinventezi roata dacă nu este cazul? Și apoi poți adăuga ce ai tu.

Întrebare: Mă poți ajuta cu asta, te rog? I-am sunat pe toți cei care au participat la clasa mea de Bars ca să-i invit la clasa pe care o va susține Dain. Una dintre doamnele pe care le-am sunat a spus: „Nu aleg Access Consciousness pentru că la voi nu este vorba despre un nivel de conștiință mai ridicată ci este doar despre bani." În această situație, eu vreau să mă apăr pe mine și Access Consciousness. Chiar nu știu ce să spun...

Gary: Poți spune: „Poate că ai dreptate. Mă bucur că tu ești mai conștientă și cu mult mai avansată decât mine. Tu, de fapt, nu ai nevoie de Access Consciousness. Ai dreptate."

Mulțumesc. Am făcut comentariul ei foarte semnificativ și m-am frustrat din cauza lui.

Dain: Fără formă, fără structură și fără semnificație pot să-și facă apariția în orice clipă și vor schimba totul după aceea.

Dacă nu ai folosi formă, structură și semnificație, ai fi într-un punct din care ai putea spune exact ce a spus Gary. Dar, din cauză că a devenit semnificativ, tu ai făcut valoroasă și reală judecata acelei doamne. Când faci asta, devine un bolovan cu care nu poți face nimic. Singurul mod în care poți face față unei astfel de situații este să o scoți din semnificația în care vrei să o plasezi. Găsește o cale să disloci semnificația. Dizolvă bolovanul care se află acolo în fața ta și apoi te eliberezi.

Dacă nu faci semnificativ dacă doamna aceasta vine sau nu la Access Consciousness, dacă vine la clasa mea sau a altcuiva, dacă devine conștientă sau orice altceva, atunci vei fi dispus să spui: „Bine, destul cu a o face pe această doamnă semnificativă, gata cu a face punctul ei de vedere despre Access Consciousness sau orice altceva semnificativ. Gata cu a face judecățile ei semnificative." Ori de câte ori ai formă, structură și semnificație, ai judecată.

Gary: Fără formă, fără structură și fără semnificație înseamnă că nu trebuie să faci pe nimeni să vină la clasă. Este așa: „Nu vrei să vii? Bună idee, nu veni. La revedere, ne vedem altă dată! Și, apropo, mulțumesc pentru judecată."

Dain: „Mulțumesc foarte mult pentru judecată, mulțumesc că ai împărtășit asta, îți doresc o zi frumoasă, ai grijă să nu te plesnească ușa peste fund când pleci!"

Întrebare: Când hotărăști că ceva are valoare este la fel ca atunci când faci acel lucru semnificativ?

Gary: Da. Creezi semnificația ca un mod de a nu avea ceea ce ai hotărât că este semnificativ.

Dacă încerci să te uiți continuu la forma sau la structura acelui lucru și la semnificația lui a avea sau nu acel lucru, atunci trebuie să îl pierzi. Asta se aplică peste tot în viață, inclusiv la bani.

Dain: Toate lucrurile din conștiință, inclusiv tu, au un spațiu și sunt acel spațiu. Dacă încerci să le aplici o formă și o structură, disloci conștiința care sunt ele. Încerci să le integrezi în această realitate iar frumusețea a ceea ce sunt ele dispare.

Când dai formă unui lucru, când încerci să pui structură în ceva, te asiguri că vei pierde acel lucru. Atunci când faci orice semnificativ, fie îl pierzi, fie îl judeci ca să nu-l poți primi.

Întrebare: Asta îmi umple ochii de lacrimi. Înțeleg că prețuindu-te pe tine și experiențele mele cu tine și creșterea și expansionarea pe care le-am avut, atingeam ceva ce era infinit iar eu încercam să îl fac limitat. E ca și când ai pune un fluture într-un borcan.

Dain: Da.

Gary: E ca și când l-ai face pe Dain un exemplar pe care îl pui într-o ramă la care te uiți în fiecare zi.

Da, îmi dau seama că dând formă, structură și semnificație unui lucru îl scoate în afara libertății dată de noutatea pe care o poate avea în orice increment de 10 secunde.

Gary: Da.

Întrebare: Mi-ar plăcea să am un proces care ar distruge și ar decrea locul unde simt că sunt blocat. Dacă sunt cu cineva care și-a împărtășit un punct de vedere care este opusul punctului meu de vedere, paralizez pentru că...

Gary: Oprește-te! „Paralizez pentru că..." este semnificația motivului pentru care paralizezi. În loc de asta, pune întrebarea: „Ce anume generează și creează această paralizare?"

Poate că paralizezi pentru că persoana nu poate să audă ce ai tu de spus. Poate că trecând în paralizare este unul dintre cele mai deștepte lucruri pe care l-ai făcut vreodată!

Hmm... deci, cum ies din paralizare?

Gary: Nu vrei să ieși din paralizare. Vrei să recunoști că paralizarea apare, cel mai probabil, atunci când cineva nu poate auzi ce ai de spus – așa că, doar taci și ascultă. Asta înseamnă fără formă, fără structură și fără semnificație.

Tu creezi structură și semnificație. „Sunt paralizat" este structura. „Trebuie să le spun adevărul meu" este semnificația. Nu trebuie să le spui adevărul tău.

Forma în care vine este ca o paralizare. Poate că ești suficient de conștient să știi că cealaltă persoană este paralizată total de corectitudinea punctului ei de vedere și nu ajută să-i vorbești. Așadar, de ce să te obosești?

Să zicem că sunt într-o situație de afaceri care cere o decizie sau o acțiune.

Gary: Ori de câte ori ești într-o situație de afaceri, trebuie să întrebi: „Bun, care e afacerea aici? Ce livrezi tu și ce livrez eu? Și cum arată asta mai exact?"

Continuă să întrebi până când primești un răspuns exact. Când faci asta, oamenii nu pot fi neclari despre ce vorbesc. Trebuie să fie conciși în ceea ce afirmă. Continuă până când obții concizia și conștientizarea cu privire la ce anume cer ei, de fapt, cu privire la ce trebuie să livrezi tu și ce vor livra ei cu exactitate.

Și dacă ei spun că vor livra un lucru și apoi livrează exact contrariul?

Gary: Dacă întrebi: „Cum arată acest lucru în mod precis?" și primești un răspuns clar, ei nu pot să livreze contrariul.

Trebuie să întrebi: „Cum arată acest lucru mai exact? Ce înseamnă asta cu exactitate? Ce ceri tu de la mine mai precis? Ce vei livra tu mai exact?"

Când faci asta, lor trebuie să le fie clar și să fie succinți în legătură cu ce va fi.

Nu încerca să înțelegi, să validezi sau să te opui. Niciunul din aceste lucruri nu funcționează. Paralizezi deoarece confruntarea nu funcționează. Îi lași să scape basma curată cu tâmpenii și apoi ei nu mai livrează ce au spus că vor livra.

Celălalt aspect este că aplici formă, structură și semnificație legat de înțelegerea de afaceri. Creezi formă, structură și semnificație înainte să intri în afacere. Spui: „Asta va funcționa" sau „Asta va fi bine" sau „Cred că asta este cea corectă."

Pot să te întreb altceva despre situația mea? Cineva cu care lucrez a spus că va rectifica o situație și apoi, zece secunde mai târziu, a spus că nu a zis niciodată așa ceva. Nu am știut ce să fac în acel moment. M-am blocat încercând să schimb situația apoi mi-am dat seama că încercam să corectez nebunia ei, care nu funcționează – și am ales să tac, ceea ce, de asemenea, nu funcționează.

Gary: Ei bine, funcționează.

Serios? Cum?

Gary: Pentru că tăcerea îți poate oferi o conștientizare. Ai o conștientizare dar încerci să o faci pe ea să se alinieze și să fie de acord cu punctul tău de vedere și să compenseze pierderea pe care a pricinuit-o, din punctul tău de vedere. Încerci să o înfrunți și să o faci să se schimbe. O să funcționeze acest lucru cu adevărat?

Nu.

Gary: Atunci, de ce ai face asta? Ai creat o formă, o structură și semnificație în lumea ta despre cum ar trebui să fie lucrurile în loc să fii în întrebare despre cum sunt de fapt.

Iată un exemplu. Gândește-te la familia ta, care este o formă. Ești tu, tatăl, mama, surorile, frații, corect?

Acum gândește-te la structura familiei tale și la cât de minunați și extraordinari au fost (sau nu).

Acum gândește-te la semnificația de a avea familia sau de a-ți pierde familia. Îți dă asta spațiu și permisivitate sau creează altceva? De fapt, percepe semnificația de a nu fi capabil să scapi vreodată de ei.

(Râsete) Bine.

Gary: Cum se simte asta? Te face asta să te simți ușor și vesel?

Nu, nu acum când am avut conștientizarea a cât de contractat se simte asta.

Gary: Asta e ideea. Am vrut să conștientizezi cum este când ceva se simte contractat.

Dain: Și observă că ai râs. Când Gary a spus „Percepe semnificația faptului de a nu fi capabil să scapi de ei vreodată" a fost „Ha-ha! Am făcut chestia asta atât de semnificativă – e amuzant!" Deci, acum o poți schimba. Acum ai o alegere diferită. Chestia cu aceste Zece chei este că se bazează pe conștientizare. Odată ce devii conștient de ceva, minciuna se desprinde de acel lucru. Se poate schimba chiar sub ochii tăi în momentul în care devii conștient de acel ceva.

Înțeleg. A face ceva semnificativ va fi însăși energia care o va ține departe de mine.

Gary: Corect. Apoi trebuie să te uiți la forma, la structura și la semnificația oricărui lucru și să spui: „Asta nu merge. Hai să încercăm altceva."

Acum două zile, am primit un telefon de la o doamnă din Noua Zeelandă care mi-a spus: „Vreau să vin să particip la clasa ta dar mai am doar 4.000$."

Am întrebat-o: „Ce vrei să spui că mai ai doar 4.000$?"

Mi-a spus: „Nu am mai avut serviciu de un an și mi-au mai rămas doar 4.000$."

Am întrebat-o: „De ce nu începi să cauți o realitate diferită? Cum ar fi dacă, în loc să spui „Mai am *doar* 4.000$" spui „*Încă* mai am 4.000$". Simți diferența în energia acestor două afirmații? „Mai am *doar* 4.000$" înseamnă că îi vei pierde pe toți. Dacă spui: „*Încă* mai am 4.000$", poți să întrebi „Cum pot să îi păstrez?" Este o energie total diferită.

Ea mi-a răspuns: „Merg la interviuri de angajare iar ei îmi oferă 15$ pe oră dar nu percep asta a fi benefic pentru mine și corpul meu."

I-am spus: „Ai rămas fără bani. Ia-ți naibii o slujbă. Nicio slujbă nu se va simți a fi onorantă pentru tine până când nu te apuci de ea și produci ceva iar cineva spune: „Sunt atât de recunoscător pentru tine" sau până când ei nu pricep că ești un dar sau până când tu nu pricepi că vrei să îți iei o altă slujbă. Trebuie să nu mai încerci să creezi formă, structură și semnificație. Structura ta este că trebuie să ai un serviciu pe care să-l iubești și unde ei te iubesc pe tine. Treci peste asta. Este un serviciu. Primești bani pentru a face o treabă. Fă-ți treaba și taci din gură."

Dain: Deci, crezi că ea a făcut asta puțin semnificativ?

Gary: Da, doar puțin! A spus: „Dar dacă fac asta nu pot veni la clasa ta." Atunci nu veni la clasă. Păstrează cei 4.000$. Ești nebună? Ar fi trebuit să spun „Îți dai seama că ești nebună?" Acesta ar fi fost un răspuns mult mai potrivit.

Întrebare: În ultimele câteva zile, am cerut energia afectivității și am avut cu mult mai multă grijă față de Pământ și de corpuri. Azi dimineață m-am trezit și nu am putut să regăsesc acea energie, nu am putut să fiu acea energie și nu am putut să o găsesc. Mi-am spus: „Unde este acea energie? O cer. Unde este?" și m-am stresat pe tema aceasta.

Constat că asta se întâmplă când fac ceva semnificativ sau atunci când cer ceva și nu sunt capabilă să fiu acel lucru sau ... Ce aud eu de la voi este „Nu contează. Eliberează-te de asta." Apoi îmi spun: „Dar mă simt ca și când nu mi-ar păsa."

Gary: Ai creat forma lui a-i păsa ca și când ai putea să ai grijă de Pământ sau ai putea avea grijă de corpuri. Asta este mai puțin decât este în realitate „îmi pasă" și mai mult decât ești dispusă să fii.

Ai făcut structura lui „îmi pasă" să pară că vine dintr-un anumit loc sau să fie într-un anumit fel. Și ți-ai făcut sentimentele o semnificație.

Cu forma, structura și semnificația a ceea ce ai definit a fi „îmi pasă" ai creat o limitare a ce este atunci când îți pasă. Ai limitat ce este „îmi pasă", pentru a avea semnificația a ceea ce simți, structura pentru cum simți sau cum o experimentezi și forma în care trebuie să vină la tine pentru ca să știi că ai priceput-o.

Odată ce atingi nivelul de „îmi pasă", nu îl poți simți. De îndată ce ești „îmi pasă", asta nu are nicio formă, nicio structură, nu are nicio semnificație, pur și simplu este. Și este doar ceea ce ești tu.

Dain: Gary, ai sugera ca instrument: Care este forma acestui lucru? Care este structura? Ce fac semnificativ aici?

Gary: Este un început bun. Am și un proces aici:

Ce fantezie, ființare și agendă secretă pentru crearea formei, structurii și semnificației am făcut atât de reală încât nici în fața conștientizării și a conștiinței totale nu pot și nu o voi schimba, alege și vindeca? Tot ce este acest lucru, de un dumnezelion de ori, vrei să distrugi și să decreezi în totalitate, te rog? Right and wrong, good and bad, POD and POC, all 9, shorts, boys and beyonds.

Întrebare: În copilărie mi se spunea întotdeauna că trebuie să am studii, să am un job și să acumulez experiență pentru ca să pot să am un trai bun. Cum pot să distrug și să decreez scara care duce la succes?

Gary: Nu trebuie să o distrugi. Trebuie doar să te uiți la ea și să vezi dacă e semnificativă. Părinții tăi au încercat să îți dea forma, structura și semnificația modului în care ei credeau că trebuie să fie. Cei mai mulți dintre ei nu au urmat asta și, pentru că ei nu au făcut-o, au crezut că trebuia să fi fost calea cea bună.

În familia mea a fost așa: „Trebuie să ai studii, trebuie să-ți iei o slujbă, trebuie să câștigi o pâine bună. Mergi la școală!" – dar mersul la școală nu însemna nimic pentru că mama mea nu făcuse asta.

Pentru mine, toate astea erau ok dar, pur și simplu, nu era viața pe care voiam eu să o am. Nu era forma, structura și semnificația cu care voiam eu să trăiesc. După cum s-a dovedit, de fapt îmi dorisem să trăiesc fără formă, structură și semnificație.

Atunci când nu ai formă, structură și semnificație cu privire la orice, atunci ai alegere totală. Nu se bazează pe „Forma este asta, structura este asta, semnificația este asta, așadar asta trebuie să fac." Este mai mult: „Ei bine, ce alegere am aici?" Fără formă, fără structură și fără semnificație îți dă alegere totală.

Întrebare: Există o zicală: „Fericiți cei săraci cu duhul". Bănuiesc că atunci când nu știi ceva anume și nu te gândești la acel lucru, nu ai cum să-l faci semnificativ. Cu toate acestea, de când cu Access Consciousness, încep să devin conștient de totul, așadar cum pot să aplic această cheie în avantajul meu?

Tu, de fapt, faci ceva semnificativ pretinzând că nu recunoști acel lucru. Poți folosi această cheie în avantajul tău recunoscând că o conștientizare deplină îți dă alegere totală. Când nu există formă, structură și semnificație a ceea ce ar trebui să știi sau să nu știi, ajungi să știi totul și, apoi, poți să profiți de tot și să obții orice îți dorești în viață.

Întrebare: Mama mea face totul semnificativ. Totul este un eveniment și toate poveștile pe care le creează sunt reale. Este un punct de vedere interesant, dar ce fitil simpatic și eficient aș putea să pun în universul ei, doar ca amuzament?

Gary: Este mamă. Ce parte din asta nu pricepi? Toate mamele știu totul. Spune-i că are dreptate și că ești foarte recunoscătoare. Spune: „Sunt atât de recunoscătoare că te am pe tine ca îndrumător, mama."

Dain: Acesta este un fitil strălucit. Spune-le părinților cât de recunoscător ești pentru ei, pentru cât de multe te-au învățat și pentru modul în care te-au îndrumat. Apoi tot ce faci este rezultatul a ceea ce ei ți-au oferit, așa că nu te mai pot învinovăți pentru asta.

Gary: Hopa! Dacă exprimi recunoștință ei nu vor ști ce să facă pentru că nu se mai pot plânge. Și nu pot face totul semnificativ și real și să-și creadă toate poveștile, întrucât scopul poveștilor lor este să-ți dea ție conștientizare. Când le spui că ești recunoscătoare pentru că ți-au oferit conștientizare, ei vor înceta să mai încerce să-ți ofere conștientizare.

Întrebare: Dacă nu este nicio formă, nicio structură și nicio semnificație, atunci cum rămâne cu tendința omenească de a dori să creezi o conexiune cu o altă ființă, om sau animal? De a vrea să simți iubire și conectare cu altcineva, într-un fel pur, blând și generos?

Gary: Uau, ce mai fantezie afurisită. Te iubesc dar asta nu e decât o fantezie afurisită.

Dain: Partea interesantă aici este că există o formă, o structură și o semnificație în ideea că nu suntem deja în unitate și nu suntem total conectați.

Am trăit toată viața în afara structurii normale și am avut întotdeauna relații în care nu am simțit că aparțin. Am fost oaia neagră, cocoșatul de la Notre-Dame și, câteodată, era în regulă. Dar alteori, îmi doream atât de mult să aparțin, să am ceva semnificație, să urlu din toți rărunchii și să fiu auzită.

Gary: Este asta formă, structură și semnificație? Pe deplin. Este semnificația că a-ți păsa este real când, de fapt, majorității oamenilor nu le pasă. Într-o realitate umană a-ți păsa înseamnă că ajungi să omori persoana respectivă. Așadar, a urla din toți rărunchii ca să îi faci pe oameni să te remarce, să vadă că îți pasă, că se poate ca cineva să aibă grijă de tine și că tu, la rândul tău, ai putea oferi acest gen de grijă, este un mod sigur de a fi ucis. Eu nu aș face asta dacă aș fi în locul tău. Asta înseamnă fără formă, fără structură și fără semnificație pentru modul în care se presupune că ar trebui să fie.

Sunt una dintre acele femei Latina care s-a înrădăcinat în telenovela emoțională și s-a revoltat împotriva tuturor acestora, și cu toate acestea mă agăț încă de drama emoțională a iubirii resimțite profund.

Gary: Întreaga idee a iubirii este formă, structură și semnificație. Trebuie să manifești recunoștință în loc de iubire. Întreabă: „Pentru ce sunt recunoscătoare în legătură cu această persoană?"

Iubirea permite existența judecății. Oamenii spun: „Am permisivitate totală pentru această persoană" până când persoana respectivă îi irită și apoi, când sunt iritați, iubirea lor devine dintr-odată condiționată. Am observat asta în mod repetat, în fiecare biserică, cult și religie la care am aderat. Poți avea iubire și judecată în același univers, dar nu poți avea recunoștință și judecată în același timp.

Dain: Iubirea este una dintre cele mai mari forme, structuri și semnificații. Este proiectată să te scoată în afara spațiului care este recunoștința. Iubirea se asigură că trebuie să te protejezi de sau să lupți pentru ceva sau cineva.

Gary: În recunoștință nu există formă, structură și semnificație.

Întrebare: Uneori, m-am întrebat cum trăiți, tu și cu Dain, în conexiunea voastră sau în unitate fără să faceți acest lucru semnificativ. V-am auzit spunând că vă adorați reciproc, ceea ce cred că este realmente minunat. Cu siguranță nu faceți acest lucru semnificativ. Aș vrea să înțeleg mai multe despre cum faceți asta. Poți detalia?

Gary: Pot spune că îl ador pe Dain dar nu aș renunța la mine pentru el. Majoritatea oamenilor au punctul de vedere că adorația înseamnă că venerezi cealaltă persoană. Adorația este o formă de venerare și venerezi pe celălalt și îl faci mai semnificativ decât tine.

Dain, au fost oameni care te-au adorat. Îți place să fii adorat în acel mod?

Dain: Nu, nu-mi place.

Gary: De ce?

Dain: Pentru că, așa cum ai subliniat, atunci când cineva te venerează, trebuie să slujești acea persoană. Nu e amuzant. Este atât de multă formă, structură și semnificație atașată la asta încât nu este un spațiu de ușurință.

Celălalt aspect al adorației este că cealaltă persoană nu primește, de fapt, nicio parte din mine. Primește doar fantezia a ceea ce proiectează că voi fi sau voi face. Nu primește schimbarea sau darul posibilității pe care aș vrea să îl facilitez pentru ea.

Înțeleg că asta este o reală limitare. Se pare că uităm că suntem ființe infinite. Dacă ador pe cineva, ar trebui să trec la o definiție redusă a cui cred eu că sunt în raport cu acea persoană. Asta ne-ar limita pe amândoi.

Gary: Da. Atunci când adori pe cineva în termenii definiției acestei realități, te faci pe tine mai puțin decât ei. I-ai considerat pe ei a fi mai buni decât tine și, la un moment dat, trebuie să te separi în mod automat de ei și să dispari, fie fizic, fie energetic. Va trebui să crezi că, într-un fel, tu și/sau cealaltă persoană ați vrut asta. Vei ajunge în punctul în care te împotrivești și reacționezi la ideea că faci pe altcineva mai măreț decât tine. Trebuie să te împotrivești și să reacționezi la acest lucru pentru ca să te ai pe tine.

Este asemănător cu ceea ce fac adolescenții. Copii fiind, ei i-au făcut pe părinți esențiali în tot după care dintr-odată spun: „La naiba cu asta! Nu vreau să fiu ca acești oameni. Vreau să mă am pe mine.”

Cum ar fi dacă nu ar trebui ca lucrurile să se întâmple așa? Cum ar fi dacă nu ar trebui să ai forma, structura și semnificația adorației sau venerației pentru cineva anume și ai putea pur și simplu să întrebi: „Ok, ce au ei ce îmi place cu adevărat? Ce au ei ce nu aș vrea să am? Ce este necesar pentru ca să am mai mult din ce mi-ar plăcea realmente să am? Și gata, să-i dăm drumul. Să mergem mai departe."

Tu vorbești despre alegere și comuniune. Tocmai m-ai ajutat să-mi înțeleg întreaga copilărie. Mama pur și simplu m-a adorat dar a fost așa o povară. Era așa o greutate în energia aceea. Ea era precum un hidrant de iubire care curgea în direcția mea dar mă rata mereu cu un metru și jumătate pentru că nu era niciodată adevărată. Nu se referea niciodată la mine așa că m-am simțit întotdeauna neiubită și avidă de iubire, în timp ce tot ce spunea și făcea ea părea a spune că eu eram cel mai bun lucru de pe planetă. Totul era doar o reflexie asupra ei, pentru că eu eram creația ei. Ea nu a priceput niciodată că a creat o persoană independentă care avea libertatea propriei alegeri.

Gary: Nu și-a dat seama niciodată ce monstru a creat.

Da, asta a fost o nebunie totală. Și apoi, sora mea, care mă așezase pe un soclu, m-a respins complet atunci când nu i-am mai îndeplinit așteptările.

Gary: Ele adorau o fantezie, nu te adorau pe tine. În anii 1950 și 1960, era foarte populară o carte scrisă de Khalil Gibran numită *Profetul*. El spune că dacă dai drumul la ceea ce iubești, acel lucru se va întoarce. Dar dacă te agăți de ceea ce iubești, acel lucru trebuie să moară. E ca și când te agăți de o pasăre. O iubești atât de mult încât o iubești până moare. Lipsa formei, a structurii și a semnificației atunci când iubești pe cineva este un loc din care dai drumul. Îi dai drumul să zboare și dacă dorește să fie cu tine, se va întoarce.

Când am citit cartea aceea acum patruzeci de ani, am zis: „Uau, asta chiar are sens!" De atunci începând, am funcționat din ideea că dacă te iubește, se va întoarce. A lăsa ceva să fie liber pentru că îl iubești este singurul mod pentru ca acel lucru să fie cine este.

Dain: Aș vrea să spun ceva despre iubire, recunoștință și semnificație. Cu mult timp în urmă, aveam o prietenă. Chiar îmi plăcea de ea. Ziceam: „O iubesc, o iubesc și o iubesc." A început să spună minciuni despre mine tuturor celor pe care îi cunoșteam. Mă vorbea de rău în fiecare mod posibil.

L-am întrebat pe Gary: „Cum de se întâmplă așa ceva? Eu o iubesc pe această persoană."

Gary m-a întrebat: „Ei bine, cum funcționează această chestie de iubire pentru tine în această situație?"

Am răspuns: „Mă sinucid din cauza asta!"

El a zis: „Dă-mi voie să te întreb ceva. Mai poți să ai recunoștință pentru ce face?"

Am zis: „Da, pentru că primesc o mulțime de conștientizări de la acest lucru. Îmi dau seama că nu este semnificativ. Nu trebuie să însemne ceva. Oamenii care cred minciunile sunt doar niște oameni care cred minciuni. Ei căutau, oricum, un motiv pentru a judeca."

Gary m-a întrebat: „Și încă mai poți avea recunoștință pentru ea și pentru tot ce ai primit de la ea și de la cât de bine te-ai distrat atunci când era amuzant, înainte să înceapă să te urască?"

Mi-am dat seama că puteam avea recunoștință totală față de ea. Am văzut că, încercând să mențin acel spațiu numit iubire, mă omora. Este atâta formă, structură și semnificație legat de cum arată asta pentru fiecare dintre noi. Fiecare dintre noi primim formă, structură și semnificație când creștem și este diferit de la persoană la persoană.

Întrebare: Ai spus că iubirea este formă, structură și semnificație de amploare – și că recunoștința te scoate din asta. De ce este recunoștința atât de eliberatoare și de veselă? Cum se întâmplă asta?

Gary: Iubirea a fost forma, structura și semnificația pentru toate cântecele, toate dramele, toate traumele, toate supărările, toată intriga, toate spectacolele proaste de televiziune și toate spectacolele bune, toate filmele și aproape pentru orice altceva.

Dar de ce este recunoștința atât de eliberatoare și de minunată?

Dain: Pentru că recunoștința confirmă și te pune în conexiune cu alții. Îți dă voie să devii unul dintre aspectele și spațiile ființei care este disponibilă.

Iubirea, din punctul meu ciudat de vedere, este ca a lua tot ce pot fi recunoștința, grija, blândețea și posibilitatea și a le răsuci astfel încât să trebuiască să le atașezi întotdeauna formă, structură și semnificație. Te-ai afla mereu în afara spațiului de grijă, în afara recunoștinței, în afara blândeții și în afara posibilității. Ai încerca mereu să te îndrepți către acele lucruri dar nu ai reuși, de fapt, să fii acele lucruri acum.

Întrebare: Mai ai vreun proces de curățare pe care l-am putea rula despre lipsa formei, a structurii și a semnificației? Capul meu se simte acum ca o minge de fotbal.

Gary: Rulează-l pe cel pe care vi l-am dat:

Ce fantezie, ființare și agendă secretă pentru crearea formei, structurii și semnificației am făcut atât de reală încât nici în fața conștientizării și conștiinței totale nu pot și nu o voi schimba, alege și vindeca? Tot ce este acest lucru, de un dumnezelion de ori, vrei să distrugi și să decreezi în totalitate, te rog? Right and wrong, good and bad, POD and POC, all 9, shorts, boys and beyonds.

Poate vrei să vrei să rulezi acest proces foarte mult. Va începe să descompună toate lucrurile pe care le-ai făcut ca formă, structură și semnificație și va începe să-ți dea o nouă posibilitate.

Bine, oameni buni, e momentul să încheiem conversația noastră despre lipsa formei, a structurii și a semnificației. Vorbim săptămâna viitoare!

6

Fără judecată, fără discriminare, fără discernământ

Gary: Bun găsit tuturor! În seara aceasta vom vorbi despre cea de a șasea cheie: Fără judecată, fără discriminare, fără discernământ. Dain este cu noi pe telefon dar are probleme cu vocea așa că va asculta și nu va spune prea multe.

Aș vrea să citesc un e-mail pe care l-am primit. Cred că ar fi folositor pentru toată lumea dacă am vorbi despre asta de la bun început:

Mulți dintre noi am învățat că discernământul este important. Nu am priceput ideea lui fără discernământ până când nu mi-am dat seama că discernământul înseamnă judecată și discriminare și cum conștientizarea înlocuiește discernământul. Prin conștientizare, noi ca ființele infinite care suntem, știm, percepem și primim, putem fi fără judecată, fără discriminare și fără discernământ. Ești de acord cu asta? Și dacă da, ai putea să vorbești mai mult despre acest lucru?

Gary: Exact așa. Atât timp cât nu emiți judecată, discriminare și discernământ, poți să fii o ființă infinită care percepe, știe, este și primește.

Când folosești judecată, discriminare și discernământ de orice fel, îți elimini capacitatea de a fi, a ști, a percepe și a primi.

Judecată este „Nu mănânc carne de porc miercurea." Ceea ce spui este: „În orice altă zi carnea de porc ar fi bună dar nu pot s-o mănânc miercurea." Asta este judecata ta. Este o concluzie la care ai ajuns.

Discriminarea este modul în care încercăm să creăm ceva ca fiind nu tocmai corect.

Discernământul este ideea că trebuie să alegi ceva. Discernământul este: „Nu-mi place asta, e îngrozitoare. E neplăcută și are un gust mizerabil." Este o formă mai ușoară a judecății. De exemplu, oamenii vorbesc despre un grad ridicat de perceptivitate. Aceasta este o judecată. Grad ridicat de perceptivitate înseamnă: „Eu estimez că lucrurile stau în felul următor." Discernământul este o concluzie pe care o tragi. Alegerea și conștientizarea sunt posibilități de care devii conștient.

Alegerea este: „Nu voi mânca asta."

Conștientizarea este: „Nu vreau să mănânc conopidă. Nu mă interesează."

Preferința este: „Prefer mâncare delicioasă în locul mâncării obișnuite dar nu discriminez împotriva celei obișnuite pentru că, ocazional, mănânc și beau așa ceva, în funcție de circumstanțe, pentru că am întotdeauna alegere."

Toate acestea au, de fapt, legătură cu modul în care vezi tu lucrurile. Te afli în alegere și conștientizare? Sau folosești vreo formă de judecată?

Întrebare: Într-o dimineață, când m-am trezit, mi-a venit cuvântul intensitate. Se pare că, cu cât devin mai densă cu atât sunt mai humană, sunt mai împământenită, captez mai mult emoțiile oamenilor din jurul meu și devin mai critică.

Cu cât sunt mai puțin densă, cu alte cuvinte, când sunt mai expansionată, cu atât mai mult judecata se disipează. Când m-am gândit la asta, am avut o senzație de libertate împrejurul meu. Este acesta spațiul unde găsim lipsa judecății, a discriminării și a discernământului?

Gary: Nu este unde *găsești* lipsa judecății, este cum devii acest lucru. Atunci când ești spațiu este foarte dificil să faci forma, structura și semnificația care sunt necesare pentru a crea judecata, discriminarea și discernământul.

Întrebare: Vrei să spui mai multe despre comentariul de săptămâna trecută: odată ce devii ceva – să zicem pace sau iubire sau faptul că îți pasă – nu simți, ci ești acel lucru. Înseamnă asta că ești într-un spațiu foarte liniștit? De exemplu, când asiști la drama unui eveniment și trăiești compasiune, ești un observator detașat care rămâne un punct fix?

Gary: Această întrebare este perfectă pentru că ultima persoană a zis că dacă devii densitate, o resimți. Densitatea este întotdeauna un sentiment iar sentimentul este întotdeauna o densitate. Atunci când devii spațiu, toate acestea dispar. Așadar, când devii spațiu, toată densitatea care este necesară pentru a crea „sentimentul" față de ceva încetează. Este eliminată și dispare.

A doua parte a întrebării vorbește despre a fi un punct fix. Ar putea o ființă infinită să fie cu adevărat încremenită? Nu, ființele infinite pot să fie doar total expansionate, atât de expansionate încât au la dispoziție doar alegere infinită. În acele cazuri în care există alegere infinită, ele nu pot trage o concluzie, nu pot recurge la judecată și nu pot trece în discriminare, discernământ sau judecată, sub nicio formă. De aceea, a vorbi despre asta ca despre un punct fix este incorect. *Punctul fix* este un concept care a fost menit să ne facă cât mai mici și să ne aducă aproape de zero, cât de mult posibil.

Așadar, oriunde vreunii dintre voi ați crezut în punctul *fix* ca fiind un mod de a ajunge la conștientizare, vreți să distrugeți și să decreați, vă rog? Right and wrong, good and bad, POD and POC, all 9, shorts, boys and beyonds.

Întrebare: Este judecata un atașament? Ne amintim asocierile pe care le avem cu lucruri din trecut? Este energia, fie bună, fie rea, pe care o atașăm unor lucruri precum mâncare, muzică și locuri?

Gary: Judecata este ceva ce atașezi altor judecăți. Nu este ceva ce ai ca și conștientizare. Dacă ai dansat cu cineva și te-ai simțit bine iar mai târziu ai auzit cântecul acela vechi și ți-a revenit amintirea dansului respectiv, asta nu este judecată, discernământ sau discriminare. Asta este conștientizare. Reamintirea este cea care îți dă acces la tot ce este posibil în lume. Din nefericire, rechemăm amintiri în loc de conștientizare. Așadar, ce conștientizare ai avut ascultând melodia aceea, pe care nu ai recunoscut-o, care te-a făcut să o rememorezi, să ți-o amintești și să-ți fie disponibilă? Trebuie să începi să te uiți la acest lucru.

Întrebare: De ce este mai ușor să renunți la judecata față de alții și mult mai greu să renunți la judecata de sine? Cât de uluitoare aș fi fără judecata continuă care mă ține pe loc?

Gary: Acesta este motivul pentru care trebuie să aplici această cheie.

Unul din lucrurile la care trebuie să te uiți când te judeci pe tine este: este asta a mea? Să spunem că ai părul blond și ochi albaștri și stai lângă cineva care este, de asemenea, blond cu ochi albaștri. Brusc, gândești: „Părul meu arată groaznic azi!"

Ce se petrece? Persoana de lângă tine gândește că părul ei arată groaznic azi. Tu presupui întotdeauna că gândurile, sentimentele și emoțiile pe care le trăiești sunt ale tale. Presupui că fiecare judecată trebuie să fie a ta. Trebuie să pui întrebarea: „Este asta a mea?" Este singurul fel în care poți trece prin asta și o poți depăși.

Întrebare: Mie mi se pare că cel mai mult ne judecăm pe noi înșine, ceea ce ne limitează. Anul trecut mi-am cerut să schimb acest lucru, indiferent de ce ar fi necesar pentru asta. Amuzant, ce se întâmplă când faci o solicitare – începi să devii conștient de toate locurile în care alegi exact lucrul pe care lucrezi să-l schimbi.

Și apoi, pui instrumentele în acțiune. Pui întrebări precum: „Ce mi-ar plăcea să am diferit aici?" Faci POD și POC la lucruri și faci alegeri diferite, care permit ca altceva să apară. Cum devine mai ușor de-atât?

Gary: Fără discriminare, fără judecată și fără discernământ te îndrepți spre alegere și te îndepărtezi de concluzie. Judecata, discriminarea și discernământul sunt surse pentru crearea de concluzii astfel încât să faci ceva bine. Dar dacă nu ar trebui să ai dreptate vreodată și nu ar trebui să greșești, ce alegere ai avea, de fapt?

Cu cât mă judec pe mine mai puțin, cu atât viața mea devine mai ușoară și mai exuberantă. Un aspect cu care încă am dificultăți este când trec în greșeala de sine, cu toate că nu mai rămân în zona aceea atât de mult cât o făceam în trecut.

Gary: Pe măsură ce începi să aplici aceste instrumente și să le folosești, schimbările apar puțin câte puțin. Asta e tot ce poți să ceri.

Toată viața ta ți s-a arătat că greșești. Ai fost învățat să te judeci pe tine și ți s-a spus că trebuie să discerni și să discriminezi. Cum ar fi dacă niciunul din aceste lucruri nu ar fi adevărat? Cum ar fi dacă toate astea ar fi o minciună? Am un proces care cred că vă va ajuta, vi-l dau în câteva minute.

Viața mea se expansionează și afacerea mea înflorește. Am mai multă liniște și bucurie iar copiii mei sunt fericiți. Dar este ca și cum nu este suficient și nu caut destul de mult ca să fac o schimbare. Ce este asta? Și ce ar fi necesar pentru ca să schimb asta?

Gary: Trebuie să-ți dai seama că tot ce este necesar pentru a schimba lumea este să schimbi o persoană. Fiecare persoană pe care o atingi cu schimbarea pe care o creezi pentru ea, creează ca ea să creeze schimbare pentru alții doi, ceea ce creează schimbare pentru alții doi – și, va fi vreodată destul? Nu. De ce? Pentru că lumea nu este locul care tu știi că ar putea să fie. Tu ai venit aici pentru că ai vrut să schimbi lumea. Deci, ce-ar fi necesar? Continuă să practici, continuă să faci asta. Și nu te mai uita la ce faci încă. Asta este problema cu a fi un punct fix. Spunem: „Încă* sunt (orice ar fi asta)" ceea ce înseamnă că te întorci la acel punct finit în care nu exiști și în care nu ești ființa infinită care ești.

Întrebare: Care este diferența dintre observație și judecată? Mi se pare dificil să aplic fără judecată, fără discriminare și fără discernământ, mai ales cu familia și cu prietenii apropiați.

Gary: Dacă o fac eu, este constatare. Dacă o faci tu, este judecată. (Asta e o glumă)

Să spunem că mama ta îți spune că rochia ta este urâtă. „Este o rochie atât de urâtă, mi-aș dori să nu o porți." Este asta discriminare, discernământ sau judecată?

Apoi, tu spui: „Mama mea este o scorpie." Este asta discriminare, discernământ sau judecată?

Majoritatea oamenilor au punctul de vedere că, dacă este un comentariu pozitiv atunci nu este o judecată și că dacă este o remarcă negativă, este o judecată. Ei cred că, atunci când mama ta îți spune că

---

* *N.t. joc de cuvinte, în limba engleză still = încă; still = nemișcat, fix.*

rochia ta este urâtă iar tu spui „Mama e o scorpie", asta este o judecată.

Ar putea fi o constatare, chiar dacă este negativă. Poate că rochia este urâtă. Poate că mama ta este o scorpie în momentul respectiv. Diferenţa între o judecată şi o constatare este, în principal, modul în care se simte energia. Când spui ceva care este o judecată, creşte densitatea. Când spui ceva care este o conştientizare, densitatea scade.

Familia şi prietenii tăi cred că scopul lor în viaţă este să te judece pe tine. Tu, desigur că nu ai capta acele judecăţi deloc, nu-i aşa? Oo, ba da, le-ai capta! Faci asta nonstop. Încă o dată, trebuie să întrebi: „Este asta a mea? Este acesta punctul meu de vedere?"

Întrebare: Ai putea spune mai multe despre a-ţi păsa, te rog?

Gary: A-ţi păsa este atunci când nu ai nicio judecată. Atât timp cât judeci ceva, nu-ţi pasă. Nu se poate să-ţi pese *şi* să judeci. Poţi doar să judeci şi să nu-ţi pese, sau să-ţi pese şi să nu judeci. Acestea sunt singurele alternative pe care le ai.

Când încerci să pui faptul că îţi pasă într-o formă, structură şi semnificaţie, îl limitezi. La fel se întâmplă şi cu a-ţi păsa *de* în raport cu *a-ţi păsa*. Are Pământul o formă în care îi pasă sau pur şi simplu îi pasă tot timpul? Pământul ne dăruieşte tot timpul. Îşi oferă grija păsărilor, albinelor, florilor şi copacilor. Nouă ne dă totul, fără niciun punct de vedere. Nu are ideea că a-i păsa este să aibă grijă de oameni (care este o formă). Lui îi pasă de tot şi toate. Nu are punctul de vedere că trebuie să aibă grijă de un individ (care este o semnificaţie). El are grijă de toţi şi de toate, în mod egal. Îi pasă de moarte la fel de mult cum îi pasă de viaţă. Dacă putem ajunge în locul unde ar putea să ne pese aşa, am pierde forma, structura şi semnificaţia lui *a-i păsa*. Am deveni permisivitatea şi grija care este Pământul.

Este acest lucru ceea ce ne desparte de spaţiul infinit? Este asta ceea ce ne împiedică să fim fiinţele infinite care suntem? Este judecată şi discriminare, nu-i aşa?

Gary: Da, este. Dar mai sunt şi restul cheilor. Îţi voi arăta cum funcţionează acelea pe măsură ce le parcurgem. Îmi pare rău că nu le pot face pe toate deodată. Ia ceva timp pentru ca o parte din aceste lucruri să se sedimenteze. Şi, câteodată, voi veniţi cu întrebări legate de chestiuni care nu au fost abordate și de explicații și procese adiționale care sunt necesare.

Ce creare și generare a judecății, discriminării și discernământului ca necesitatea absolută pentru crearea vieții folosești, pentru a bloca în existență HEPAD*-urile poziționale pe care le institui ca sursa greșelii de sine, a corectitudinii punctului tău de vedere și a necesității de a nu pierde niciodată? Tot ce este acest lucru, de un dumnezelion de ori, vrei să distrugi și să decreezi în totalitate, te rog? Right and wrong, good and bad, POD and POC, all 9, shorts, boys and beyonds.

Vestea bună este că voi toți puteți renunța la judecată. (Glumind) Nu, nici într-un milion de ani. Nu ați putea renunța la judecată nici dacă viața voastră ar depinde de asta.

Stai să vezi!

Întrebare: De curând, după ce a lucrat cineva pe mine, m-am îngrășat 2,5 kilograme. Două săptămâni mai târziu persoana aceasta a lucrat pe mine din nou și m-am mai îngrășat 5 kilograme. La început, am crezut că se întâmpla ceva cu mine dar această persoană făcuse în trecut comentarii despre cât eram de slabă. Ar putea fi acesta un exemplu despre cum cineva își impune punctul de vedere într-o sesiune? Și, dacă este așa, cum se poate inversa?

Gary: Este judecata ei că ești slabă iar tu încerci să judeci, să discriminezi și să discerni dacă ea are dreptate sau dacă greșește. Ești slabă? Trebuie să recurgi la întrebare. Trebuie să întrebi: „Corpule, cum ai vrea să arăți?"

Acesta este un exemplu de judecată care este forțată asupra ta. Dacă forțezi judecăți asupra corpului tău, vei crește cantitatea de subțirime sau grăsime pe care o ai, pe baza judecății tale, deoarece judecata creează densitate. Ce simte corpul? Densitate. Când corpul simte densitate, el devine mai mult din acea densitate pentru că presupune că tu o dorești. Dacă ești dispusă să fii în conștientizare totală și grijă totală, fără discriminare, judecată sau discernământ, poți crea o posibilitate diferită atât pentru tine, cât și pentru corpul tău.

Întrebare: Par a face alegeri și, cu toate acestea, există o densitate în aceste alegeri pe care le fac. Când întreb: „Va fi acest lucru rentabil?" sau „Va adăuga acest lucru un plus vieții mele?" primesc un da, dar pare că ceva nu este tocmai în regulă. Este vreo întrepătrundere a discriminării cu alegerea, cu alte cuvinte alegem și apoi revenim la discriminare?

Gary: Da, pentru că asta ai fost învățat să faci. Oamenii te întreabă: „Cum poți să faci această alegere?" Când eram copil și făceam o alegere cu care părinții mei nu erau de acord, mă întrebau: „Cum ai ajuns la concluzia asta?" sau „De ce ai făcut alegerea aceea? Nu a fost o alegere bună." Ceea ce se întâmplă este că după aceea începi să te îndoiești de toate alegerile pe care le faci. Acest proces te-ar putea ajuta.

Ce ai definit ca discriminare, judecată și discernământ care, de fapt, *nu este?* Tot ce este acest lucru, de un dumnezelion de ori, vrei să distrugi și să decreezi în totalitate, te rog? Right and wrong, good and bad, POD and POC, all 9, shorts, boys and beyonds.

Întrebare: Este ca și când însăși ființa mea este judecată, discernământ și discriminare. Cu asta am crescut. Tot ce am fost, a fost judecată, discernământ și discriminare.

Gary: Asta este tot ce a fost validat ca fiind tu care nu erai, de fapt, tu. Este ceea ce validase familia ta.

Dain: Unul dintre lucrurile de care am devenit conștient este că oamenii trag concluzii în mod dinamic, tot timpul și nici măcar nu recunosc asta. Se bazează asta pe punctul de vedere că noi suntem judecată, discriminare și discernământ?

Gary: Noi funcționăm ca și când judecata este, de fapt, modul în care ne definim pe noi. Te definești pe tine prin judecata ta, discernământul tău și discriminarea ta. Oamenii spun tot timpul: „Am un gust rafinat (gust discriminatoriu). Îmi place șampania chiar dacă am buget de bere." Acesta nu este un gust rafinat, este judecata definită precum: „Celălalt lucru ar fi mai bun decât ceea ce aleg." Este o judecată de sine. Acesta este modul în care lucrurile acestea se întrepătrund și ne împiedică să fim într-un loc unde avem, realmente, alegere adevărată.

Am fost învățați că avem doar o singură alegere sau că există doar o singură alegere bună. Sau, că ai două alegeri și trebuie să alegi între asta și asta. Alegerea infinită este abilitatea de a alege totul. Întrebarea pe care ar trebui să o pui este: „Bine, voi alege toate acestea și cum voi face asta?"

Când ai o alegere și vezi cinci posibilități diferite, poți să alegi să ai toate cele cinci posibilități. Trebuie doar să stabilești – nu să judeci – pe care ți-ar plăcea să o alegi prima.

Așa ar trebui să procedăm în tot ce facem în viață. Tot ce trebuie să faci este să pui ordine în modul în care aduci lucrurile în viața ta. Trebuie doar să exersezi asta.

Întrebare: Îmi amintesc că m-am pierdut pentru că am crezut că trebuia să fac o alegere.

Gary: Te pierzi atunci când discriminezi. Spui: „Trebuie să aleg acest lucru" care impune să-ți retezi conștientizarea care, mai apoi, va crea o senzație de pierdere. Când îți retezi conștientizarea pierzi capacitatea de a continua să te miști sau să mergi într-un loc.

Ce ai decis că nu este judecată, discriminare sau discernământ care, de fapt, este? În afară de tot ceea ce spun părinții tăi. Tot ce este acest lucru, de un dumnezelion de ori, vrei să distrugi și să decreezi, te rog? Right and wrong, good and bad, POD and POC, all 9, shorts, boys and beyonds.

Judecățile au venit la mine din punctul de vedere „Fac acest lucru doar pentru că te iubesc și pentru că vreau să te ajut."

Gary: Nu, oamenii judecă pentru că vor să judece și nu pentru că încearcă să ajute pe cineva. Judecata este judecată. Dain și cu mine am fost de curând în Boerne, Texas. Luam micul dejun în hotelul nostru ieftin. Era acolo o femeie, scundă și îndesată, împreună cu fiica ei care era și ea scundă și foarte îndesată. Se aflau împreună cu o fetiță slăbuță care era nepoata femeii. Femeia îi spuse fetiței: „Trebuie să mănânci mai mult pentru că ești mult prea slabă. Nu vrei să crești mare și să fii la fel de frumoasă ca noi?" Fetița a făcut ochii mari și nu a spus un cuvânt.

Sunt sigur că în universul ei spunea: „Nu, nu vreau să fiu ca voi. Vă rog, nu mă obligați să fac asta!"

Comentariul femeii era discriminare, judecată și discernământ. Fetița avea o conștientizare: „Nu, nu vreau să fiu așa."

Ți s-a spus că ceva este judecată când *nu este*, și ți s-a spus că ceva *nu este* judecată când de fapt este, iar tu ai creat o confuzie incredibilă în lumea ta pentru a ști dacă ești sau nu critic. Presupui că dacă spui ceva negativ, eşti cu siguranţă critic, iar dacă spui ceva pozitiv sigur nu eşti critic. Dar lucrurile nu stau neapărat aşa.

Ce ai decis că *nu este* judecată, discriminare sau discernământ care, de fapt, *este?* Tot ce este acest lucru, de un dumnezelion de ori, vrei să distrugi şi să decreezi, te rog? Right and wrong, good and bad, POD and POC, all 9, shorts, boys and beyonds.

Ce ai decis că *este* judecată, discriminare sau discernământ care, de fapt, *nu este?* Tot ce este acest lucru, de un dumnezelion de ori, vrei să distrugi şi să decreezi, te rog? Right and wrong, good and bad, POD and POC, all 9, shorts, boys and beyonds.

Dacă ai vreo formă de judecată care îşi tot face apariţia, pune aceste două procese în buclă şi rulează-le toată noaptea şi toată ziua, timp de zece sau cincisprezece zile. Vezi ce se schimbă cu asta.

Ce ai definit ca *non* judecată, non discriminare şi non discernământ care, de fapt, *este?* Tot ce este acest lucru, de un dumnezelion de ori, vrei să distrugi şi să decreezi, te rog? Right and wrong, good and bad, POD and POC, all 9, shorts, boys and beyonds.

Ce ai decis că *este* judecată, discriminare sau discernământ care, de fapt, *nu este?* Tot ce este acest lucru, de un dumnezelion de ori, vrei să distrugi şi să decreezi, te rog? Right and wrong, good and bad, POD and POC, all 9, shorts, boys and beyonds.

Dain: Poţi să vorbeşti mai pe larg despre a fi conştient de ceva ce este negativ şi despre cum asta nu înseamnă neapărat că eşti critic – şi cum o judecată pozitivă despre ceva anume nu este în mod obligatoriu o conştientizare?

Gary: La un moment dat, un prieten luase hotărârea că logodnica lui era cea mai frumoasă femeie din lume. Asta e o judecată care pare a fi pozitivă, corect? Judecata „Ea este cea mai frumoasă femeie din lume" îl făcea să se simtă prost tot timpul pentru că, ori de câte ori ea făcea ceva răutăcios sau nedrept el nu putea vedea acest lucru – din cauza judecăţii şi a concluziei la care ajunsese, cum că ea era cea mai frumoasă femeie din lume.

Noi facem discernământul, discriminarea şi judecata cum că dacă ceva este frumos, este corect şi dacă nu este frumos, este greşit. Ambele sunt judecăţi.

Ce ai definit ca *non* judecată, non discriminare și non discernământ care, de fapt, *este*? Tot ce este acest lucru, de un dumnezelion de ori, vrei să distrugi și să decreezi, te rog? Right and wrong, good and bad, POD and POC, all 9, shorts, boys and beyonds.

Ce ai definit ca judecată, discriminare și discernământ care, de fapt, *nu este*? Tot ce este acest lucru, de un dumnezelion de ori, vrei să distrugi și să decreezi, te rog? Right and wrong, good and bad, POD and POC, all 9, shorts, boys and beyonds.

Întrebare: Tocmai mi-am dat seama că am aplicat în mod greșit și am înțeles greșit că a face o alegere este a trage o concluzie. Când vorbeai despre a cumpăra dulciuri, dacă spuneam „Bine, voi lua un Snickers" cream o energie închisă în legătură cu acel lucru pentru că aceea era concluzia mea: vreau un Snickers acum. Celălalt aspect este că mă judec necontenit pentru fiecare alegere pe care o fac.

Gary: Am fost învățați că trebuie să alegem ca și când ar exista o singură alegere. Asta ne dă ideea că alegerea este o realitate finită, în loc de o realitate infinită. Suntem de părere că trebuie să alegem ca și când concluzia este alegere. Concluzia nu este niciodată alegere, iar alegerea nu impune niciodată concluzie. Alegerea doar deschide ușa către alte posibilități și alte alegeri.

Revenim la alegerile în incremente de zece secunde. Pentru acele zece secunde, ai vrea un Snickers. Apoi este: „Ok, am luat o îmbucătură din asta. Nu mai vreau." Apoi, poți trece la altceva. „Acum aș vrea o ciocolată Trei mușchetari."

Este despre a elimina stigmatul legat de faptul că-mi schimb părerea. În copilărie, am fost îndoctrinată să cred că a-mi schimba părerea era o crimă abominabilă.

Gary: Când fiica mea cea mică avea doi ani, am zis: „Grace, hotărăște-te."

Ea mi-a răspuns: „Tati, este privilegiul unei fete să-și schimbe părerea."

Când a absolvit liceul, și-a cumpărat patru rochii pentru balul de absolvire. Ultima a fost cea pe care a purtat-o dar timp de zece secunde fiecare din acele rochii era frumoasă și era cea pe care voia să o poarte.

Și, poți face asta cu ușurință? Poți face asta fără să creezi confuzie sau drama?

Gary: Ei bine, creează confuzie și dramă pentru alții.

Da, la asta mă refeream. Pentru cei din jurul tău este: „Dumnezeule!"

Gary: Ce fac ei când trec în dramă și confuzie? Fac discriminare, discernământ și judecată.

Exact.

Gary: Ei ar putea face remarca: „E nebună în domeniul acesta" și asta nu ar fi o judecată. Ar fi o constatare. Ei spun: „Privilegiul de a-ți schimba părerea, din perspectiva discernământului, discriminării și judecății mele, este o nebunie."

Atunci, este vorba despre a nu ne implica într-un joc de ping-pong mental cu alți oameni?

Gary: Nu servește la nimic. Dacă cineva îi spune ceva lui Grace despre alegerile ei, ea răspunde: „Ei bine, sunt fată. Așa că mă pot răzgândi. Îmi place să fiu fată."

Mulțumesc.

Întrebare: Zilele trecute am vorbit cu cineva care confunda judecata cu conștientizarea. De câte ori avea o conștientizare, ea o transforma într-o judecată. Aș fi recunoscătoare dacă ai vorbi despre diferența dintre cele două. Aceasta este o persoană care a făcut eforturi ca să lucreze cu Access Consciousness și să folosească instrumentele și, cu toate acestea, părea că folosește fiecare cheie împotriva ei însăși. De exemplu, dacă nu era fericită acolo unde locuia, în loc ca acest lucru să fie o conștientizare, ea spunea: „Ei bine, o ființă infinită este capabilă să locuiască oriunde?"

Și mai poți vorbi despre diferența dintre a folosi cheile pentru expansionare și a le folosi împotriva noastră?

Gary: Majoritatea oamenilor folosesc cheile împotriva altora, nu împotriva lor înșiși. Pare că persoana despre care vorbești folosește „Ar alege o persoană infinită acest lucru cu adevărat?" precum o sabie și nu ca o întrebare.

„O ființă infinită ar trebui să poată locui oriunde" este o concluzie. Concluzia că ar trebui să poți locui oriunde și peste tot nu este deloc o alegere.

Care ar fi o abordare diferită? Întrebi: „Ce mi-ar plăcea cu adevărat să aleg?" Și menții asta în afara categoriei de densitate. Trebuie să recunoști dacă se simte ușor sau greu atunci când spui ceva.

Am priceput.

Gary: Da, poți folosi aceste instrumente ca arme împotriva ta sau a altora, sau le poți folosi așa cum au fost prevăzute să fie aplicate și anume ca să îți dea alegere totală și libertate deplină. Asta este ceea ce cauți.

Încă o dată, care a fost prima ta întrebare?

Am întrebat despre diferența între judecată și conștientizare. De unde știi când este conștientizare? Se pare că nu am reușit să explic asta într-un mod care, realmente, să funcționeze.

Gary: Conștientizarea este ceva ce creează o stare de ușurință în lumea ta – orice judecată este ce încerci să faci ca să solidifici ceva în existență.

Spre exemplu, pot să am conștientizarea că îmi plac caii și că aș vrea să creez rasa Costarricense. Dacă aș face asta ca o concluzie sau ca o judecată, ar suna: „Trebuie să fac asta."

În acest moment sunt într-un impas legat de ce să fac pentru că lucrurile nu funcționează așa cum mi-aș dori. Am conștientizarea tuturor lucrurilor care trebuie să se schimbe pentru ca asta să funcționeze realmente și, de asemenea, sunt dispus să mă uit la toate aspectele și să întreb: „Ok, merg mai departe sau mă opresc? Ce fac în această situație?"

O întrebare te lasă întotdeauna cu un simț al alegerii. Așadar, pot să ajung la o concluzie timp de zece secunde și pot să ajung la o altă concluzie în alte zece secunde sau, pot să fiu conștient și să spun: „Am disponibilă această opțiune, această opțiune, această opțiune și această opțiune."

Dacă te simți derutat cu privire la o opțiune, asta se întâmplă pentru că nu ai suficiente informații pentru a lua „decizia". În acest caz, pentru mine, este o decizie care mă va afecta pe mine și pe mulți alți oameni așa că trebuie să o privesc dintr-un punct diferit.

Cum trebuie să o privesc diferit? Trebuie să o pun sub semnul întrebării, trebuie să fiu în întrebare și să trăiesc ca întrebare și să nu ajung la discernământ, discriminare sau judecată.

Ai putea rula asta ca și proces:

Ce conștientizare ai definit ca și concluzie care, de fapt, nu este, și ce concluzie ai definit ca și conștientizare care, de fapt, nu este? Tot ce este acest lucru, de un dumnezelion de ori, vrei să distrugi și să decreezi în totalitate? Right and wrong, good and bad, POD and POC, all 9, shorts, boys and beyonds.

Acesta este un proces grozav, Gary. Poți să rulezi asta pentru orice.

Gary: Da, orice.

Ai putea rula: ce ai definit ca ființă infinită care, de fapt, nu este și ce ai definit ca nefiind o ființă infinită care, de fapt, este?

Gary: Exact.

Mulțumesc.

Gary: Iată ce a ieșit la suprafață când lucram cu cineva care avea o problemă legată de abundență. Am întrebat-o: „ce ai definit ca fiind abundența?"

Ea a răspuns: „Plata facturilor".

Am întrebat-o: „Uau, asta este abundența?"

Iar ea a răspuns: „Este o nebunie, nu-i așa?"

Am zis: „Da, pentru că dacă vrei cu adevărat să fii bogată trebuie să ai mai multe facturi".

Întrebare: Încercam să găsesc semne care să-mi spună când treceam în judecată și s-au evidențiat câteva lucruri. Este atunci când spun ce simt sau ce gândesc și aud cuvintele care-mi ies din cap sau din gură.

Gary: Da, acestea sunt două dintre cele majore.

Așadar am început să înlocuiesc „Percep această informație venind înspre mine" și de acolo am început să folosesc Cele zece chei și să pun întrebări precum: „O ființă infinită ar da ascultare acestui lucru?" sau „Este asta ceva de care am nevoie?" Este asta o tehnică bună sau doar mă induc în eroare?

Gary: Asta este o tehnică bună. Acesta este începutul. Când vom ajunge la alte call-uri îți voi da alte câteva instrumente pe care poți să le folosești pentru a face situația asta mai ușoară.

Deci, „simt" și „cred" sunt semne că am trecut în judecată. Mai sunt și alte cuvinte care ar indica faptul că am trecut în judecată?

Gary: De fiecare dată când aud pe cineva spunând „Simt că..."

observ energia pe care o eliberează. Când cineva eliberează ceva cu forță, este vorba despre judecată, discriminare și discernământ.

Unii oameni sunt de părere că a fi obiectiv este calea de ieșire din judecată. Ei cred că sunt obiectivi atunci când stau în afara a ceva, privesc acel lucru și ajung la o concluzie sau decizie sau judecată. Ei cred că a fi obiectivi dovedește faptul că alegerea pe care o fac este corectă.

Nu este despre obiectivitate. Nu vrei să fii obiectiv. Nu vrei să stai în afara a ceva și să te uiți la acel lucru. Vrei să privești lucrurile cu conștientizare. Vrei să *observi*, nu să fii *obiectiv*.

A fi obiectiv necesită ca tu să devii altceva, să stai în afara acelui lucru și să tragi o concluzie.

Atunci când observi, este doar un punct de vedere interesant. Este: „Uau, asta este o alegere interesantă" sau „Uau, mă bucur că nu am ales asta" sau orice alt punct de vedere pe care l-ai avut.

Așadar, atunci când ești pe cale să iei o decizie folosești corpul să vezi dacă te face să devii mai ușor cu decizia ta?

Gary: Nu-ți folosești în mod necesar corpul. Atunci când întrebi: „Ce alegere se simte mai ușor?" încerci să folosești judecata pentru a ajunge la o concluzie. O întrebare mai bună ar fi „Pe care dintre acestea aș vrea cu adevărat să o aleg?"

Se petrec două lucruri atunci când pui această întrebare. Începi să ieși din *eu* și să treci în *noi* pentru că ce ți-ai dori cu adevărat să alegi este ceva care te expansionează pe tine și pe toată lumea din jurul tău. Tu nu știi cum să fii egoist chiar dacă ai fost acuzat de asta, chiar dacă ai încercat să fii egoist, chiar dacă ai încercat să te pui pe tine pe primul loc.

Atunci când ești un spațiu diferit, toate lucrurile pe care le faci și le-ai făcut întotdeauna, funcționează într-un mod diferit. Într-un fel e grozav. Tu beneficiezi, alți oameni beneficiază și întreaga lume beneficiază. Asta se numește câștig pe toate planurile.

Ce ai definit ca *non* judecată, *non* discriminare și *non* discernământ care, de fapt, *este*? Tot ce este acest lucru, de un dumnezeion de ori, vrei să distrugi și să decreezi, te rog? Right and wrong, good and bad, POD and POC, all 9, shorts, boys and beyonds.

Ce ai definit ca judecată, discriminare și discernământ care, de fapt,

149

nu este? Tot ce este acest lucru, de un dumnezelion de ori, vrei să distrugi și să decreezi, te rog? Right and wrong, good and bad, POD and POC, all 9, shorts, boys and beyonds.

Ce ai definit ca *non* judecată, *non* discriminare și *non* discernământ care, de fapt, *este?* Tot ce este acest lucru, de un dumnezelion de ori, vrei să distrugi și să decreezi, te rog? Right and wrong, good and bad, POD and POC, all 9, shorts, boys and beyonds.

Pe măsură ce am rulat aceste procese, a devenit din ce în ce mai apăsător.

Crede vreunul dintre voi că scopul vieții este să ai judecată, discriminare și discernământ pentru ca să faci ceea ce e corect? Tot ce este acest lucru de un dumnezelion de ori, vrei să distrugi și să decreezi, te rog? Right and wrong, good and bad, POD and POC, all 9, shorts, boys and beyonds.

Întrebare: Mi-am dat seama că fiecare identitate și non-identitate pe care le am se bazează pe un fel de judecată, discriminare sau discernământ. Asta am folosit pentru a avea o identitate.

Gary: Nu este, de fapt, identitatea ta, este individualizarea ta. Este modul în care te faci să fii un individ. *Identitatea* este a fi, *individualizarea* este modul în care te menții separat de ceilalți și de tine însuți, judecându-te pe tine.

Mulțumesc. E grozav.

Gary: Fiecare formă de individualizare necesită o judecată, poate acesta este motivul pentru care acest lucru a ieșit la suprafață.

Ce ai definit ca *non* judecată, *non* discriminare și *non* discernământ care, de fapt, *este?* Tot ce este acest lucru, de un dumnezelion de ori, vrei să distrugi și să decreezi, te rog? Right and wrong, good and bad, POD and POC, all 9, shorts, boys and beyonds.

Ce ai definit ca judecată, discriminare și discernământ care, de fapt, *nu este?* Tot ce este acest lucru de un dumnezelion de ori, vrei să distrugi și să decreezi, te rog? Right and wrong, good and bad, POD and POC, all 9, shorts, boys and beyonds.

Întrebare: Este individualizarea modul în care mă mențin separat de alții – judecându-mă pe mine și pe ei?

Gary: Da. Folosim judecata ca o modalitate de a ne separa de alții dar o facem și ca o modalitate de a ne separa pe noi înșine de potența și puterea infinită care suntem. Când, în cele din urmă, începi să îți dai seama: „Stai puțin! Am suficientă potență să înving un taur care aleargă cu viteză" atunci trebuie să te întrebi: „Cum naiba de sunt așa de patetic în restul vieții mele?"

Tu ai potența să aduci ploaia dar spui: „Nu pot face nimic. Sunt patetic." Nu, nu ești. Doar că nu folosești instrumentele și nu-ți folosești potența. Trebuie să ajungi într-un punct în care ești dispus să ai toate acestea. Cele zece chei sunt baza pentru tot ce îți va da libertatea aceea. Nu va fi instantaneu dar se va întâmpla. Îți va lua între șase luni și un an, timp în care le vei folosi permanent, și apoi, dintr-odată te vei afla într-un univers complet diferit în care tot ceea ce ceri se realizează. Dar trebuie să folosești instrumentele. Trebuie să le aplici. Doar citindu-le din manualul de Fundație sau de COP (Alegerea posibilităților) nu este echivalent cu a le aplica.

Întrebare: Tocmai am conștientizat ceva ce am fost învățat cu privire la a nu fi un ratat. Mi s-a spus întotdeauna să am o judecată sănătoasă.

Gary: Da, cu a nu fi un ratat treci în cea de a șaptea cheie despre non competiție. Concurența este întotdeauna despre cine câștigă și cine pierde. Te iei la întrecere cu alții ca să vezi care dintre voi este mai bun decât celălalt.

Emitem discriminare, discernământ sau judecată apoi trecem la concluzie cu privire la asta pentru ca să o considerăm corectă sau greșită. Trecem direct de la alegere la judecată, discernământ și discriminare și, de acolo, trecem automat în concurență. Concurența se va dovedi a fi un lucru mult mai amplu decât crezi că este.

Și toate acestea reprezintă o condiționare?

Gary: Da, așa am fost condiționați în această realitate. Mama mea obișnuia să spună: „Poți să alegi ori asta, ori cealaltă."

Eu o întrebam: „De ce nu le pot avea pe amândouă?"

Ea îmi răspundea: „Poți să ai una sau alta, nu le poți avea pe amândouă."

Iar eu spuneam: „Dar le vreau pe amândouă."

Ea zicea: „Ești un răsfățat. Acum încetează. Ai de ales între asta și asta – sau nu primești nimic."

Iar eu spuneam: „Bine, fie. O să o iau pe aceea." Dar, doar atunci când eram forțat în alegerea mea și forțat să emit o judecată cu privire la ce lucru voiam, încercam să aleg potrivit judecății pe care o avea mama mea. Punctul ei de vedere era: „Ești un răsfățat dacă încerci să alegi ceva în afara celor două opțiuni care ți-au fost date."

Asta este, mai mult sau mai puțin, ceea ce ni se oferă pe măsură ce creștem și apoi, desigur, primim testul cu alegeri multiple din partea vieții. Ți se dau patru lucruri dintre care să alegi în acest test cu alegeri multiple. Trebuie să discerni și să discriminezi care sunt cele două lucruri care sunt complet greșite pentru ca să ghicești care este cea corectă dintre celelalte două.

Și mai ai și limită de timp.

Gary: Da, ai și limită de timp așa că te grăbești să ajungi la o concluzie. Încerci să decizi și să stabilești care sunt cele mai proaste două răspunsuri pentru ca să poți alege dintre cele mai bune două răspunsuri. Așa suntem condiționați și învățați încă de când suntem mici.

Ai fost condiționat și învățat în acest fel? Tot ce ai fost învățat astfel care, în realitate nu a funcționat pentru tine, tot ce ai încercat să te faci să fii, să faci, să ai, să creezi și să generezi și oriunde te-ai îndoit, pliat, capsat, mutilat și te-ai înghesuit în acea cutie a realității altcuiva, vrei să distrugi și să decreezi în totalitate? Right and wrong, good and bad, POD and POC, all 9, shorts, boys and beyonds.

Întrebare: Mă întreb, cum funcționează acest lucru cu conștiința care include totul și nu judecă nimic, nici măcar judecata?

Gary: Trebuie să fii dispus să vezi când cineva emite judecată, altfel devii reflexia judecății lor.

Dacă-ți dai seama: „Ah, asta e o judecată" atunci nu există o judecată a judecății. Este doar o conștientizare a judecății. Poți alege orice dorești. Majoritatea oamenilor își folosesc judecățile ca să încerce să te convingă că ei au dreptate iar tu greșești.

Am întâlnit de curând un bărbat care îmi spunea că este foarte deschis la minte. Din punctul meu de vedere interesant, a fi cu el era ca și când eram împreună cu cineva într-o cutie foarte mică. Nu era deloc receptiv. Mi-am spus: „Ei bine, e ceva relativ. Punctul lui de vedere este că este deschis la minte dar din ce conștientizez eu pare a fi foarte limitat."

Tocmai mi-am dat seama că îl judecam. Mă întreb cum aş fi putut fi altfel faţă de el.

Gary: Asta nu este despre judecată; este despre a vedea ceea ce vezi. El a spus că este *deschis la minte*. Bun. Este asta adevărat? Este real? Sau este asta judecata lui despre cum ar trebui să fie?

Ultima variantă.

Gary: Da. Trebuie să pricepi că acesta este modul în care funcţionează oamenii. „Dacă vreau să impresionez această persoană atunci trebuie să par că sunt *deschis la minte*, aşa că îi voi spune că nu am prejudecăţi cu toate că sunt complet încuiat."

Corect.

Gary: Trebuie să te uiţi la ce este – şi modul în care ajungi acolo este prin a nu face discriminare, discernământ sau judecată. Ajungi acolo folosind conştientizarea. Când el a spus că este deschis la minte, nu ai avut o stare de uşurinţă, nu-i aşa?

Aşa e, a fost apăsător.

Gary: Deci, a fost o minciună. Trebuie să-ţi spui: „Nu-i adevărat." „Nu-i adevărat" nu este o judecată, este o conştientizare.

Aşadar, cum aş fi putut fi mai expansionată în această situaţie? Cum aş fi putut fi infinită ca să fi fost mai bucuroasă pentru mine, fie că aveam sau nu un impact asupra lui?

Gary: Trebuie să începi să te asculţi. Când ai început să-mi vorbeşti despre asta, ai spus: „El a făcut asta şi asta, iar eu am făcut asta, şi asta, şi asta." Te-ai încurcat în minte ca să încerci să înţelegi lucrurile. A înţelege este o altă formă de discriminare, discernământ şi judecată pe care ai învăţat-o.

Da. Asta este o introducere frumoasă pentru partea a doua a întrebării mele. Când ai vorbit despre a face lucrurile bine, energia care a ieşit la suprafaţă pentru mine a fost: „Asta-i foarte stresant. Ca şi cum aş trăi cu sabia lui Damocles deasupra capului pentru că dacă nu fac bine, sabia va cădea. Voi greşi şi apoi..."

Gary: Stai, stai, stai! Ai făcut-o din nou.

(Râsete) Cum cobor de pe banda asta rulantă?

Gary: Asta este problema, te afli pe o bandă rulantă. Este o bandă rulantă a încercării de a înțelege. Încerci să înțelegi de ce este și ce este și cum să ieși din situația asta pe baza a ceea ce este care nu este, care ai decis deja că trebuie să fie pentru că faci deja acest lucru.

Acesta este modul în care foarte mulți dintre noi ne-am dezvoltat „mințile". Încercăm să descifrăm „Ce naiba se presupune că ar trebui să aleg?" în loc să întrebăm „Ce mi-ar plăcea să aleg cu adevărat?" În loc să fii în întrebare, tu încerci să înțelegi.

Așadar, toate situațiile în care a înțelege este judecata, discriminarea și discernământul pe care încerci să le folosești ca să faci lucrurile bine, vrei să distrugi și să decreezi în totalitate? Right and wrong, good and bad, POD and POC, all 9, shorts, boys and beyonds.

Da.

Gary: Din fericire, tu ești singura care face asta.

(Râsete) Mulțumesc, acesta a fost un proces foarte vesel.

Întrebare: De o lună de zile, o colegă mă tot judecă. Simțeam lucrul acesta și nu am știut cum să reacționez. Am încercat s-o ignor dar s-a adunat atât de mult încât aproape că am fost concediată azi. Nu știu cum să fac față atunci când cineva mă judecă. Devin atât de sensibilă încât simt asta chiar și acum.

Gary: Bine, o faci și acum. O faci continuu în mintea ta, în încercarea de a descifra lucrurile. Ai pus întrebarea: „Este această persoană un ELF sau un șarpe cu clopoței?"

Dain: Aceștia sunt oameni care se bucură să inducă în viețile altora cât de multă nefericire posibil. Sunt niște șerpi cu clopoței. Termenul șarpe cu clopoței vorbește de la sine. Un șarpe cu clopoței este de fapt mândru de zăngănitul lui și de posibila lui ferocitate mortală. Nu e necesar să judeci un șarpe cu clopoței, dar vrei să-l identifici ca ceea ce este. Dacă vezi un șarpe cu clopoței pe drum, îi poți admira frumusețea? Da. L-ai lua de pe jos și l-ai duce la tine acasă? Poate că nu.

ELF este un acronim pentru *evil little f...* (un mic netrebnic afurisit). ELF-ii au aceeași intenție răutăcioasă ca și șerpii cu clopoței. Cu toate acestea, diferența între ei este că șerpii cu clopoței te mușcă doar dacă te apropii prea mult de ei, pe când ELF-ii sunt atât de dedicați intenției lor abjecte încât te vor căuta ca să vadă cum îți pot face rău în viață.

Ajung la un punct la care văd că ea este un ELF dar ce fac cu asta?

Gary: Stai, stai, stai, o faci din nou. Te întorci la poveste pentru a încerca să o faci să funcționeze pentru tine, pentru ca să poți să justifici ceva și să înțelegi ce să faci.

Nu. Trebuie să pui o întrebare: „Este această persoană un ELF sau un șarpe cu clopoței?" Ah, este un ELF. Așadar, când face ceva rău, te duci la ea și-i spui: „Ești așa un ELF" și pleci. Nu-i spune ce înseamnă – niciodată. Recunoști o persoană ca fiind un ELF...

Dar ce fac dacă...

Gary: Draga mea! Nu asculți! Iar vorbești din minte! Te-ai dus direct în minte ca să înțelegi, în loc să pui o întrebare.

Încerci să descifrezi lucrurile în mintea ta. Întrebi „Ce se va întâmpla dacă fac asta?" înainte ca acel lucru să se întâmple.

O întrebare mai bună ar fi: „Cum ar arăta acest lucru?" Modul în care va arăta este așa: tu vei spune: „Ești așa un ELF" iar ea va zice: „Mulțumesc". După care va spune: „Stai puțin! Ce-ai vrut să spui?" Dacă ești isteață, vei fi plecat de lângă ea până în momentul acela.

Atunci când recunoști că cineva este un ELF, ei încetează să mai fie un ELF. Dar când tu încerci să faci față stării de ELF, ei nu renunță niciodată la această stare.

Ok. Dar nu pot să refuz să am de-a face cu acești oameni. Nu este...

Gary: În realitate, nu poți refuza să ai de-a face cu nimeni dar poți să pleci de lângă ei. Nu poți cu adevărat să renunți dar poți controla o situație. Recunoașterea a ceea ce este, este modul în care controlezi ceva.

Ok.

Gary: Încearc-o. Dacă crezi că vorbesc tâmpenii, atunci trebuie să-mi dai un dolar când descoperi că nu e așa.

Bine.

Mai avem douăzeci și cinci de minute? M-am plictisit. Deja vreau să merg mai departe. Este asta o observație, o judecată, o discriminare sau un discernământ?

Este o conștientizare.

Gary: (În glumă) Ei bine, desigur, când e vorba despre mine este întotdeauna conștientizare. Nu, de fapt, este judecată, discernământ și discriminare.

Ce ai definit ca judecată, discriminare și discernământ care, de fapt, nu este? Tot ce este acest lucru, de un dumnezelion de ori, vrei să distrugi și să decreezi în totalitate? Right and wrong, good and bad, POD and POC, all 9, shorts, boys and beyonds.

Mai devreme am vorbit despre modul în care intri în punctul de vedere corect sau greșit, în punctul de vedere al câștigătorului sau al ratatului. Atunci când faci asta, treci de la judecată, discriminare și discernământ la concurență. Dacă nu recunoști la ce anume treci, vei continua să te joci la nesfârșit cu aceeași judecată ca și când vei obține un rezultat diferit.

Ce ai definit ca *non* judecată, *non* discriminare și *non* discernământ care, de fapt, *este*? Tot ce este acest lucru, de un dumnezelion de ori, vrei să distrugi și să decreezi, te rog? Right and wrong, good and bad, POD and POC, all 9, shorts, boys and beyonds.

Întrebare: În primul rând, mulțumesc pentru claritatea acestui call. A fost grozav. Aș vrea să întreb despre concurență. Poți să vorbești despre concurența cu noi înșine?

Gary: Atunci când încerci să faci ceva corect sau greșit în universul tău, încerci să descoperi dacă vei câștiga sau vei pierde. Ne luăm la întrecere cu noi înșine și ne judecăm pentru că încercăm să facem totul cum e bine ca să ieșim câștigători. Aceasta este concurența cu noi înșine. Și mai este concurența cu ceilalți.

Când recunoști că ai alegere totală și infinită, poți să pierzi efectiv? Sau poți doar să faci o alegere diferită dacă prima alegere pe care o faci nu funcționează?

A câștiga și a pierde sunt elementele care creează concurența. Despre asta este concurența. Sunt atât de multe feluri în care facem acest lucru. Vorbeam de curând cu cineva și i-am spus: „Trebuie să încetezi să te iei la întrecere."

Ea a răspuns: „Eu nu percep că mă iau la întrecere."

Am spus: „Aceasta este concurența, iubito, pentru că nu te poate combate nimeni când spui 'nu percep' ceea ce înseamnă că tu câștigi iar eu pierd în această discuție.

Este despre disponibilitatea de a recunoaște că universul este infinit.

Gary: Da. Şi despre faptul că nu există câştig sau pierdere. Există doar alegere. Discriminarea, judecata şi discernământul sunt predecesorii concurenţei. Merg mână-n mână.

Ce ai definit ca judecată, discriminare şi discernământ care, de fapt, *nu este?* Tot ce este acest lucru, de un dumnezelion de ori, vrei să distrugi şi să decreezi în totalitate? Right and wrong, good and bad, POD and POC, all 9, shorts, boys and beyonds.

Ce ai definit ca *non* judecată, *non* discriminare şi *non* discernământ care, de fapt, *este?* Tot ce este acest lucru, de un dumnezelion de ori, vrei să distrugi şi să decreezi, te rog? Right and wrong, good and bad, POD and POC, all 9, shorts, boys and beyonds.

Întrebare: Atunci când vorbeai despre dulciuri ai spus: „Alege ce-ţi place." Cum pot să identific – sau cum pot să conştientizez – ce mi-ar plăcea, fără discernământ, judecată şi concluzie? Sau fără să fiu ataşată de rezultate?

Gary: Te duci la magazinul de dulciuri şi întrebi: „Care dintre acestea ar fi ceva ce mi-ar plăcea?" Si apoi, le cumperi pe toate. Te duci acasă şi le pui pe masă şi apoi întrebi dulciurile când ar vrea să fie mâncate.

Mmm...

Gary: Dacă ai face asta cu iubiţii tăi, ai fi într-o formă mult mai bună.

(Râzând) Mi-ai citit gândurile. Deja fac asta, e grozav!

Întrebare: Este ceva ce încerc să înţeleg în legătură cu alegerea. Tu vorbeşti despre a cumpăra toate dulciurile şi de a le lăsa pe ele să-ţi spună când vor să fie mâncate. Nu-mi e clar cum e cu coordonarea în timp. Mă blochez în încercarea de a discrimina sau a discerne momentul care mi-ar permite alegerea.

Gary: Aşadar, este timpul real? Sau este o invenţie?

Este o invenţie.

Gary: Când mă duc la magazin şi cumpăr toate dulciurile, le pun în sertar. Uneori, nici măcar nu le mănânc.

Uneori nu le mănânci deloc?

Gary: De ce nu le mănânc? Odată ce am făcut alegerea, nu trebuie să le mănânc. Cei mai mulţi dintre noi suntem învăţaţi că, atunci când facem o alegere, trebuie să trăim cu acea alegere. Nu e adevărat! Nu trebuie!

Ne învață că atunci când facem o alegere, trebuie să continuăm să alegem lucrul acela. Nu. Este vorba despre: „Vreau să mănânc asta? Sau nu vreau să mănânc asta?" Trebuie să începi prin a recunoaște că ai alegere. Când eram însurat, aduceam acasă o cutie cu bomboane iar soția mea mânca până când se terminau toate.

Eu puteam să aduc o cutie cu bomboane, să mănânc o bomboană și să nu mai mănânc alta trei sau cinci zile. Apoi, mai mâncam una după care așteptam încă două sau trei zile. Nu trebuia să le mănânc pe toate deodată. Punctul de vedere al fostei mele soții era că trebuia să le mănânci pe toate imediat pentru că ai ales să le cumperi.

Așa suntem învățați să creăm relația: am ales să fiu cu persoana aceasta, drept urmare trebuie să o mănânc.

Rezonez cu ce spui dar nu știu cum să deblochez asta.

Gary: Deblochezi prin exercițiu. Acesta este motivul pentru care cumperi dulciuri și exersezi. Vine încetul cu încetul. Să încercăm încă un proces pentru voi aici:

Ce creare și generare a judecății, discriminării și discernământului ca necesitatea absolută pentru crearea vieții tale folosești ca să blochezi în existență HEPAD-urile poziționale pe care le institui ca sursa greșelii de sine, a corectitudinii punctului tău de vedere și a necesității de a nu pierde vreodată? Tot ce este acest lucru, de un dumnezelion de ori, vrei să distrugi și să decreezi în totalitate? Right and wrong, good and bad, POD and POC, all 9, shorts, boys and beyonds.

Bun procesul acesta.

Întrebare: Când eram mică, mama îmi spunea: „Hotărăște-te odată!" Era o finalitate în asta. E aproape ca și cum ar fi închis ființa mea sau creierul meu că atunci când alegeam ceva, acela era finalul. Nu mă puteam răzgândi vreodată. Era: „Hotărăște-te și nu schimba."

Gary: Da, asta este ce suntem învățați aici. Nu ți se spune că trebuie să fii capabil să te răzgândești la fiecare zece secunde altfel te vei îndrepta pe drumul greșit, spre dezastru.

În timpul evenimentului din septembrie 2011, unor oameni din turnuri li s-a spus să meargă la etajele superioare. Jumătate dintre ei au spus: „E stupid. Ar trebui să merg la etajele de jos" dar, pentru că li se vârâse în cap că trebuie să se hotărască și să-și mențină acea hotărâre, așa au făcut – și au murit.

Vrei să-ți menții punctul de vedere, care înseamnă moarte sigură? Tot ce este acest lucru, de un dumnezelion de ori, vrei să distrugi și să decreezi în totalitate? Right and wrong, good and bad, POD and POC, all 9, shorts, boys and beyonds.

Aș vrea să te fac să te răzgândești, bine? E în regulă dacă îți schimb eu punctul de vedere?

Da, te rog.

Gary: Bine, aș vrea să te uiți la un anumit aspect. A fost mama ta o tâmpită?

Da.

Gary: A fost mama ta mai puțin conștientă decât tine?

Da.

Gary: Pentru ce motiv ai asculta de un tâmpit care e mai puțin conștient decât tine? Pot să răspund eu la această întrebare pentru tine. Vrei să răspund eu în locul tău?

Da.

Gary: Ai ascultat-o pentru că o iubeai și ai crezut că dacă observi lucrurile de una singură atunci aia se numește judecată.

Corect.

Gary: Și, ca să o iubești, nu puteai să o judeci pentru că, în lumea ta, judecata și iubirea nu pot coexista.

Te-ai blocat singură, draga mea. Dă-i drumul și plângi pentru că sunt o mulțime de locuri în care te-ai blocat singură atunci când ai încercat să-ți faci conștientizarea mai puțin valoroasă decât judecata faptului că dacă iubești persoana respectivă nu ai putea avea acea conștientizare.

Îți mulțumesc pentru asta. Simt ca și când ființa mea este într-un spațiu diferit.

Gary: Ura! Asta este ceea ce urmărim.

Întrebare: Asta se potrivește perfect. Am o conștientizare, apoi o judec și apoi renunț. Este conștientizare, judecată și renunțare. Poți spune mai multe despre de ce renunțăm?

Gary: De fapt, încetezi să fii – nu dispari. Atunci când ai conștientizarea a ceva anume, treci în „Sunt critic" pentru că asta ți-a fost dat toată viața. Nu erai critic, erai de fapt conștient dar apoi te judeci și te simți ca și cum nu ai nicio alegere.

Este adevărat că nu ai alegere? Sau este că ai atât de multă conștientizare și că, recunoscând care sunt alegerile posibile trebuie să încerci să discriminezi și să discerni care este cea mai bună alegere, pentru ca să nu pierzi?

Da, asta este.

Gary: Ai renunța mai degrabă la a fi decât să pierzi?

Tot ce este acest lucru, de un dumnezelion de ori, vrei să distrugi și să decreezi în totalitate? Right and wrong, good and bad, POD and POC, all 9, shorts, boys and beyonds.

Întrebare: Vreau să întreb despre a șunta mintea și a veni din inimă. Asta este ce ne ajută aceste procese să facem – să venim din inimă sau din ceea ce suntem cu adevărat?

Gary: Dă-mi voie să te întreb ceva. Este inima o limitare?

Da, poate fi.

Gary: Așadar, nu vrei să vii din inimă. Vrei să vii din conștientizare totală și din a fi în totalitate.

Trebuie să ne fie totul clar cu privire la înțelesurile cuvintelor pe care le folosim.

Gary: Da. În legătură cu orice creezi formă, structură și semnificație, te definești și te limitezi pe tine cu sensul cuvintelor. Spui: „Trebuie să vină din inimă", apoi trebuie să definești inima pe baza punctului tău de vedere, pe baza punctelor de vedere ale altor oameni și a ceea ce ai fost învățat ca și punct de vedere sau ca și conștientizare a unei inimi infinite.

Mă refeream la conștientizarea ființei infinite care suntem, inima ei.

Gary: Dar asta este ființă infinită; nu e inimă.

Mulțumesc.

Gary: Oamenii folosesc inima ca să definească locul unde trebuie să simtă asta în corpul lor. Nu despre asta este vorba. Este vorba despre a avea conștientizare totală a ceva care-ți străbate tot corpul. Este o posibilitate mult mai mare.

Mult mai mare! Și cum rămâne cu șuntarea minții?

Gary: Mintea este o invenție creată pentru a defini limitările a ceea ce știi deja și pentru a te menține în legătură continuă cu limitările a ceea ce știi deja. Nu e vorba că ar trebui să șuntezi mintea. Pur și simplu îți dai seama că și mintea, la rândul ei, este o limitare.

Și, trebuie să alegem acea limitare sau putem avea ceva mai măreț?

Întotdeauna ceva mai măreț.

Gary: Vorbeam despre modul în care o mamă i-a spus fiicei sale să se hotărască odată și să-și mențină alegerea. Acela era punctul în care voia să o controleze în loc să îi permită să fie ființa infinită care este. Când oamenii fac asta, desconsideră ființa și o descurajează în a avea spațiul infinit al conștientizării totale, al percepției totale, al ființei totale și spațiul în care ea știe în totalitate, plus inima, sufletul și întregul care sunt ei.

Dacă nu mai are nimeni nicio întrebare, voi încheia aici pentru că nu mai pot face nimic cu voi acum, oameni buni. Mulțumesc tuturor. Vă rog să pricepeți asta: nu ați făcut niciodată discriminarea, judecata și discernământul pe care credeți voi că le-ați făcut.

Dacă pășiți în a percepe, a ști, a fi și a primi infinit, atunci judecata, discriminarea și discernământul vor dispărea precum dispar solzii de pe un pește care este eviscerat. Frumoasă imagine, nu?

Dain: Îți mulțumesc că ai preluat tu conversația în această seară, Gary. Scuze pentru vocea mea. Mulțumesc tuturor.

Gary: Te iubim oricum ar fi, Dr. Dain. Ești fabulos.

Bine, oameni buni. Sper că vă va ajuta în mod dinamic. Următoarea cheie este despre concurență. Aceasta este următoarea de care trebuie să ne ocupăm. Mulțumesc tuturor. Vă iubesc mult! Vă doresc o zi bună!

7

Fără concurență

Gary: Bună tuturor. În seara aceasta vom vorbi despre cea de a șaptea cheie: Fără concurență.

Elementele concurenței sunt *corect* și *greșit, a câștiga* și *a pierde*. Dacă spui: „Am nevoie să am dreptate" sau „Trebuie să nu greșesc", faci concurență.

Dain: De câte ori ai nevoie să ai dreptate sau trebuie să câștigi sau trebuie să nu pierzi, faci concurență. De câte ori vrei să ai dreptate sau încerci să ai dreptate, încerci să câștigi și să nu pierzi – iar aceasta este concurență.

Gary: Câteodată, pentru oameni, a nu pierde este mai important decât a câștiga. Ori de câte ori trebuie să consideri că ceva este greșit sau corect, faci concurență. Dacă spui: „Percep că rivalizează cu mine" înseamnă că *tu* faci concurență.

Fără concurență este complet diferit. Este a fi în întrebare. Este: „Ce se petrece aici? Cum gestionez acest lucru?"

Săptămâna trecută am primit un telefon de la o facilitatoare Access Consciousness care a cofacilitat o clasă cu o altă persoană. Această facilitatoare simțea că nu a fost suficient de implicată în cofacilitarea clasei așa că a considerat că ceva era greșit în legătură cu asta. S-a supărat cu privire la ce se petrecuse. Apoi a ieșit la prânz cu unul dintre participanții la clasă și i-a cerut să o faciliteze legat de supărarea ei. Supărarea este o formă de concurență. Ea încerca să îl facă pe celălalt facilitator să pară că greșise și încerca să pară că ea avea dreptate. Crezi că dacă te faci pe tine să pari că ai dreptate și pe celălalt să pară că greșește acesta este un mod de a nu pierde.

Dain: Acesta este un exemplu despre ce se petrece în viețile noastre, ale tuturor. Ori de câte ori încerci să faci pe cineva să-ți țină partea împotriva altcuiva cu care fie lucrezi, fie ai o relație, indiferent din ce motiv – atunci ești în concurență.

Te simți cu totul justificat în ceea ce faci. Pare a fi necesar sau potrivit. Dar, în realitate, când faci asta îți ucizi capacitatea creatoare. Ucizi ceea ce ai putea primi în lume și închei prin a crea o grămadă de rahaturi în propriul tău univers.

Gary: Și, în același timp, îți ucizi afacerea și viitorul. A face concurență este modul în care oamenii își omoară afacerile. Când ești în afaceri, trebuie să fii cea mai bună variantă a ta și să furnizezi tot ce poți mai bine, de fiecare dată. Dar nu vei furniza asta dacă trebuie să ai dreptate sau să nu greșești, sau dacă ai nevoie să câștigi sau să nu pierzi.

Dain: Trebuie să pricepi că punctul tău de vedere îți creează realitatea. Realitatea nu-ți creează punctul de vedere.

Când discreditezi pe altcineva sau când faci ca o altă persoană să se alinieze și să fie de acord cu tine despre faptul că altcineva greșește și că tu ai dreptate, care este punctul tău de vedere? Este punctul tău de vedere că ai valoare sau că nu ai valoare? Că ai o contribuție pe care o poți primi sau pe care nu o poți primi? Ai punctul de vedere că nu ai valoare. Îți ratezi viața pe baza acestui punct de vedere pentru că punctul tău de vedere îți creează realitatea.

Cum a spus Gary, antidotul concurenței este a pune o întrebare. De fiecare dată când tragi o concluzie, ești în concurență.

Gary: Dain, hai să vorbim puțin despre cum cofacilităm noi doi. La început, când am început să cofacilitez cu tine, aveam tendința să preiau controlul. Ce a creat acest lucru în universul tău?

Dain: Ei bine, a creat un loc în care simțeam că mă ofileam. Mă simțeam ca și când oamenii mă priveau și spuneau: „Ce face idiotul ăsta pe scenă cu Gary?"

Gary: Stai puțin. „Mă simt precum bla bla bla" este începutul concurenței. Treci în corect sau greșit sau încerci să nu pierzi.

Dain: E genial. Făcând alegerea să te duci în „Mă simt astfel" este începutul concurenței. Acesta este punctul în care poți să înăbuși concurența în fașă. Dacă mai faci încă un pas pe drumul acela, nu vei ajunge acolo unde îți dorești să fii pentru că tot ce poți vedea este concluzia la care ai ajuns deja: „Mă simt așa" și „Mă simt pe dincolo". Vei încerca să faci corect modul în care te simți.

Trebuie să te duci la momentul când ai spus prima dată „Mă simt ..." și să-ți dai seama că acela este locul în care te-ai închis într-un punct de vedere limitativ. Acela e locul în care ai început procesul concurenței.

Gary: Așadar, Dain, de câte ori „te simțeai" așa, apelai la altcineva sau veneai la mine?

Dain: Veneam la tine și-ți spuneam: „Iată ce iese la suprafață pentru mine." Știu că dacă ceva mă face să mă simt apăsat sau mai-puțin-decât, atunci este ceva ce poate fi deblocat cu instrumentele Access Consciousness. Punct. Știu că preiau punctul de vedere al altcuiva sau mă duc într-un spațiu vechi sau mă aflu în concurență sau ce-o fi.

Vin la tine și-ți spun: „Ok, iată ce se întâmplă cu mine. Ce putem face în legătură cu asta? Acest lucru nu mă face să mă simt ușor – iar ușurința este locul din care mi-ar plăcea să funcționez."

Gary: Apelai întotdeauna la mine pentru că noi cofacilitam. Nu te duceai la nimeni altcineva. Atunci când ești facilitator, sarcina ta este să fii prezent și să pui întrebări și nimic altceva. Când faci asta, poți gestiona orice.

Întrebare: Când devin conștient că cineva este în concurență cu mine, tind să mă minimizez astfel încât cealaltă persoană să nu simtă nevoia de a fi în competiție. În mod evident, asta nu funcționează. Ce pot face când cineva este în concurență cu mine? Este doar a avea conștientizarea acestui fapt și a spune „Interesant punct de vedere"?

Gary: Faptul că cineva este în concurență cu tine nu este o conștientizare. Este o judecată. Trebuie să te uiți la această situație și să întrebi: „Ce anume fac eu sau sunt eu care creează acest lucru? De ce anume sunt conștient, față de care nu vreau să am conștientizare totală?"

Ai putea folosi punct de vedere interesant dar trebuie să recunoști că cealaltă persoană simte nevoia de a avea dreptate sau de a nu greși, sau nevoia de a câștiga sau de a nu pierde. Trebuie să te uiți la acest lucru și să întrebi: „Ce creez sau generez care face ca ei să simtă acele stări?"

Asta aș face eu cu Dain. El spune „Mă simt bla bla bla" iar eu îl întreb: „Cum pot eu schimba asta? Ce anume fac, ce ar trebui să schimb?"

Întrebi:

- Cum pot schimba asta?
- De ce anume ai nevoie de la mine?

Descoperă de ce anume are nevoie cealaltă persoană de la tine. Dacă îți spune: „Am nevoie să vorbesc mai mult când cofacilităm" îi poți da cuvântul și-o poți lăsa să vorbească mai mult.

Dain: Când lucrul acesta apărea pentru mine și, în anii în care am cofacilitat, a apărut de multe ori în diverse feluri, sentimentul scădea în intensitate după ce vorbeam cu Gary – mai puțin atunci când nu aveam simțul valorii personale. Mă gândeam: „De ce sunt aici pe scenă alături de acest tip care are atât de multe lucruri geniale de spus?"

Și cu toate acestea, Gary spunea: „Omule, nu te-aș invita aici pe scenă dacă nu ai avea o contribuție." Pe măsură ce deveneam mai dispus să văd ce contribuție sunt prin a fi eu însumi – și nu încercând să am o variantă a unui punct de vedere pe care îl avea Gary – am început să recunosc că aș fi putut crea o contribuție mai mare. Acest lucru nu era posibil atunci când funcționam din concurența din care învățasem că trebuie să funcționez în această realitate.

Gary: Asta este realmente genial. Dacă intri în concurență, nu poți fi contribuția care ai putea fi. Când intri în concurență cu cineva trebuie să te ajustezi la universul acelei persoane, ca să nu-ți poți face apariția ca tine însuți. Trebuie să crezi realitatea altcuiva pentru ca să poți face concurență.

Dain: Treci în zona de concurență atunci când nu recunoști că ești o contribuție.

Gary: Și acolo creezi adevărata concurență cu tine însuți. Când te vezi ca mai-puțin-decât, creezi concurență cu tine însuți și cu ceilalți. Concurența este despre a nu vedea niciodată contribuția care ești.

Întrebare: Observ că de fiecare dată când am o conversație cu cineva în prezența fiicei mele, ea mă întrerupe și cere atenție. Este acesta un exemplu de concurență? Cum sugerezi că aș putea gestiona acest lucru? Fiica mea are patru ani.

Gary: Fiecare copil de patru ani din lumea asta dorește să fie inclus în conversație. Când excluzi copiii din conversație, simt că trebuie să se bage și ei ca musca-n lapte. De câte ori ai o conversație cu un adult, în loc să-ți ignori copilul, include-l ca parte din discuție. Copiii sunt conștienți și sunt prezenți, așa că de ce să nu-i incluzi? Ai putea întreba: „Ce părere ai despre asta?" După ce faci acest lucru de trei sau patru ori în orice conversație, se vor plictisi și vor pleca de acolo. Ei se plictisesc de conversația adulților aproape instantaneu.

Dain: Contribuția lor a fost recunoscută, au spus ce aveau de spus iar asta este ceea ce caută.

Mă întreb câți oameni sunt blocați într-o vârstă mai mică când toate lucrurile acestea despre concurență ies la suprafață. De exemplu, când încearcă să învețe lucruri pe care le fac alții și pe care ei nu le înțeleg. Se blochează acolo și încearcă să înțeleagă – și se pare că nu pot depăși momentul.

Gary: Una dintre dificultăți este că tu crezi că ești exclus. Asta este parte din: „Mă simt prost" sau „Mă simt pe dinafară". Este unul dintre declanșatoarele tuturor acestor chestii de concurență care au loc.

Concurența presupune că nimeni altcineva nu vede contribuția care ești, care este și motivul pentru care copiii mici vor să fie incluși în conversație. Nu contează dacă înțeleg sau nu despre ce se vorbește. Ei vor să contribuie.

Cum ar fi dacă pur și simplu i-ai întreba: „Ce ai putea adăuga acestei conversații care ar putea face lucrurile mai clare pentru oameni?" Nouăzeci la sută dintre oameni vor zice: „Bu-bu-bu... sunt drăgălaș." Bine. E în regulă, și a fi drăgălaș este o contribuție.

Dain: Aceasta a fost contribuția mea cea mai mare timp de ani de zile. Când crezi că nu ești o contribuție, o pasezi altcuiva. Spui: „Nu mă vezi ca o contribuție."

Dacă tu te vezi pe tine ca o contribuție, majoritatea oamenilor nu se pot abține și te vor vedea și ei ca o contribuție. Totuși, dacă ei nu se văd pe ei înșiși ca o contribuție, e posibil să te vadă ca și concurența.

Când ești într-o situație în care crezi că cineva nu vede contribuția care ești, este pentru că tu ai punctul acesta de vedere despre tine însuți. Dacă tu știi că ești o contribuție, alți oameni pot avea orice punct de vedere doresc și asta nu te afectează pe tine.

Gary: Exact!

Întrebare: Dacă vezi pe cineva care este o contribuție uriașă dar ei nu văd acest lucru, cum procedezi?

Gary: Ignori pentru că nu poți da ceva cuiva care nu este dispus să primească. Tot ce poți face este să spui: „Știi ceva? Ești o contribuție uluitoare în viața mea. Îți mulțumesc că exiști în viața mea." Tratează-i ca și când ai fi un bărbat care admiră o femeie. Spune: „Știindu-te aici face ca totul să fie mai bine."

Ar putea dăruirea și primirea să existe atunci când e la mijloc concurența?

Gary: Da, atunci când cineva e în concurență cu tine, darul este de a recunoaște sentimentul lor de a fi mai-puțin-decât iar a primi constă în recunoașterea faptului că nu trebuie să fie mai-puțin-decât. Este alegerea lor. Dacă asta vor, este alegerea lor.

Cu excepția naturii, unde mai există dăruirea și primirea?

Dain: La animale. La bebeluși. Ai fost vreodată cu un bebeluș - când îl atingi și îl recunoști ca ființă – iar el primește aceste lucruri de la tine? Pare că deschide atât lumea lor, cât și lumea ta. Acesta este un exemplu al dăruirii și primirii.

Era o doamnă la clasa Being You din Stockholm care născuse doar cu o lună în urmă. Bebelușul nu voia să doarmă singur. Ea trebuia să stea cu el tot timpul. L-am luat în brațe și i-am pus capul în palmele mele. Doar i-am spus bună și l-am recunoscut pentru tot ce am perceput în el ca ființă.

Ziua următoare, mama lui a venit la clasă și a spus: „Ieri noapte a fost prima noapte în care am putut să-l las singur și a fost în regulă."

Mi-am dat seama că a dărui şi a primi este o recunoaştere a fiinţei care este acolo. Acest lucru lipseşte în concurenţă.

Cu alte cuvinte, bebeluşii nu fac acel gen de concurenţă. Ei recunosc în mod firesc fiinţa din alţii iar noi trebuie să-i recunoaştem pe ei ca fiinţă – nu ca pe produsul valoros bazat pe ce fac, ce spun, ce gândesc, cât sunt de frumoşi sau orice altceva. Trebuie să-i recunoaştem pe ei înşişi doar pentru faptul că *sunt*. Absenţa acestei recunoaşteri este unul dintre lucrurile care ne conduc la concurenţă. Încercăm să dovedim că avem valoarea pe care, de fapt, nu credem că o avem. Nu suntem dispuşi să ne recunoaştem valoarea noastră ca fiinţă pentru că nu am fost niciodată recunoscuţi doar pentru că suntem.

Gary: Vrei să spui că dacă recunoşti oamenii cu adevărat ca persoanele uimitoare care sunt, acest lucru ar putea fi suficient pentru a-i opri să intre în concurenţă ca şi când ceva ar fi greşit sau nu ar fi în regulă sau ar trebui să câştige pentru că altfel ar pierde?

Dain: Da.

Gary: Acesta este un exemplu foarte interesant. Vă rog să recunoaşteţi că asta este tot ceea ce trebuie să faceţi şi cu oamenii mari, pentru că oamenilor mari le place să fie recunoscuţi în aceeaşi măsură ca şi celor mici.

Dain: Da.

Gary: Treaba este că e mai uşor să oferi recunoaştere unei persoane micuţe pentru că ea nu cere nimic de la tine. Tu crezi că dacă oferi recunoaştere oamenilor mari, ei vor cere ceva de la tine, ceea ce nu este neapărat adevărat.

Întrebare: Observ că recunoştinţa lipseşte cu desăvârşire atunci când intru în concurenţă. Am dreptate sau este altceva? Ai putea vorbi despre asta?

Gary: Da, e adevărat. Recunoştinţa nu poate exista în faţa concurenţei întrucât concurenţa este întotdeauna despre câştig, pierdere, corect sau greşit. Nu este niciodată despre aspectul pentru care îi eşti recunoscător celuilalt.

Când Dain şi cu mine întâmpinăm o dificultate legată de concurenţă, eu spun: „Uau, glumeşti. Tu simţi ca şi când eşti mai-puţin-decât? Sunt atât de recunoscător că ești cu mine pe scenă pentru că ai un mod strălucit de a privi lucrurile într-un fel ușor diferit de cum o fac eu și asta permite oamenilor să vadă lucruri pe care eu nu li le pot da."

Este minunat când ești capabil să ai recunoștință față de contribuția cuiva. Recurgeți la recunoștință și urmăriți cum concurența dispare.

Când ai recunoștință pentru cineva, spui: „Ești uluitor. Sunt atât de recunoscător că ești aici pentru că asta face ca viața să fie mai ușoară și mai bună."

Dain: Când faci acest lucru și ești această recunoștință, adesea se întâmplă ca nevoia oamenilor de a intra în competiție să dispară. Așa cum ai spus, concurența elimină recunoștința. Și, de multe ori, tu ești cel care se simte mai-puțin-decât într-un anume fel, pentru că dacă nu te-ai simți niciodată mai-puțin-decât, ai face vreodată concurență?

Când cineva are recunoștință pentru cine ești, cum ești și cum te prezinți, poți și tu să începi să ai recunoștință pentru tine. Adesea, acest lucru în sine va face concurența să se disipeze – pentru că atunci când intri în concurență, crezi minciuna cum că nu ai valoare.

Gary: Asta este exact ce ai făcut cu bebelușul, Dain.

Dain: Corect.

Întrebare: Există o anumită situație care nu-mi e clară. Mi-ar prinde bine o altă perspectivă. Sunt facilitator Access Consciousness și fac reclamă claselor mele pe website-ul Access Consciousness. Primesc un număr mare de apeluri de la oameni care îmi cer numărul de telefon al facilitatorilor care nu-și fac reclamă pe website. Pe de-o parte, e în regulă să-i direcționez către clasele altor facilitatori dar acest lucru s-a întâmplat de multe ori și ceva nu e în regulă cu a da afacerea altor facilitatori care nu-și fac reclamă. Energia se simte aiurea. Este asta concurență?

Gary: Întâi de toate, nu este reclamă atunci când trimiți informația în eter. Reclamă este atunci când ieși în public în lumea reală și te supui unei posibilități diferite. Când faci concurență, tu institui ceea ce s-a pregătit deja și te asiguri că nu se schimbă niciodată. Nu ieși în lume.

Trebuie să fii dispusă să intri în concurență în această realitate nebună ceea ce înseamnă că trebuie să fii dispusă să pierzi și să fii dispusă să câștigi. Trebuie să fii dispusă să greșești și trebuie să fii dispusă să nu ai dreptate dacă vrei cu adevărat să generezi și să creezi ceva.

Intri în concurență în scenariul pe care îl descrii pentru că tu crezi că pierzi. Crezi că dai ceva de pomană. Când dau ceva pe nimic, eu știu că am câștig pentru că nu trebuie să am de-a face cu idioții ăia. Altcineva se va ocupa de ei.

Dacă cineva îți cere informații despre altcineva, și nu văd valoarea din tine, chiar vrei să ai de-a face cu ei? Ei nu vor vedea niciodată valoarea care ești. Ceva în cealaltă persoană îi atrage.

La început, oamenii se duc de obicei la persoana care se aliniază la punctele lor de vedere. De fapt, este un dar atunci când se duc la altcineva pentru că, probabil, tu nu-i vrei. Când oamenii își doresc să meargă la altcineva, sunt mai mult decât fericit ca ei să facă acest lucru. De curând, au fost niște persoane care au venit la Dain. Nu au venit la mine și eu i-am zis: „Slavă Domnului că au venit la tine.”

Dain a zis: „Pot să-i trimit altcuiva?”

Am zis: „Da, vrei o recomandare?” I-am dat o recomandare și au plecat la altcineva. Au fost fericiți iar Dain a fost și mai fericit.

Întrebare: Fără concurență poate însemna multe lucruri. Am văzut multe persoane din Access Consciousness care nu participă la evenimentele altora ca să nu concureze cu ei. Am mai remarcat facilitatori dintr-o anumită zonă simțindu-se amenințați de alți facilitatori și intrând în conflict cu aceștia. Unii dintre ei se plasează pe poziția: „Acesta este teritoriul meu și ar trebui să coordonezi asta cu mine. Dacă mă aflu într-o zonă, nimeni nu ar trebui să concureze cu mine.”

Gary: Dacă vei face asta, trebuie să-ți dai pantalonii jos și să urinezi la fiecare colț pentru că acesta este singurul mod de a-ți marca teritoriul. Așa fac câinii. Dacă nu faci pipi la fiecare colț, nu intri în concurență – pentru că adevărata concurență constă în urme de pipi peste tot.

Dain: Pentru cei dintre voi care sunteți facilitatori și faceți această chestie numită concurență, cred că ar trebui să faceți pipi pe oamenii care vin la voi ca să vedeți ce efect are acest lucru. Vedeți dacă lor le place concurența pe care o practicați.

Vrei să spui că ar trebui să ajutăm pe oricine face concurență și să fim o contribuție pentru ei. Bine, dar unde sunt eu în această schemă? Cum îmi câștig traiul conform modului tău de gândire?

Gary: Ai putea să-i întrebi pe oameni: „Dacă te promovez, îmi dai un procent din oamenii pe care ți-i trimit?" Orice tâmpit știe că dacă cineva îți contribuie, ar trebui să-l plătești! Majoritatea dintre voi încercați să-i faceți pe ceilalți să muncească gratuit ca voi să puteți obține mai mulți bani, ceea ce este concurență! Atunci când faci lucruri pentru ca tu să faci mai mulți bani și altcineva să facă mai puțini, este vorba de concurență. Este ceva ce tu simți că-ți lipsește și singurul mod în care poți fi câștigător este să primești bani.

Întrebare: Mă întreb dacă această cheie ar trebui să sune așa: Cum ar fi dacă te-ai mobiliza și ai face ceva în loc să găsești scuze despre concurență, scuze care nu-ți permit să fii un creator extraordinar? Trebuie să întrebi: „Ce fel de contribuție pot fi eu pentru ca, prin intermediul activităților mele, să-i fac pe oameni să fie conștienți?"

Gary: Ei bine, acesta este un punct de vedere destul de bun. Personal, mie îmi place pentru că din spațiul acesta funcționez și eu.

Oriunde trec în lipsa de conștiință bazată pe frica de a pierde...

Gary: Nu este frică. Tu nu ai frică. Te iubesc dar dacă mai vorbești despre frica de a pierde încă o dată îți voi da un pumn în față, pentru că tu nu ai frică. Asta este o minciună. Treci peste asta.

Dain: Dacă faci acest lucru, cineva care practică concurența va urina pe tine. Continuă, Gary.

Ce mesaj trimit publicului larg dacă îmi retrag sprijinul pentru alți facilitatori sau dacă mă înfurii sau dacă devin prea exagerat sau răutăcios cu cineva care nu mă include?

Gary: Dacă ești facilitator Access Consciousness și faci așa, atunci tu spui că Access Consciousness este o minciună. Iar dacă tu crezi că Access Consciousness este o minciună atunci probabil că nu ar trebui să fii facilitator. Ar trebui să-ți găsești altceva de făcut ca să faci bani pentru că ai decis că Access Consciousness este sistemul tău de făcut bani. Este un sistem pe care îl vei folosi și-l vei abuza, nu este ceva căruia îi vei contribui pentru ca să creezi ceva mai măreț pentru toată lumea.

Dain: Genial.

Gary: Trebuie să ajungi în punctul în care nu este vorba despre concurență. Este despre modul în care noi, cu toții, contribuim conștiinței și apoi, conștiința ne poate contribui la rândul ei. Când intri în concurență, excluzi contribuția întregii structuri moleculare care Pământul dorește să fie pentru tine.

Eu nu intru în concurență, în schimb contribui multora dintre colegii mei spunând oamenilor despre clasele lor și ale mele, desigur. Oamenii pe care îi invit să participe la clasele mele aleg adesea să le facă cu alți facilitatori Access Consciousness. În ultimul timp am avut clase cu foarte puțini participanți sau nu am avut clase deloc. Lucrul acesta nu mai funcționează pentru mine. Ce aș putea face diferit?

Gary: Trebuie să pricepi că asta nu este despre concurență. Trebuie să pui întrebarea: „Care este energia generativă a concurenței pe care nu o folosesc?"

Iată un alt aspect al concurenței care este răspândit în lume și care se manifestă și în Access Consciousness. Uneori, e posibil să ai conștientizarea că cineva fie este în concurență, fie dezîmputernicește oamenii. Vei vedea cum oamenii se duc la acele persoane iar acest lucru va crea un loc în lumea ta care se simte precum concurența. Trebuie să-ți dai seama că oamenii au nevoie să facă exact ce au nevoie să facă. Sunt atrași de o persoană, fie că este un facilitator, un agent imobiliar sau un stomatolog, dintr-un anumit motiv. Există un motiv pentru care vor să meargă la persoanele acelea. Și vor primi exact acel lucru pe care îl au de primit din această experiență.

Dain: De curând, am fost la Angsbacka, un centru de conferințe din Suedia, unde am susținut clase Access Consciousness. Erau acolo tot felul de oameni care practicau toate tehnicile spirituale posibile și care se aflau într-o concurență acerbă cu mine și Access Consciousness. Punctul meu de vedere era: „Ce amuzant."

Gary: Ceea ce faci tu este cu totul diferit față de ce fac alți oameni. Dacă cineva este atras de tine și au nevoie de ceea ce oferi tu, atunci ar trebui să obțină acel lucru. De ce nu pot alege ce ofer eu, de ce nu pot alege ce oferi tu și de ce nu pot alege să facă unul, ambele sau niciunul din aceste lucruri așa după cum consideră ei? Dacă intri în concurență, tu practic spui că nu există conștiință. Oamenii știu ce le trebuie.

Uneori, oamenii știu cum să ajungă la destinație, iar destinația lor nu depinde de tine. Nu are nimic de-a face cu tine. Vor face alte lucruri cu alți oameni, după cum cred de cuviință, pentru că acele lucruri funcționează pentru ei. În loc să tragi concluzia că un alt facilitator este nepotrivit pentru ei, recunoaște faptul că dacă se află față-n față cu un alt facilitator atunci există un motiv pentru acest lucru. Sarcina ta nu este să salvezi lumea, sarcina ta este să împuternicești oamenii să aleagă în același fel în care te împuternicești pe tine să alegi. Și apoi întreabă: „Ce contribuție pot fi eu?"

Acum haideți să vorbim despre concurența generativă. A fost o doamnă care a venit la o clasă Access Consciousness pe care am făcut-o în Costa Rica. S-a înfuriat pe Dain pentru că el nu a vrut să facă ceva pentru ea, ceva ce ea credea că el ar trebui să facă, adică să renunțe la toate celelalte femei pentru ea.

Dain își propusese să meargă în Florida să susțină o clasă Access Consciousness. Această doamnă a găsit o facilitatoare care îl ura pe Dain și a făcut o înțelegere cu aceasta ca să vină în Florida să țină o clasă cu o săptămână înaintea clasei lui Dain.

Dain a spus: „Dacă această facilitatoare va susține o clasă cu o săptămână înaintea mea, nimeni nu va mai veni la clasa mea!"

I-am spus: „A simți că pierzi înseamnă a face concurență. Știi asta? Trebuie să fii dispus să o depășești în creație pe această facilitatoare."

Facilitatoarea mergea în Florida pentru că îl ura pe Dain. Nu mergea pentru Access Consciousness sau pentru a crea mai multă conștiință pentru oameni. Mergea pentru că voia să se „răzbune" pe Dain. Ce este chestia asta?

Și el m-a întrebat: „Cum o depășesc în creație pe această femeie?"

I-am răspuns: „A o depăși în creație pe ea înseamnă a crea o invitație mai mare către o posibilitate mai măreață. Ea e furioasă. Ea se duce acolo întrucât crede că poate să ia ceva de la tine. Oamenii vor simți această energie. Atunci când te iei la întrecere cu cineva, de obicei ajungi să-ți faci rău ție.

Fii o invitație mai mare decât este ea. Atunci când depășești în creație pe cineva, nu practici concurența. Nu te iei la întrecere cu acea persoană în mod direct. Întrebi: „Ce mă va face pe mine să ies în evidență? Ce mă va face pe mine, și ceea ce am eu de oferit, mai măreț?"

Atunci când funcționezi din starea de concurență, clasele tale încep să se diminueze iar atunci când încerci să funcționezi din non-concurență clasele scad în aceeași măsură pentru că tu ești în continuare blocat în concurență, doar că practici anti-concurența. Încerci să dovedești că ai mai multă dreptate decât cealaltă persoană pentru că nu practici concurența.

Așadar, Dain a depășit-o în creație pe acea facilitatoare. El a plecat în Florida și a avut un număr de cincisprezece sau douăzeci de participanți la clasă. Am aflat că respectiva facilitatoare a avut nouă participanți la clasa ei.

Dain: Trebuie să percepi starea de concurență și să faci ceea ce faci oricum. Cu alte cuvinte, percepe concurența pe care o aleg ceilalți și fii contribuția care ești. Și, indiferent de ce oferi oamenilor, atunci când faci acest lucru devii invitația pe care ei au căutat-o toată viața. Asta se întâmplă deoarece, indiferent de modul în care interacționezi cu ei, energia pe care tu o creezi le dă voie să știe că o posibilitate diferită este disponibilă în fiecare aspect al vieții lor. Atunci când ești asta, lucrurile se schimbă și pentru ei.

Gary: Când cineva intră în concurență, acționează împotriva ta. Când tu te angrenezi în concurență generativă, depășești în creație persoana respectivă. În loc să apelezi la furie, turbare, mânie și ură față de ei pentru că au ceva ce crezi că ție îți lipsește, privești concurența pe care o practică ei și întrebi: „cum pot folosi această situație ca o sursă de energie pentru ca să fiu o contribuție?"

Dain: Când eram la Angsbacka cu o echipă din Access Consciousness, am practicat folosirea instrumentelor. Erau multe alte grupuri în acel centru de conferințe și o uriașă cantitate de judecată îndreptată spre mine și spre Access Consciousness. La un moment dat, făceam o sesiune de degustare a Sintezei energetice a ființei iar unul dintre procesele pe care le-am făcut a provocat gălăgie.

Niște persoane care participau la alte cursuri au fost deranjate de faptul că noi eram atât de gălăgioși. În holul principal era un panou mare pe care se scriseseră toate cursurile care aveau loc în acel centru și cineva a dat jos semnul clasei mele pentru ca să nu mai afle nimeni că eu susțin acea clasă.

Oamenii au venit la mine și m-au întrebat: „Clasa ta a fost amânată?" Am zis: „Nu."

Ei au zis: „Ah, da? Bun, voi spune tuturor că are loc."

Așadar, clasa mea a fost plină. Și, a fost interesant că mai era un grup care făcea un zgomot incredibil. Erau cât se poate de zgomotoși. Le-am spus participanților la clasa mea: „S-ar putea să observați că sunteți distrași de acel zgomot. Nu-l lăsați să vă distragă. Doar permiteți acelei energii să contribuie corpurilor voastre. Ei fac tot felul de zgomote și au tot felul de energii în partea aceea. Super, e grozav. Dați voie acelui lucru să contribuie corpurilor voastre și intensificați-l și mai mult. Nu încercați să-l închideți în afară, nu încercați să intrați în concurență cu el, doar fiți acolo, dați-vă voie să fiți conștienți de el și primiți de la el. Dați-i voie să vă contribuie vouă și corpurilor voastre." Și oamenii așa au făcut și cu toții au devenit mai prezenți și mai treji. Și a pus punct separării pe care ceilalți oameni încercau să o creeze. Au eliminat-o cu totul.

Gary: Ceea ce tocmai ai descris tu sunt interconectările cuantice[*] ale întregii energii pe care ești dispus să o primești și modul în care aceasta îți contribuie. Ai descris asta atât de frumos.

Interconectările cuantice reprezintă, în esență, legătura ta cu elementele creative și generative ale universului. Interconectările cuantice sunt cele care îți permit să primești mesaje de la alte persoane. Dacă nu ai avea interconectări cuantice, nu ai avea conștientizarea paranormală, intuiția sau capacitatea de a auzi gândurile altcuiva.

Alaltăieri, eram la restaurant și mâncam pâté. Nu era ca atunci când mănânc pâté împreună cu Dain. Când mănânc pâté cu Dain, lui îi place atât de mult încât energia pe care el o primește din asta face ca pâté-ul să aibă un gust atât de bun încât aproape că ai orgasm.

Interconectările cuantice sunt cele care creează acest lucru. Am

---

[*] Vezi glosarul pentru definiție

observat că, atunci când ies la cină cu oameni care se bucură realmente de mâncare și care trăiesc toate senzațiile pe care mâncarea le oferă, bucuria lor este o contribuție la tot ce se petrece în încăperea aceea și pentru toți oamenii care mănâncă în locul acela. În acele momente, mâncarea este întotdeauna extraordinară – pentru toată lumea.

Pot să merg la același restaurant cu o altă persoană care nu are bucuria senzorială iar mâncarea lor nu e niciodată tocmai bună. Nimic nu este exact așa cum își doresc, nimic nu este pe cât de bun își doresc să fie și întotdeauna vorbesc despre cum alte restaurante sunt mai bune. În acele condiții, mâncarea nu are niciodată un gust grozav.

Dar, atunci când ies la cină cu cineva care are simțul nobleței mâncării și primește toate energiile legate de asta, este o contribuție pentru papilele mele gustative. Așa lucrează interconectările cuantice. Este vorba despre modul în care toate energiile sunt interconectate. Nu contează ce energie este. Dacă ai energia furiei sau a supărării, aceasta contribuie la mai multă furie și supărare în lume. Dacă ai energia bucuriei și a plăcerii, aceasta contribuie la și mai multă bucurie și plăcere în lume.

Ceea ce vrei este să folosești interconectările cuantice ca să contribuie la ceea ce creezi. Așadar, iată:

Ce capacitate generativă pentru solidificarea elementalilor* în realitate, la cererea interconectărilor cuantice, realizate întotdeauna ca depășirea în creație a concurenței, refuzi să creezi și să instui? Tot ce este acest lucru, de un dumnezelion de ori, vrei să distrugi și să decreezi în totalitate? Right and wrong, good and bad, POD and POC, all 9, shorts, boys and beyonds.

Sper că acest proces te va face să încetezi să mai intri în concurență cu tine însuți făcându-te mai-puțin-decât pentru ca să poți să intri în competiție cu alții, pentru că trebuie, literalmente, să alegi să te faci pe tine însuți mai-puțin-decât pentru ca să ai ceva pentru care să intri în concurență.

Întrebare: Vrei să spui că totul este precum mere și portocale și grepfrut

---
*

și pepene dar, pentru a intra în concurență, trebuie să vezi pe toată lumea ca fiind un măr?

Gary: Pentru a intra în concurență trebuie să nu vezi ce sunt oamenii și trebuie să nu vezi ce este posibil. Nu poți vedea ce este posibil și nu poți vedea ce este atât timp cât ai un cât de mic grăunte de concurență în universul tău. Treci în corectitudine sau greșeală sau câștig sau pierdere și în faptul că îți lipsește ceva care nu ți-ar lipsi dacă ai câștiga.

Am întrebat asta întrucât concurența este despre comparație și nu poți compara două lucruri cu totul diferite.

Gary: Exact, lucrurile diferite nu pot fi comparate. Este un australian precum un american? Nu. Este un italian ca oricine altcineva? Nu.

Întrebare: Nu mă pot gândi la nimic din această realitate care nu ne cere să intrăm în competiție.

Gary: Exact, totul din această realitate îți cere să intri în concurență. Dar, dacă ești dispus să depășești în creație această realitate, atunci această realitate nu poate să fie un loc din care îți lipsește ceva.

Este o stare de generare continuă.

Gary: Da. Și este o stare a posibilității în loc să fie o stare a lipsei permanente. Chiar acum, voi vă luați la întrecere pentru a fi la conducere în coloana care denotă lipsurile. Vă spuneți: „Sunt lider în coloana roșie a lipsei banilor. Sunt lider în coloana roșie a emoțiilor." Ceea ce trebuie să fii este cineva care depășește în creație pe toată lumea.

Nu poți compara mere cu portocale, asta e adevărat. Dar dacă ești un măr iar tu crezi că a fi o portocală e mai bine decât a fi un măr?

Gary: Dacă tu crezi că unul este mai bun decât celălalt, atunci te vezi pe tine într-un rol concurențial. În loc de asta, trebuie să fii precum personajul de desene animate Popeye și să spui: „Sunt ceea ce sunt și asta este tot ceea ce sunt."

Dain: Atunci când alegi împotriva ta, adică spui: „Sunt o portocală dar văd mărul ca pe ceva valoros", alegi împotriva ta. Este o formă de concurență. Pentru a intra în concurență, trebuie să alegi întotdeauna împotriva ta.

Gary: De fiecare dată când intri în concurență, alegi împotriva ta. Nu poți intra în concurență cu nimeni decât cu tine însuți. Iar concurența este întotdeauna împotriva ta și nu în favoarea ta.

Întrebare: Să spunem că nu este vorba despre nimeni altcineva într-o situație. Cauți să faci ceva cu tine însuți și te gândești că este corect sau greșit sau că vei câștiga sau că vei pierde. Este asta concurența cu sine?

Gary: Da, deși există o ușoară variație a conceptului de concurență cu sine. Tu ești, de fapt, singura persoană cu care poți intra în concurență. În fiecare dintre noi există o parte care vrea să fim mai buni decât am fost ieri. Asta nu este, de fapt, o manifestare a concurenței – dar, dacă te abuzezi, ea devine ceva asemănător concurenței. Când practici umilirea de sine, intri în concurență cu tine însuți în raport cu oameni care nici măcar nu sunt de față.

Dain: Tu ești singura persoană cu care poți, de fapt, să intri în concurență și singura persoană cu care te poți compara. A căuta să fii mai măreț azi decât ai fost ieri va crea o posibilitate generativă. Dar asta nu este concurență propriu-zisă, este conștientizare.

Gary: Ei bine, este concurență dar este concurență fără judecată sau concluzie. Există o energie generativă în ea. Este o concurență generativă și trebuie să vezi diferența dintre asta și atunci când faci ceva ca să demonstrezi că ai dreptate sau să demonstrezi că nu greșești sau ca să faci în așa fel încât să câștigi sau să nu pierzi. Acestea sunt elementele concurenței într-o formă negativă.

În această situație întrebi: „Cum pot folosi această nevoie de a fi o contribuție ca să profit de totul și să contribui la tot și să fac acest lucru să fie un avantaj pentru mine și toți ceilalți?" Este un punct de vedere ușor diferit.

Când fac sport, uneori las partea adversă să câștige ca să aibă o nouă posibilitate de a câștiga, având în vedere că, pentru mine, a câștiga și a pierde nu contează.

Gary: Dacă într-adevăr nu ești în concurență, pentru tine, a câștiga sau a pierde nu contează. Nu este despre a câștiga sau a pierde. Este despre ce contribuție poți fi, de aceea lași oamenii să câștige. Știi că asta este mai important pentru ei decât este pentru tine.

Când eram copil, ieșeam mereu pe locul doi la concursul de silabisire pentru că îl cunoșteam pe copilul care simțea că trebuie să câștige. Știam că l-ar devasta dacă nu câștigă. Pentru mine nu conta așa că ieșeam pe locul doi. Întotdeauna am ieșit al doilea, chiar dacă puteam să silabisesc toate cuvintele. Știam ce cuvinte nu cunoștea copilul celălalt și nu eram dispus să-l las să fie distrus de faptul că nu ar câștiga. Poți spune că eram puțin superior dar, la vârsta de nouă ani, e bine să ai puțină superioritate.

Când fac un sport sau orice care impune să existe cineva care câștigă și cineva care pierde, cum pot să aplic acest lucru? Toată lumea din această realitate intră în concurență. Cum participi la o competiție sportivă fără să intri în concurență?

Gary: Sportul este un joc. Nu este un mod de viață. Poți participa la orice sport ca să câștigi și să nu pierzi atât timp cât știi că este un joc. Problema este că tu îl faci parte din viață și din stilul de viață.

Dacă joci șah cu mine, eu câștig sau vei muri. Acestea sunt singurele două alegeri pe care le ai. Îmi place realmente să câștig. Și când joc bridge îmi place să câștig așa că voi face tot ce pot ca să mă asigur că voi câștiga. Sunt concurențial în aceste aspecte? Da. Dar știu că este un joc. Știu că nu este viața însăși.

Într-un joc, întotdeauna este generativ să te uiți la câștig și pierdere pentru că asta provoacă cealaltă persoană să fie mai măreață decât este deja. Nu e nimic greșit în a provoca pe cineva să fie mai măreț decât este deja. Problema apare când aplici concurența în viață și în stilul de viață. Acesta nu este locul unde să aplici concurența.

Este concurența un punct de vedere polarizat al acestei realități?

Gary: Da. Și acesta este motivul pentru care am spus că există un element generativ în ea. Există concurență generativă, și există concurență distructivă. Ori de câte ori cauți să câștigi, să nu pierzi, să ai dreptate și să nu greșești, cauți partea distructivă a concurenței pentru că persoana care trebuie să fie întotdeauna distrusă în acele situații ești tu.

Întrebare: Imaginează-ți doar cum ar arăta planeta dacă în toate școlile din lume s-ar vorbi despre aceste chei! Am câteva întrebări despre non-concurență. Mi se pare dificil să joc jocuri cu persoane care sunt mereu în competiție. Pentru mine, este doar un joc. Este pentru distracție. Atât timp cât ne amuzăm și ne bucurăm de joc, nu am niciun punct de vedere legat de a pierde.

Gary: A, nu, trebuie să joci de dragul de a câștiga! Asta nu este o problemă, bine? Glumesc când vorbesc despre chestia cu câștigatul dar încearc-o. Data viitoare s-ar putea să câștigi.

Când eram mai tânără, am făcut balet clasic timp de cincisprezece ani așa că știu cum arată concurența. Acum, în viața cotidiană, dacă apare concurența devine apăsător pentru mine. Adesea renunț pur și simplu și mă îndepărtez de orice este acel lucru. Mă întreb dacă am devenit preș de șters picioarele.

Gary: Da, ai devenit.

Adesea, când energia concurenței este îndreptată către mine, trec într-un mod de funcționare super drăguț față de persoana care face acest lucru, în speranța că dacă sunt prietenoasă energia concurenței se va disipa.

Gary: Nu funcționează niciodată!

Când se întâmplă acest lucru simt cum barierele mele se ridică iar energia devine ciudată. Câteodată se simte ca și când persoana ar vrea să mă omoare și viceversa. Ce altceva este posibil? Tu și cu Dain cum gestionați asta?

Gary: Ne ucidem unul pe altul!

Dain: Dă-mi voie să-ți dau un exemplu din clasa de la acest sfârșit de săptămână. În clasă a fost un tip care a ridicat mâna ca și când ar fi vrut să pună o întrebare. A spus: „Ne spuneți tot felul de lucruri pe care le știm deja. De ce ne aflăm aici?"

M-am gândit: „Serios? E interesant" pentru că spusesem o serie de lucruri pe care oamenii nu le știau.

I-am spus: „Desigur că știți deja totul dar ați auzit aceste lucruri puse în aceste cuvinte? Și cum arată viața ta? Ceea ce știi apare de fapt în viața ta? Sau apare altceva ca și când, de fapt, tu nu ai ști ceea ce știi deja?"

Iar el a zis: „Bine."

Mai târziu, i-am spus: „Tu vorbești despre a fi deschis dar tu ai stat aici în sală judecându-mă tot timpul. E în regulă. Nu am o judecată a acestui lucru pentru că deja am banii de la tine. Poți să mă judeci cât vrei și nu trebuie să te schimbi niciodată dacă nu vrei să o faci."

Am știut că încerca să aducă în discuție subiectul banilor. El era în concurență cu mine ca și când știa mai mult decât mine. Eram în regulă cu acest lucru. Atitudinea mea era: „Posibil să știi mai multe decât mine. Nu-mi pasă." Dar el se punea de-a curmezişul în calea altor oameni de a fi conştienţi de ce ar putea avea. Am recunoscut ceea ce făcea ca să se poată uita şi el la asta şi să aleagă fie să se ţină agăţat de acel lucru, fie să se schimbe şi să meargă mai departe. Făcând asta s-a creat o stare de libertate pentru toţi ceilalţi din clasă pentru că puteau percepe energia acestui lucru.

Aşadar, în loc să „cumpăr" concurenţa lui, în loc să mă împotrivesc şi să reacţionez şi să încerc să dovedesc că „Hei, eu sunt atât de cool. Toată lumea ar trebui să mă asculte" am zis: „Ştii ceva? Tu ştii o mulţime de lucruri. Şi cum funcţionează pentru tine ceea ce alegi? Eşti conştient că asta este ceea ce alegi tu?"

Poate că nu va pricepe asta niciodată dar toţi ceilalţi din clasă au priceput-o. Au văzut unde făcuseră şi ei acelaşi lucru şi au spus: „Uau, ştii ce? Nu vreau să te judec pe tine sau pe mine sau pe oricine altcineva. Hai să trecem mai departe." Şi chiar aşa s-a întâmplat.

Aşadar, a fi super drăguţ foarte des nu funcţionează în faţa concurenţei.

Gary: Nu funcţionează niciodată.

Dain: Dar, dacă a fi super drăguţ este singurul instrument care ţi-a fost dat vreodată, cum ştii dacă nu funcţionează? Chestia e că nimeni nu ne-a arătat vreodată un mod diferit de a fi, de aceea avem această conversaţie despre Cele zece chei. Când cineva intră în concurenţă cu tine, iar tu poţi fi prezent în totalitate, poţi să recunoşti ceea ce se petrece în universul tău.

Adesea, a vorbi despre asta cu cealaltă persoană nu funcţionează dar tu poţi recunoaşte în universul tău că există concurenţă. Poţi să spui: „Voi fi prezent aici cu situaţia aceasta şi voi vedea cum evoluează. Asta ar putea crea un rezultat diferit.

Întrebare: Sunt conştientă că există forme energetice ale concurenţei pe care oamenii poate nici nu le consideră a fi concurenţă. Nici eu nu pot spune ce sunt. Este doar o percepţie energetică cum că există moduri subtile în care apare concurenţa şi care nu ar fi identificate ca şi concurenţă în general.

Eu evit concurenţa. Am tendinţa de a mă da la o parte atunci când cred că aş pierde în faţa concurenţei.

Gary: Nu poți evita nimic. Trebuie să fii prezentă cu tot ceea ce apare. A te retrage este semn de concurență. A te gândi că ai pierde în fața concurenței înseamnă a fi în competiție. Situațiile în care nu vrei să pierzi reprezintă concurența. Scopul concurenței este de a determina pe cineva să se retragă pentru ca să piardă iar tu să poți să câștigi.

Întrebare: În general, eu nu mă consider a fi o persoană care intră în concurență dar am avut experiențe în care concurența a apărut pe neașteptate și, atunci când se întâmplă asta, încerc să ripostez. Desigur, împotrivirea și reacția fac concurența mai acerbă.

De asemenea, ce-ar fi necesar ca să am capacități și daruri de care oamenii să se simtă atrași?

Gary: Ai acele daruri dar nu le alegi pentru că încă te îngrijorezi neștiind dacă ai dreptate sau dacă greșești sau dacă ești în câștig sau în pierdere.

Este întotdeauna vorba despre concurență atunci când căutăm să câștigăm. Este, de asemenea, atunci când încerci să nu pierzi, când încerci să ai dreptate și atunci când încerci să nu greșești.

Întrebare: Gary, ai pomenit o conversație pe care ai avut-o cu o facilitatoare. Ai zis că i-ai spus că e competitivă. Iar ea a spus că nu este. Tu ai zis că acest răspuns în sine arată că e concurență. Este vorba despre concurență de fiecare dată când cineva trebuie să demonstreze că are dreptate? Este vorba despre concurență de fiecare dată când cineva trebuie să aibă ultimul cuvânt?

Gary: Da. Am sunat-o și i-am spus: „Trebuie să pui capăt afurisitei de concurență." Ea a răspuns: „Eu nu percep că sunt în concurență."

I-am răspuns: „Acest răspuns în sine este concurența. Tu te-ai asigurat că eu nu mai am nicio replică așa că asta te face câștigătoare." Iar asta este concurența. Ea trebuia să aibă ultimul cuvânt. Este despre a te asigura că tu ești câștigătorul întotdeauna, prin a nu oferi nimănui nicio întrebare de la care să pornească. Nicio întrebare echivalează cu concurența.

Întrebare: Mai devreme vorbeai despre „drăguț" ca singura opțiune pe care o aleg unii oameni atunci când simt concurența. Eu am tendința să fac opusul. Spun: „Nu vreau să am de-a face cu tine" și pur și simplu plec de-acolo. Știu, de asemenea, că lucrul acesta nu este generativ.

Gary: Da, tu încerci să faci „non-concurență" ca și când este mai-bine-decât concurența. Asta este a fi superior, care este judecată, care este separare, care nu este contributivă. Dacă vrei să prinzi pe cineva, în loc să-i spui „Du-te naibii, eu plec de aici" încearcă să întrebi: „Cum aș putea contribui clasei tale ca să ai mai mulți participanți?" sau „Cum aș putea contribui la ceea ce faci ca să primești mai mult?"

Dacă intră în concurență, oamenii cred că nu au suficient. Oamenii cred că nu au suficient din ceva anume din viața lor: nu au suficienți bani, nu au suficiente merite, nu au suficient din altă chestie. Intră în concurență pentru a obține mai mult din ce cred ei că le lipsește. A te oferi să le contribui în acea zonă unde ei resimt lipsa, va dezamorsa starea de concurență mai rapid decât orice altceva ai putea face.

Mulțumesc.

Dain: Genial.

Întrebare: Poți să mai spui asta o dată?

Gary: Spune-o tu, Dain.

Dain: Oamenii simt că trebuie să intre în concurență pentru ca să primească o contribuție sau pentru ca să obțină ceea ce vor. Când te oferi să contribui cuiva care este în starea de concurență, atunci toate circuitele lor se ard pe loc, toate paradigmele lor sunt făcute țăndări și toate acestea îi scot din starea de concurență.

Cu toate acestea, fii atent! Unii oameni intră în concurență pur și simplu pentru că intră în concurență. Dar chiar și în acest caz, atunci când te oferi să le contribui, li se ard toate circuitele și se elimină concurența pe care o fac față de tine. Nu o mai pot menține în loc. Pentru că tocmai ai intrat pe ușa lor din spate, ușă despre care nici măcar nu știau că este acolo.

Gary: Și, contribuindu-le lor, tu ai creat concurența generativă, ceea ce înseamnă că și ei trebuie să îți contribuie ție, după aceea. Ei trebuie să se oprească a mai fi atât de plini de nevoi pe cât se făceau că sunt, motiv pentru care practicau concurența de la bun început. Atunci când le contribui, este o invitație pentru ca ei să treacă din starea de concurență în cea de contribuție.

Dain: Genial. Asta este o întrebare extraordinară: Ce contribuție pot fi pentru ca să-i aduc pe ei în starea de contribuție sau pe mine în starea de contribuție în loc de starea de concurență? Tu practici fie contribuția, fie concurența. Este alegerea ta.

Întrebare: Am auzit că ai spus două lucruri. Unul a fost: „Ce anume fac eu care creează starea de concurență în cealaltă persoană?" Acesta ar putea fi un aspect. Un altul ar fi faptul că cealaltă persoană poate simți că are un anumit număr de nevoi sau s-ar putea simți mai-puțin-decât și atunci intră în concurență. Poate să meargă în ambele direcții? Se manifestă una din aceste două situații sau apar întotdeauna amândouă?

Gary: Noi încercăm să-ți oferim conștientizarea legată de ce este concurența cu adevărat. De asemenea, încercăm să-ți oferim conștientizarea modului în care o poți schimba – și să te facem să pui întrebări. Tot ce ai întrebat a fost o întrebare. Odată ce apelezi la întrebare, nu mai poți să practici concurența. Nu poți intra în concurență din întrebare. Concurența o poți face doar din concluzie și sentiment.

Așadar, ești prezent și recunoști faptul că există concurență. Vrei să știi dacă o creezi tu sau dacă în lumea lor există ceva care creează concurența iar tu te oferi să fii o contribuție care, în sine, este un distrugător al concurenței.

Gary: Da, întrebi: „Cum pot să contribui acestei situații?" Atunci când pui această întrebare, începi să schimbi energia.

Dain: Și dacă rămâi în întrebare, concurența nu va exista în lumea ta. Cu alte cuvinte, atât timp cât ești în întrebare, concurența nu va exista pentru tine.

Bine. Deci, dacă stau în întrebare, concurența nu poate exista în lumea mea chiar dacă altcineva o practică?

Gary: Corect. Poate exista doar dacă o alegi.

Aha... excelent.

Întrebare: Când vine vorba despre sex, aici funcționează concurența?

Gary: Absolut, pentru că oamenii cred că dacă câștigă o anumită persoană atunci nu mai sunt niște ratați. Viața amoroasă este un domeniu în care există concurență acerbă pentru că oamenii cred că le lipsește. Cred că trebuie să se ia la întrecere pentru poziția de câștigător sau învins. Vorbeam la un moment dat cu o prietenă care a spus: „Nu voi mai face sex niciodată!"

I-am spus: „Ei bine, există tipul acesta și acesta și acesta. Toți ar vrea să aibă o relație amoroasă cu tine."

La care ea a răspuns: „Sunt cu toții niște ratați."

Am zis: „Poftim?"

Ea a zis din nou: „Sunt niște ratați."

Dacă persoana este un câștigător iar tu ai relații sexuale cu el sau cu ea, atunci acest lucru te face și pe tine câștigător. Devii câștigător dacă un câștigător te alege pe tine. Intri în situații de concurență în ceea ce privește viața sexuală atunci când te uiți la cine este un câștigător, cine este un ratat și cine nu contează.

Creează asta ceva pentru tine cu adevărat sau este doar o justificare sau o reacție la ideea că e ceva în neregulă cu tine și căruia nu-i poți face față? Știi ceva? Asta la rândul ei este concurență.

Întrebare: Dependența este o încercare de a evita concurența?

Gary: Da.

Uau, mulțumesc.

Întrebare: Tocmai m-am întors de la filmul X-men. După primele patruzeci de minute atât de mult am vrut să plec din sală încât a trebuit să mă prind de scaun ca să stau în continuare. Mi-am dat seama că am încercat întotdeauna să urmez regulile și să fac lucrurile corect pentru ca să nu dau drumul la ceea ce eu consideram a fi lipsa mea de înfrânare și cruzimea. Din aceleași motive am stat departe de concurența evidentă. Odată ce am avut acea conștientizare, am cerut cu fermitate să revendic, să dețin și să-mi recunosc lipsa de înfrânare și cruzimea și să le am la îndemână ca să le aleg. În mod interesant, după ce am făcut acest lucru, am devenit conștient de o blândețe pe care nu o mai accesasem până atunci. Vrei, te rog, să vorbești despre asta?

Gary: Ți-ai însușit un punct de vedere despre cum tu nu ești nemilos și nestăpânit. Oameni buni, trebuie să pricepeți că sunteți nestăpâniți. Sunteți nestăpâniți pentru că nu sunteți dispuși să trăiți conform legilor acestei realități, fapt pentru care este atât de greu pentru voi să gestionați concurența. Acesta e motivul pentru care, atunci când intrați în concurență, trebuie să considerați că greșiți. Oricum ar fi, concurența nu are nimic de-a face cu alegerea, conștientizarea sau măreția.

Dain: Iar atunci când nu recunoașteți tot ceea ce sunteți, consolidați un punct de vedere cu privire la voi. Dacă nu puteți recunoaște o parte din voi, nu puteți să vă dețineți pe voi înșivă în întregime iar asta include blândețea care este, de fapt, reală și adevărată în cazul vostru. Ar trebui să puteți fi capabili să dețineți toate aspectele care sunt ale voastre și să le folosiți și să fiți orice este potrivit, la momentul potrivit.

Gary: Această blândețe este ceea ce ucide concurența în voi și în ceilalți.

Dain: Da.

Întrebare: Am avut deunăzi o experiență interesantă legată de permisivitate totală. Mergeam spre locul unde mă întâlneam cu grupul pe care îl coordonez. Mă luptam cu o sinuzită. Eram iritată și răutăcioasă și voiam să îi zdrobesc pe toți tâmpiții din trafic. La grupul meu a venit și o femeie căreia i-am rulat Bars în ultimele zece luni și care a trăit o schimbare foarte mare.

M-a întrebat cum sunt și i-am spus: „Bine și sunt puțin răutăcioasă.”

Mi-a zis: „Bravo ție! Continuă să fii cât vrei de răutăcioasă.” Dintr-odată, toată irascibilitatea și furia mea au dispărut. Cum devine mai bine decât atât?

Mi-au mai spus și alți oameni înainte de asta același lucru, dar energia cu care au făcut-o a fost de aliniere și acord. Compătimirea ne-a blocat și pe ei, și pe mine. De data aceasta a fost diferit. Ea nu s-a aliniat și nici nu a fost de acord, nu s-a împotrivit și nici nu a reacționat – a fost în permisivitate totală. Pur și simplu am simțit cum toată intensitatea și densitatea au dispărut.

Gary: Acesta este modul în care recunoașterea a ceea ce este schimbă situația în care ești blocat, oricare ar fi aceea, inclusiv concurența. Este vorba despre a recunoaște ceea ce este și nu a intra în concurență pentru a afla unde ai dreptate sau unde nu greșești sau unde câștigi sau unde nu pierzi.

Întrebare: Ascultând această conversație, mă simt din ce în ce mai apăsat. Este vorba oare despre o identificare și o aplicare greșită a concurenței ca fiind ceva care este necesar pentru a supraviețui?

Gary: Da. Supraviețuirea celui mai puternic este ideea că starea de concurență este singura modalitate prin care ceva își face apariția. În lumea animală, nu este supraviețuirea celui mai puternic ci este supraviețuirea bazată pe faptul că unele animale sunt în mod natural mai grozave decât altele. Cu ani în urmă, s-a efectuat un studiu pe lupi, studiu care a arătat că atunci când lupii vânează – iar asta este probabil valabil pentru toate speciile de animale de pradă – ei aleg specimenele bolnave din turmă pentru că acelea au o anumită aură.

Te-ai aflat vreodată în prezența cuiva pe care ai vrut să-l calci în picioare? Asta este pentru că persoana respectivă avea o anumită aură care indica faptul că nu era suficient de puternică pentru a fi un produs valoros în lumea asta. Atunci când practici concurența, te creezi pe tine ca și elementul bolnav, motiv pentru care oamenii încep să se îndepărteze de tine. Este motivul pentru care nu participă la clasele tale.

A încerca să nu intri în concurență nu este același lucru cu a contribui. A nu intra în concurență este a-nu-încerca-să-câștigi pentru ca să nu devii perdant.

Întrebare: Acum privesc oceanul. Este ca și cum oceanul ne cere să fim la fel de măreți ca și el. Este ca și cum ne-am cere asta unii altora, prin a nu face concurență.

Gary: Da, este a fi precum oceanul. Este despre a cere contribuție de la tot ce există și este despre a fi dispus să contribui la tot ce există ca să fii asta și să nu recurgi la concurență.

Dain: Aș vrea să mai spun ceva despre minciuna că starea de concurență este necesară pentru supraviețuire. În concurență, tot ce obții este supraviețuire – nu ajungi să înflorești. A înflori și a prospera nu reprezintă o posibilitate dacă te angrenezi în concurență pentru că excluzi în totalitate oceanul care te invită să fii pe cât de măreț ești. Îți spui: „Nu pot face parte din asta. Trebuie să fac acest lucru de unul singur." Te scoți pe tine în afara prosperității.

Ideea că starea de concurență este necesară pentru supraviețuire pare a fi ceva complet blocat pentru mine. Este ca și când fiecare parte a ființei mele a descifrat acest aspect. Pare blocat. Și e subtil.

Gary: Există vreo posibilitate ca acest blocaj să fie faptul că tu ai crezut minciuna conform căreia supraviețuirea este motivul pentru care ai venit aici?

Da. Supraviețuirea este ceea ce am încercat să fac pentru ca să fac față.

Gary: Dacă îți trăiești viața din „a face față" trebuie să creezi întotdeauna o dificultate pe care să o gestionezi pentru ca să faci față la ce se petrece.

Da, acum pricep tot ce spui! Înainte nu vedeam lucrurile așa. Nu am recunoscut asta până la conversația de acum. Dintr-odată văd totul din mai multe unghiuri. Este precum: „O, Dumnezeule, fac chestia asta în toate formele posibile!" Este genial. Mulțumesc.

Gary: Da, văd că acesta este locul unde te lansezi în concurență. Dacă crezi în supraviețuire, atunci recurgi la concurență ca să dovedești că poți supraviețui. Trebuie să faci asta cu fiecare persoană cu care vii în contact.

Ce capacitate generativă pentru solidificarea elementalilor în realitate, la cererea interconectărilor cuantice, realizate întotdeauna ca depășirea în creație a concurenței, refuzi să creezi și să institui? Tot ce este acest lucru, de un dumnezelion de ori, vrei să distrugi și să decreezi în totalitate? Right and wrong, good and bad, POD and POC, all 9, shorts, boys and beyonds.

Întrebare: Am putea vorbi puțin mai pe larg despre bani? Când ies la cină cu cineva sau când împart un taxi cu cineva sau fac ceva care implică bani, eu achit întotdeauna nota de plată. Percep sentimentele lor și adesea nu pricep care sunt ale mele și care sunt ale altora. Așa că atunci când ei au un disconfort legat de bani și aleg cele mai ieftine feluri de mâncare din meniu sau își numără banii pentru că nu-și permit o cină bună sau atunci când ei nu prea vor să plătească taxiul, plătesc eu.

Gary: Aici ai o alegere. Ce am făcut eu a fost să creez o regulă: dacă tu mă inviți pe mine, tu plătești. Dacă eu te invit pe tine, eu plătesc. Iar când oamenii sunt nesuferiți, plătesc eu pentru că asta îi scoate din minți. Dacă joacă rolul de inferiori, atunci mă fac superior și arogant pentru că în acest fel folosesc limitările lor de concurență ca un mod de a-mi exprima disprețul față de ei. Asta înseamnă să depășesc în creație realitatea lor limitată.

De multe ori aș vrea să plătesc oricum pentru că îmi place să plătesc iar apoi trec în chestia cu supraviețuirea. Dacă vreau să continui să plătesc și să fiu generoasă, banii mei se vor topi, deci ăsta este aspectul legat de supraviețuire, nu-i așa?

Gary: Da, asta este chestia legată de supraviețuire și anume ideea că ai putea vreodată să rămâi fără bani. Nu vei rămâne niciodată fără bani, asta nu este parte din realitatea ta, draga mea. Te iubesc, ești al naibii de drăguță dar a fi fără bani nu va fi o parte a realității tale. Asta este proiecția a ceea ce este direcționat spre tine tot timpul. Asta este o realitate viitoare proiectată, care nu poate să existe vreodată.

Cât de mulți oameni proiectează asupra ta faptul că ai putea rămâne fără bani, că ai putea să nu ai bani sau că nu vei avea bani dacă vei continua să cheltuiești așa cum faci acum? Asta este ceea ce s-a proiectat asupra ta pe când erai copil. Te-a împiedicat asta de la ceva? Nu. Tu nu ai fost dispusă să crezi rahatul acesta atunci și nu îl vei crede acum pentru că asta este concurența la care recurg oamenii pentru a demonstra că nu sunt niște ratați!

Tot ce este acest lucru, de un dumnezelion de ori, vrei să distrugi și să decreezi în totalitate? Right and wrong, good and bad, POD and POC, all 9, shorts, boys and beyonds.

Aș vrea să schimb asta și nu se schimbă. Ce trebuie să fac?

Gary: E o minciună faptul că ești neînsemnată. Tu vezi micimea altora și presupui că trebuie să ai și tu ceva similar pentru că percepi lucrul acesta.

Când oamenii au un disconfort legat de bani iar eu le dau bani, întotdeauna îi uimește și le schimbă paradigma.

Asta este. Nu mai pot continua în felul acesta, să plătesc pentru alți oameni.

Gary: Cine spune asta?

O, Gary!

Dain: Bine, fă următorul lucru. Uită-te la suma de bani pe care o ai acum în contul bancar și vezi pentru câte cine ai putea plăti înainte să rămâi fără bani.

(Râsete)

Dain: Câte sute de mii de cine, oricare ar fi numărul ăsta pentru tine, acum împarte-le la numărul de zile din an, câți ani de cine ai putea cumpăra înainte de a rămâne fără bani?

Gary: Aceia dintre voi care aveți ceva bani trebuie să vă uitați la acest aspect. Nu veți rămâne niciodată fără bani pentru că situația aceasta nu este alegerea voastră. Nu ați face-o.

Unul dintre cele mai mari daruri pe care l-am primit vreodată a fost să lucrez pentru United Way. Trebuia să merg să vorbesc cu toate organizațiile filantropice care donau mâncare și lucruri oamenilor. Apoi, trebuia să vorbesc cu oamenii care primeau acele lucruri.

Vorbind cu oamenii fără adăpost, am descoperit că ei erau de părere că eu sunt nebun pentru că am bani fiindcă asta însemna că trebuia să plătesc chirie și trebuia să muncesc!

M-am uitat la acest aspect și mi-am spus: „Eu nu vreau să trăiesc pe străzi." Singura diferență între tine și cineva care nu are niciun ban este că tu nu-ți vei da niciodată voie să nu ai niciun ban, pentru că nu asta este realitatea ta. „S-ar putea să rămân fără bani." Nu, nu vei rămâne!

Pentru mine, disconfortul unor oameni de a-și plăti facturile este aproape de nesuportat. Este vorba doar de a sta în prezența acestui disconfort?

Gary: Da, este despre a sta cu acest disconfort și apoi de a-i face să aibă și mai mult disconfort. Atunci când oamenii mă invită undeva și presupun că voi plăti, eu stau acolo și nu fac nimic. Stau și stau și îi las pe ei să găsească o soluție. Ei zic: „O, Doamne, o, Doamne, el nu va plăti, nu va plăti, nu va plăti". Iar în clipa în care ei întind mâna după nota de plată, le spun: „Plătesc eu." Trebuie să înveți să faci oamenii să sufere. Tu mai degrabă plătești nota decât să le permiți să aibă propriul lor disconfort. Mie îmi place să îi las să stea acolo în disconfortul lor.

Am cunoscut o doamnă care era obișnuită ca toată lumea să plătească pentru ea. Ea nu s-ar fi oferit niciodată să plătească pentru nimic. Eu o făceam să aștepte. Așteptam până când o vedeam că e stânjenită și începe să spună „Ă, ă, ă". Știa că trebuia să plece și știa că trebuie să o ducă cineva cu mașina într-un anumit loc și nu putea să se folosească de nimeni altcineva decât de mine. Eu stăteam acolo și mă uitam la ea zâmbind ca și când spuneam: „Ei bine, când ai de gând să contribui?"

Știam că nu avea de gând să facă asta dar m-am gândit că măcar aș putea-o tortura. Dacă ea urma să mă tortureze pe mine făcându-mă să plătesc, atunci o torturam și eu la rândul meu. Și nu este despre a fi chit, oameni buni. Este despre a recunoaște că singurul mod prin care cineva va deveni conștient de alegerile pe care le face este de a folosi ceea ce alege acea persoană ca un lucru cu care îi poți contribui, astfel încât să recunoască care este alegerea pe care o face.

Fă-i suficient de inconfortabili și este posibil ca ei să aleagă să înceteze să mai facă acel lucru. Sau poate că nu. Nu este vorba despre ce încerci să îi faci să facă. Este vorba despre faptul că trebuie să te bucure să îi faci să se simtă neconfortabil. Haideți să mai rulăm acest proces încă o dată:

Ce capacitate generativă pentru solidificarea elementalilor în realitate, la cererea interconectărilor cuantice, realizate întotdeauna ca depășirea în creație a concurenței, refuzi să creezi și să institui? Tot ce este acest lucru, de un dumnezelion de ori, vrei să distrugi și să decreezi în totalitate? Right and wrong, good and bad, POD and POC, all 9, shorts, boys and beyonds.

Întrebare: Gary, este acesta un exemplu despre ce vorbeam ieri și anume despre a anula cu bucurie limitările altor oameni?

Gary: Da, este anularea cu bucurie a limitărilor altor oameni. Stai cu cineva care își propune ca tu să achiți nota de plată iar tu le anulezi cu voioșie limitările. Punctul lor de vedere este că te pot face să plătești. Tu îi faci să se îndoiască de faptul că vei plăti. Când îndoiala lor a ajuns la cote care îi fac să devină isterici, plătești. Le anulezi limitările într-atât încât își spun: „Dumnezeule, e posibil să trebuiască să plătesc! Nu pot să mai fac asta!" Tot ce vreau este ca ei să înceteze să-mi facă asta, pentru că nu e frumos.

A face asta cu voioșie înseamnă a depăși în creație, nu-i așa?

Gary: Da.

Înțeleg. Aș cumpăra tot acest disconfort și l-aș întruchipa. Dar a face asta cu voioșie este a depăși în creație.

Gary: A fi voios este a le depăși în creație limitările și a le depăși în creație starea de concurență. Concurența pe care o fac ei în acele momente este: „Pot să mă iau la întrecere cu această persoană și să o fac atât de mult timp încât să o fac să plătească?" Așa câștigă ei iar tu pierzi. Asta încearcă ei să facă. Trebuie să-ți fie foarte clar cum funcționează toate acestea altfel ești la dispoziția oamenilor care sunt suficient de șmecheri ca să-ți folosească banii împotriva ta.

Dain: Ce capacitate generativă pentru solidificarea elementalilor în realitate, la cererea interconectărilor cuantice, realizate întotdeauna ca depășirea în creație a concurenței, refuzi să creezi și să institui? Tot ce este acest lucru, de un dumnezelion de ori, vrei să distrugi și să decreezi în totalitate? Right and wrong, good and bad, POD and POC, all 9, shorts, boys and beyonds.

Gary: Frumos! Această conversație îi face pe unii dintre voi inconfortabili ceea ce mă bucură. Vă depășesc în creație limitările.

Dain: Cu voioșie.

Ce capacitate generativă pentru solidificarea elementalilor în realitate, la cererea interconectărilor cuantice, realizate întotdeauna ca depășirea în creație a concurenței, refuzi să creezi și să institui? Tot ce este acest lucru, de un dumnezelion de ori, vrei să distrugi și să decreezi în totalitate? Right and wrong, good and bad, POD and POC, all 9, shorts, boys and beyonds.

Gary: Sper că ați primit câteva informații revelatoare despre acest subiect.

Call-ul acesta a fost fenomenal, dragilor, pur și simplu fenomenal. Foarte bun.

Gary: Pe curând, vă iubesc enorm!

Dain: Mulțumesc tuturor!

8

Fără niciun fel de droguri

Gary: Bună tuturor. În seara aceasta vom vorbi despre cea de a opta cheie: Fără niciun fel de droguri. Un drog este orice îţi întrerupe sau îţi diminuează conştientizarea sub orice formă. Orice te face să fii mai puţin conştient este un drog.

Oamenii îmi spun: „Ţie nu-ţi plac drogurile."

Eu zic: „Nu-mi pasă dacă foloseşti droguri. Este viaţa ta. Fă ce vrei."

Dificultatea cu a folosi droguri este că, atunci când o faci, deschizi uşa pentru alte entităţi care să-ţi preia corpul şi să se folosească de el. Orice loc în care pierzi controlul asupra corpului tău devine un loc în care o altă entitate poate intra în corpul tău sau poate să-l folosească. Acesta este principalul motiv pentru care să nu foloseşti droguri.

Întrebare: Este iubirea un drog?

Gary: Păi, iubirea elimină conştiinţa? Sau, pentru a avea iubire tu trebuie să creezi o fantezie care elimină conştiinţa? În cazul acesta, iubirea este un drog.

Dain: În această realitate, iubirea funcţionează ca şi când ar fi un drog pentru că iubirea nu este despre a crea mai multă conştiinţă. Ea se bazează de obicei pe o fantezie care conduce la şi mai multă fantezie, cu ideea că va duce în final la perfecţiunea fanteziei dar asta nu creează o conştientizare a ce este cu adevărat posibil.

Gary: Exact.

Întrebare: Folosesc oamenii mâncarea, alcoolul, exercițiile fizice extreme sau sexul ca droguri? Își abuzează ei corpul și își omoară conștientizarea?

Gary: Orice îți anihilează conștientizarea este un drog. Trebuie să fii dispus să fii conștient de totul. Sunt o mulțime de oameni care nu mănâncă dintr-un spațiu de conștiință. Ei nu se uită la ce anume dorește corpul lor; ei fac doar ceea ce au decis ei să facă. Cel mai puternic drog de pe planetă este inconștiența.

Dar fumatul țigărilor? Sunt țigările un drog?

Gary: Ei bine, îți alterează ele starea de conștiință? Îți anihilează ele nivelul de conștientizare? Sau limitează tipul de conștientizare pe care ești dispus să-l ai? Depinde pentru ce le folosești. Dacă fumatul are un efect minor sau niciun efect asupra ta, atunci este irelevant.

Dain: Sunt oameni care fumează o țigară și se pare că asta nu are niciun efect asupra lor. Fumează rar și asta nu e mare lucru. Pe de altă parte, sunt oameni care sunt dependenți de țigări. De fiecare dată când sunt pe cale să devină conștienți, iau o țigară ca să oprească acea conștientizare.

Așadar, nu e că: „Am fumat o țigară deci am încălcat această cheie" sau „Am băut o bere deci am încălcat această cheie". Este despre conștientizarea pe care o anulezi, o eviți sau de care fugi.

Gary: Poți consuma alcool și poți fi în continuare conștient. Dar dacă îl folosești pentru a diminua lucrurile de care ești conștient, asta nu e bine. Când am pus bazele Access Consciousness aveam punctul de vedere că oamenii nu ar trebui să fumeze pentru că țigările nu sunt bune pentru sănătate. Ce întrebare este asta? Îmi pare rău dar unii oameni se simt bine fumând. Partea importantă aici este să pui întrebarea: „Pentru ce folosesc eu acest lucru?"

Întrebare: Trebuie să întreb: „Câte extraordinare opere de artă, literatură și muzică au fost create de artiști care se aflau sub influența unui drog?" Înțeleg că în anumite cazuri drogul i-a distrus dar, ar fi putut fi create acele opere fără drogul respectiv?

Gary: Aceasta nu este tocmai întrebarea corectă. O întrebare mai interesantă ar fi: Ar fi fost acele opere mai grozave dacă artiștii nu ar fi consumat droguri?

Dain: Tu priveşti asta din punctul de vedere: „Ar fi fost aceste lucruri create dacă artistul nu ar fi consumat droguri?" Cum ar fi dacă ai întreba: „Ar fi putut arta lor să fie mai grozavă dacă ei nu ar fi consumat droguri? Ne-ar fi invitat ei la o posibilitate cu mult mai măreaţă?" Frumuseţea artei constă în faptul că ne deschide către o posibilitate diferită. Ea creează o întrebare în universul nostru şi ne invită să trăim o energie diferită.

După ce am absolvit colegiul am avut un coleg de cameră care studia fotografia la Institutul Brooks. El îşi începea fiecare zi umplându-şi bongul (pipă cu sistem de apă) şi fumând un castron de marijuana. Şi putea face asta şi după-amiaza. După câte se pare, era un fotograf extraordinar dar am observat că atunci când era cuprins de intensitatea fumatului puteai să dai din mâini în faţa lui şi să-i spui: „Alo, eşti aici?" la care el zicea: „Omule, îmi compun următoarea fotografie."

Mă întreb dacă acest nivel de genialitate nu ar fi fost mai mare dacă el ar fi fost mai prezent.

Mi-a plăcut să fumez iarbă pentru că părea a fi singurul moment când mă simţeam realmente bine şi totuşi, după aceea, mă simţeam mai rău. O mare parte a acestei situaţii este că atunci când predai controlul corpului tău în favoarea drogurilor, deschizi uşa pentru ca entităţile să intre. Mi-a luat foarte mult timp ca să mă debarasez de lucrurile astea nenorocite.

De asemenea, am descoperit că simţul meu creativ a crescut în mod dinamic odată ce am trecut de droguri. Aşa că mă întreb ce alte posibilităţi ar fi putut crea aceşti artişti dacă ar fi ales să devină mai prezenţi. Ar fi interesant de văzut ce altceva ar fi fost posibil.

Întrebare: Săptămâna trecută vorbeam despre non-concurenţă şi cineva a întrebat dacă dependenţa era un mod de a evita concurenţa. Gary, ai spus că da, era un mod de a evita concurenţa. Poţi să vorbeşti despre asta în contextul subiectului de acum?

Gary: Drogurile sunt un fel de a evita concurenţa. Foloseşti droguri pentru a-ţi diminua conştientizarea aşa că, dacă cineva recurge intens la concurenţă şi-şi reduce starea de conştientizare, de ce anume devine conştient?

De obicei, oamenii consumă droguri și alcool pentru că nu pot face față tuturor conștientizărilor pe care le au. Acesta este motivul principal pentru băutură și consum de droguri de orice fel. Nu știi ce să faci cu toate conștientizările pe care le ai așa că ți le reduci și le anihilezi cu droguri.

Întrebare: Dacă artiștii consumă droguri, sunt ei cei care creează opera de artă sau este o altă entitate? Să-l luăm pe Van Gogh ca exemplu. Poate că nu el a realizat picturile. Poate că o entitate a preluat controlul?

Gary: Ar putea fi asta dar, mai mult decât orice, eu cred că artiștii consumă droguri pentru că viziunea lor este neclară întrucât ei recepționează gândurile, sentimentele și emoțiile altor oameni. Ei sunt parapsihici și percep aceste lucruri iar acest fapt le modifică percepția în moduri pe care nu le pot nici înțelege, și nici gestiona. Ei consumă droguri pentru a anula conștientizările pe care le au legat de gândurile, sentimentele și emoțiile altor oameni.

Dain: Ei nu pricep că ceea ce fac este să capteze gânduri, sentimente, emoții și puncte de vedere de la alți oameni și, în același timp, nu conștientizează propria potență. Pare că cei care consumă droguri și devin dependenți de ele încearcă să evite o conștientizare a energiei creative și generative care le-ar permite să creeze în viața lor orice ar vrea. Și pare că vor să evite o conștientizare a propriei potențe și puteri. Ei dau impresia că trebuie să o elimine cu orice preț.

Gary: Spunem „fără droguri" pentru că încercăm să te facem să treci la un nivel mai înalt de conștientizare și talent.

Dain: Drogurile te fac să fii tras înapoi spre un nivel de opacitate. Vibrația intensă a spațiului care poți fi este, de fapt, cu mult mai valoroasă decât opacitatea către care te îndrepți prin intermediul drogurilor.

Gary: Un alt aspect este că, deoarece cei mai mulți dintre voi credeți că a fi în concurență este greșit, încercați să evitați concurența și, în același timp, faceți voi concurență. Pentru ca să evitați concurența cu alte persoane, voi încercați să vă transformați în cel mai mic numitor comun. Cu alte cuvinte, încercați să vă faceți pe cât de lipsiți de conștiință și indisponibili pe cât sunt toți cei din jurul vostru.

Oamenii vin la mine și-mi spun: „Ei bine, cred că nu pot să fiu în Access Consciousness."

Eu îi întreb: „De ce?"

Iar ei spun: „Păi, știi ce fac eu ca să fac bani?"

„Nu."

Și ei îmi răspund: „Cultiv marijuana."

Le spun: „Crești marijuana. Și ce-i cu asta?"

Mă întreabă: „Ce vrei să spui cu 'Și ce-i cu asta'?"

Îi întreb: „O vinzi copiilor mici?"

„Nu."

„Atunci cui o vinzi? Celor care fac trafic cu droguri?"

„Păi, da."

„Dacă ai face alcool, nu aș avea o problemă cu asta. Dacă ai face scaune urâte, nu aș avea un punct de vedere despre asta. Este doar ceea ce faci tu."

Iar ei spun: „Dar, dar, dar nu înseamnă asta că mă dedic inconștienței?"

Le zic: „Nu, creezi bani prin intermediul inconștienței. Acolo se creează majoritatea banilor în această realitate – din inconștiență."

Întrebare: Karl Marx spunea că religia este drogul maselor pentru un motiv, pentru că îți schimbă starea de conștiință.

Gary: Nu îți schimbă starea de conștiință, ți-o elimină.

Da, ei bine, asta ar fi o schimbare.

Gary: Ar fi o schimbare dar nu în bine. Da.

Când pui o dependență în comparație cu o perspectivă religioasă care promovează abstinența, ele se află la polurile opuse ale spectrului.

Gary: Da. Menține masele în a face exact ceea ce fac pe banda rulantă a prostiei.

S-ar aplica același lucru și în politică?

Gary: Să nu o luăm în direcția asta. Acela este un drog în sine.

Doar întreb.

Gary: Sigur că se aplică. Cât de imbecili pot fi ca să devină politicieni? Și de câtă prostie dau dovadă ca să creadă că noi trebuie să gândim că îi vrem acolo?

Poți să vorbești despre asta legat de televiziune și de alte mijloace media?

Gary: Se poate vorbi despre asta în orice aspect legat de această realitate. Motivul pentru care spunem „fără droguri" este deoarece noi vrem ca tu să-ți găsești realitatea ta, nu să o crezi pe aceasta.

Întrebare: Sunt atât de recunoscătoare pentru un spațiu în care putem vorbi despre lucrurile acestea într-un mod total diferit. Mult timp am auzit aceleași concluzii și răspunsuri despre droguri în timp ce eu știu că există o posibilitate diferită. Întrebarea mea are legătură cu drogurile care sunt prescrise pentru a ne controla corpurile, de exemplu pilula de contracepție. Când am început să o iau prima dată, eram foarte furioasă pentru că trebuia să o folosesc ca să evit să rămân însărcinată. Trebuie că am fost conștientă de faptul că mai exista o posibilitate ca să am alegere cu corpul meu dar nu știam care ar putea fi aceea.

Gary: Întâi de toate, dacă te duci la doctor și el îți prescrie medicamente, tu vei crede punctul lui de vedere sau pe al tău? Poți să privești punctul lor de vedere, să spui: „Ei au răspunsul" și să le dai lor control asupra corpului tău. În direcția asta vrei să mergi? Vorbim despre control asupra corpurilor noastre.

Timp de mulți ani m-am bazat pe pilula contraceptivă și doar de curând am întrerupt-o întrucât eram conștientă că, după toate aceste chestii Access Consciousness, corpul meu se schimba. Nu mai răspundea la fel cum o făcuse anterior. Am creat o sarcină la scurt timp după asta. Am trecut printr-o întrerupere de sarcină și tot tacâmul, ceea ce nu a fost drama completă pe care am încercat eu să o creez. Din această experiență am primit o conștientizare despre cum am făcut semnificativ faptul de a fi femeie și a avea organe femeiești, în special pentru că simt că nu am control sau nimic de spus legat de cum și când funcționează corpul meu.

Gary: A fi bărbat sau a fi femeie poate fi un drog pentru că îți permite să-ți elimini conștientizarea cu privire la orice altceva. Atunci când funcționezi din ființă infinită, corp infinit, ai o alegere cu totul diferită despre cum funcționezi cu corpul tău.

Pricep că pentru mine, a lua pilula contraceptivă a fost un mod de a evita conștientizarea și alegerea pe care le-aș fi putut avea cu corpul meu. Acum întreb: „Ce altceva este posibil?" pentru că încă mă simt blocată în semnificația a ceea ce corpul și mintea mea creează când nu sunt droguri ca să-l controleze. Ce este realmente posibil cu corpurile noastre? Putem cu adevărat să alegem ceva complet diferit? Și cum ar arăta asta?

Gary: Poate ai vrea să începi să rulezi procesul:

Ce realități viitoare proiectate, care nu pot fi vreodată, folosesc ca să elimin conștientizarea corpului meu cu ușurință totală? Tot ce este acest lucru, vrei să distrugi și să decreezi de un dumnezelion de ori? Right and wrong, good and bad, POD and POC, all 9, shorts, boys and beyonds.

Întrebare: Gary și Dain, aceasta este o serie uimitoare. Sunt încântată și uluită. Am o întrebare despre fiica mea. Avem o relație interesantă, fantastică, intensă, frumoasă, sucită, bizară, nebunească. Sunt la mijloc și droguri iar sistemul legal este și el în peisaj. Acestea sunt metodele mele care funcționează atunci când nu le sar: permisivitate, fără semnificație, a rămâne în stare de prezență, conștientizare versus ce îmi doresc pentru ea și a nu fi atașată de rezultat. Săptămâna trecută am deschis manualul de Fundație și am mai găsit un instrument: fără împotrivire. Lumea mea încă se deschide în urma impactului acestor cuvinte: împotrivire față de droguri versus fără droguri, împotrivire față de închisoare, împotrivire față de orice.

Toate aceste lucruri funcționează și totuși mă simt precum un yo-yo sau o jucărie cu ață. Dau mereu de bucluc pentru că vreau ca ea să aleagă ceva diferit. Ce anume mă trage tot timpul înapoi?

Gary: Ce te trage mereu înapoi sunt realitățile viitoare pe care le proiectezi în legătură cu a fi mama care nu poate fi niciodată. Rulează procesele despre a fi mamă, despre a fi mamă pentru ea și despre a nu fi mamă și a nu fi mamă pentru ea.

De asemenea, rulează realitățile viitoare proiectate cum că ea va muri și realitățile viitoare proiectate cum că va merge la închisoare.

Întrebare: După câte se pare, sunt dependentă de inconștiență. Cum gestionăm partea cu dependența?

Gary: Ei bine, partea cu dependența este faptul că dependența este ceea ce folosești ca să încerci să te ascunzi de conștientizarea ta. Așa că ai putea întreba:

Cât de mult din conștientizarea mea încerc să elimin cu drogurile pe care le aleg? Tot ce este acest lucru, vrei să distrugi şi să decreezi de un dumnezelion de ori? Right and wrong, good and bad, POD and POC, all 9, shorts, boys and beyonds.

Dacă vorbeşti despre dependenţa altcuiva, să ştii că nu poţi rezolva dependenţa altcuiva. Nu o poţi decât încuraja. Ai putea spune acest lucru: „Pricep că tu mai degrabă mori decât să fii prezentă, aşa că, dacă e ceva cu care te pot ajuta, spune-mi." Acesta este un fitil.

Întrebare: Când eram mai tânăr beam zdravăn. În cele din urmă am decis să renunţ. Mi-am zis: „Super, voi fi conştient de-acum." Apoi, mergeam la o petrecere şi dacă cineva fuma marijuana, mă ameţeam şi eu, sau dacă cineva bea, mă îmbătam şi eu. Este asta o capacitate? Cum pot face asta diferit sau cum pot alege mai mult acest lucru?

Gary: Trebuie să recunoşti ce face corpul tău. Dacă eşti genul de persoană care scoate drogurile din corpurile altor persoane, atunci vei fi conştient de drogurile pe aceştia le consumă. Deoarece eşti conştient de asta, e posibil să faci acest lucru real sau să-l consideri ca fiind al tău.

Întreabă: „Persoana aceasta ia droguri? Persoana aceasta consumă droguri?"

Ai descris cum mergi la petreceri şi se întâmplă toate aceste lucruri. Eşti în concurenţă ca să fii ca alţii. Acesta e motivul pentru care oamenii încearcă să se adune în grupuri. Nu vor să fie niciodată complet singuri. *Gândirea de grup (Groupthink**) este concurenţă, pusă laolaltă ca efort de grup, pentru distrugerea speciei. Despre asta este vorba, în mare, şi în ce priveşte drogurile şi alcoolul.

În această realitate, oamenii transformă inconştienţa în sport de echipă. Toţi concurează ca să vadă cine e cel mai beţiv, cel mai stupid şi cel mai puţin conştient. Oamenii concurează să fie, să facă, să aibă, să creeze şi să genereze inconştienţă.

---

* *N.t. Groupthink* este un fenomen psihologic care apare într-un grup de oameni, în care dorinţa de armonie sau de conformitate în cadrul grupului are ca rezultat un rezultat decizional iraţional sau disfuncţional. Membrii grupului încearcă să minimalizeze conflictul şi să ajungă la o decizie de consens fără evaluarea critică a punctelor de vedere alternative, prin suprimarea activă a punctelor de vedere divergente şi prin izolarea de influenţele externe.

Am priceput. Expresia pe care o folosesc întotdeauna despre echipe este:
„Nu uitați: nu există 'eu' în echipă."

Gary: Exact. Asta se întâmplă atunci când devii parte dintr-o echipă.

Da, renunți la propria-ți individualitate.

Gary: Da, oamenii vor să fie parte dintr-o echipă. Din acest motiv
caută o comunitate și lucrurile care cred ei că le vor fi oferite de
comunitatea respectivă. Ei caută acele persoane alături de care le e
locul și tot felul de chestii similare, pentru că ei intră în concurență
pentru a face parte dintr-o echipă. Majoritatea oamenilor sunt dispuși
să intre în echipa inconștienței.

Întrebare: Am crescut împreună cu oameni care au punctul de vedere
că drogurile sunt conștiente și a consuma droguri este despre a avea mai
multă conștiință și a fi mai conștient. Este, de asemenea, și punctul de vedere
al amerindienilor: de exemplu, ceremonia tradițională în care se folosește
cactusul peyote era parte din religia lor și se referea la a fi conștient.

Gary: Stai puțin. Ideea a fost că tu ai consumat droguri și ți-ai
alterat nivelul de conștiință și apoi ai devenit conștient de alte realități.
Era despre conștientizarea altor realități, nu era despre conștiință.

Da, aceasta este exprimarea corectă, mulțumesc.

Gary: Consumul de droguri nu a fost niciodată despre conștiință,
nici măcar în anii 1960. A fost despre stări de conștiință modificată care
se presupunea că îți oferă conștientizarea altor realități. Eu am crescut
în anii 1960, am luat droguri, mă pricepeam la asta, am fost mai bun
la asta decât veți fi oricare dintre voi vreodată. Punctul de vedere era
că nu puteai ajunge acolo în niciun alt fel. Asta este minciuna.

Dain: Aceasta este cea mai mare minciună în toată chestia asta
și este una care te menține blocat: ideea că nu poți obține acest efect
(sau ceva mai grozav) dacă nu consumi droguri. Nu știu cum stă treaba
cu tine, dar eu am avut experiențe cu mult mai grozave cu Access
Consciousness decât am avut vreodată folosind droguri, chiar și din
acelea psihedelice.

De curând am susținut un *call* despre Sinteza Energetică a
Comuniunii (ESC) care a fost mai degrabă o călătorie psihedelică
a posibilităților decât orice altceva am trăit vreodată. Și singura

mahmureală pe care o capeți de la asta este o conștientizare mai măreață. Ideea că nu există un alt mod de a face față conștientizării sau de a deveni conștient de alte realități și alte posibilități decât cu droguri este o minciună uriașă la care au fost supuși oamenii.

Celălalt aspect atunci când consumi droguri este că se activează cortexul senzorial ceea ce intensifică talentele și abilitățile de care dispui. Tot ce percepi este intensificat și închis în cortexul tău cerebral. Așadar, fiecare limitare pe care crezi că o depășești atunci când folosești droguri doar o ascunzi într-un colț și mai adânc al minții tale pe care nu-l poți accesa decât dacă folosești drogul respectiv.

Gary: Nici măcar nu poți accesa acele lucruri atunci când folosești drogul. Ceea ce faci de fapt este să iei acele lucruri și să le depozitezi în cortexul senzorial. Apoi, ele se activează pe baza unui trigger asupra căruia nu ai niciun control.

Nu am auzit niciodată vorbindu-se despre asta în acești termeni dar în cele din urmă am priceput. Mulțumesc.

Gary: În prezent noi trăim într-o cultură a drogurilor. Întotdeauna există un drog care se presupune că te face să te simți mai bine, să arăți mai bine sau să faci sex cu mai multă ușurință. Dain și cu mine am lucrat cu o doamnă care participase la orgii pe când era tânără. A luat tot felul de droguri. Drogul pe care l-a consumat a fost cu totul blocat în corpul ei încât nici măcar nu-și simțea corpul. Am lucrat pe aspectul legat de cortexul senzorial din drogul respectiv și, mai târziu, când i-am atins brațul aproape că a sărit din mașină atât era de sensibilă. Corpul ei fusese desensibilizat prin intermediul drogurilor pe care le consumase.

Ai consumat droguri ca să-ți desensibilizezi corpul, ca să-ți desensibilizezi conștientizarea și ca să-ți desensibilizezi conștientizarea pe care o ai față de nebunia acestei realități? Tot ce este acest lucru, vrei să distrugi și să decreezi de un dumnezelion de ori? Right and wrong, good and bad, POD and POC, all 9, shorts, boys and beyonds.

Mulți dintre oamenii care consumă droguri o fac pentru că acest lucru îi face să se simtă ca niște proscriși întrucât asta este în afara legii. Iar ei, prin consumul de droguri, se opun sistemului. Dacă nu ar fi ilegal atunci nu ar simți nevoia să facă acest lucru. Consumul de droguri nu ar avea caracterul idilic, verva și vitalitatea statutului de proscris care riscă și trăiește periculos. Oamenii adoră să joace ruleta rusească cu viețile lor.

Cineva mi-a trimis o caricatură care spunea: „Modul nostru de viață este amenințat de forța întunericului. Trebuie să ne apărăm modul de viață." Care este această forță a întunericului care ne amenință modul de viață? Este însuși modul nostru de viață!

Modul de viață pe care îl alegem este cel care stabilește ce fel de conștientizare putem avea. Ce fel de conștientizare ți-ar plăcea să ai? Ce fel de conștientizare alegi ca să nu ai ceea ce ai putea avea?

Ai hotărât vreodată că erai cel mai rebel copil dintre toți prietenii tăi? Mulți oameni au făcut asta. Ai fost tu cel mai ciudat, cel mai rebel și cel mai nebun în timp ce concurai ca să fii normal? Nu funcționează pentru tine, și totuși, continui să crezi că va funcționa. Este drogul pe care îl alegem în această realitate: a încerca să fii normal în timp ce încerci să fii proscris, în timp ce încerci să nu fii normal, în timp ce nu ești normal. Este o bandă Möbius (*Möbius strip*) a nebuniei.

Întrebare: Vreau să întreb despre o altă situație legată de droguri. Am lucrat cu o mulțime de oameni care suferă de depresie și, odată ce am început să folosesc instrumentele Access Consciousness în sesiunile cu ei, mi-am dat seama că mare parte din depresia lor era legată de faptul că nu se integrau. Reduseseră atât de mult din cine erau ei înșiși încât nu mai puteau fi cine erau în realitate. Nu-și puteau accesa potența și apoi au început să ia antidepresive care i-au turtit și i-au transformat în zombi. Se presupune că asta înseamnă a fi „mai bine". E o nebunie ce facem. Din ce în ce mai des, ceea ce numim boală mintală este doar un semn că oamenii știu că e ceva în neregulă cu această realitate dar cu care nu știu ce să facă. Poți vorbi despre medicamentele antidepresive și cele anxiolitice?

Gary: Aceste medicamente sunt un fel de a gestiona faptul că nu poți face față lucrurilor de care ești conștient. Vă recomand să citiți *Brave New World (Minunata lume nouă)* de Aldous Huxley. Oamenii au folosit o substanță numită soma care era, de fapt, un antidepresiv. Îi făcea pe toți să fie fericiți cu modul în care stăteau lucrurile. Asta este la fel cu ce se realizează aici prin intermediul drogurilor, fie că sunt medicamente legale, droguri vândute la colț de stradă sau orice alt fel de droguri. Este vorba despre faptul că poți ajunge la punctul la care nu-ți pasă de ce se petrece în jurul tău. Și nu-ți pasă de ce se întâmplă cu tine. Acesta este scopul a 99% dintre droguri. Se spune că medicamentul este pentru tot felul de lucruri dar nu este adevărat. Este un mod de a te mulțumi în legătură cu nebunia care se petrece în jurul tău, ca și când acum te vei integra și nu vei mai avea o problemă cu ce se întâmplă.

Recent, am rulat procese avansate pentru corp și după ce am primit un proces anti-îmbătrânire am avut un sentiment de mulțumire care amintea de vremurile când consumam droguri pentru ca să-mi diminuez nivelul de conștientizare ca să am o stare de satisfacție. Cu ani în urmă, obișnuiam să fumez iarbă în fiecare dimineață ca să am un sentiment de mulțumire față de viața mea chiar dacă eu nu eram deloc mulțumit. După ce am primit acest proces, am avut satisfacția fără un drog. Pur și simplu eram mulțumit cu viața mea.

Dain: Am avut o experiență similară cu procesele pentru corp avansate. Este o satisfacție care trece dincolo de mine. Este ca și când satisfacția este în spațiul din jurul meu așa că, atunci când mă aflu în preajma oamenilor, ei se eliberează de durerea și suferința pe care cred că trebuie să le trăiască. Din ei emană un sentiment de pace.

Dain, a fost genial ce ai spus despre oamenii care nu au habar cum să-și exprime potența și capacitatea. Ei folosesc antidepresive și asta îi duce chiar mai departe de potența lor. Este ca și când nu au conștientizarea potenței lor sau capacitatea de a exprima diferența care sunt ei. Depresia este despre a nu fi capabil să fii și să faci asta. Vine împreună cu a nu fi capabil să exprimi acea capacitate și potență în viață și în stilul de viață. Înțeleg că acesta este un motiv important pentru care oamenii devin depresivi de la bun început. Rata de succes pe care o obțin folosind instrumentele Access Consciousness cu acești oameni este uluitoare.

Gary: Am un proces care te poate ajuta puțin, dacă-l vrei.

Ce generare și creare a agendelor secrete, a ființărilor, fanteziilor și realităților viitoare proiectate care nu pot fi niciodată ca și perfecțiunea corpului calos provocat de droguri al sistemelor de clasare ale cortexului senzorial foloseşti pentru a bloca în existenţă HEPAD*-urile poziţionale pe care le institui ca să alegi drogurile şi inconştienţa ca fiind de preferat conştientizării totale? Tot ce este acest lucru, de un dumnezelion de ori, vrei să distrugi şi să decreezi? Right and wrong, good and bad, POD and POC, all 9, shorts, boys and beyonds.

Întrebare: Ce este corpul calos?

Dain: Este acel lucru minunat care conectează cele două jumătăţi ale creierului tău.

Mulţumesc.

Dain: Ce generare şi creare a agendelor secrete, a fiinţărilor, fanteziilor şi realităţilor viitoare proiectate care nu pot fi niciodată ca şi perfecţiunea corpului calos provocat de droguri al sistemelor de clasare ale cortexului senzorial foloseşti pentru a bloca în existenţă HEPAD-urile poziţionale pe care le institui ca să alegi drogurile şi inconştienţa ca fiind de preferat conştientizării totale? Tot ce este acest lucru, de un dumnezelion de ori, vrei să distrugi şi să decreezi? Right and wrong, good and bad, POD and POC, all 9, shorts, boys and beyonds.

Întrebare: Se pare că oamenii consumă droguri pentru a-şi reduce sentimentele de vină sau ruşine sau responsabilitate.

Dain: În acest caz, lucrul interesant este că 98% din gândurile, sentimentele şi emoţiile lor nu le aparţin. Nouăzeci şi nouă la sută dintre oameni consumă 98% din drogurile pe care le iau pentru a se debarasa de 98.000% din sentimentele care, de fapt, nu sunt ale lor.

În Access Consciousness, le oferim oamenilor un mod de a fi conştienţi şi de a recunoaşte ce anume există cu adevărat, ceea ce îi face să se simtă mai uşuraţi. Adesea, asta este ceea ce ei credeau că vor obţine de la droguri. Însă, întotdeauna se simt mai apăsaţi în urma consumului de droguri. Noi le oferim o formă prin care conştientizarea şi capacităţile lor să continue să creeze uşurinţă, ceea ce cred că ei căutau de la început.

Da, asta este adevărat pentru orice dependenţă.

Gary: Dacă tot ce percepi atunci când consumi droguri şi alcool

---

* Vezi glosarul pentru definiţie

merge în cortexul senzorial nu ai acces la el cu ușurință. El poate fi stimulat doar de o sursă din exterior care a fost parte din condiționarea primară. Să spunem că ai folosit drogul în timp ce ascultai o piesă muzicală. De câte ori auzi acea piesă, se stimulează același răspuns pe care l-ai avut cu drogurile dar tu nu ai control asupra acestui lucru.

Dacă cineva cu care lucrez se simte vinovat, vorbesc despre vină ca și implant de distragere pe care societatea și cultura îl folosesc pentru a încerca să ne controleze. Mulți oameni cred că vina este reală. Ei cred că vina este a lor iar atunci când vorbim despre asta pare să creeze mai multă conștientizare în universul lor. Își dau seama că beau din cauza implanturilor de distragere iar noi folosim Access Consciousness pentru a distruge acele implanturi.

Gary: Acesta este motivul pentru care ei beau – vina și rușinea sunt create de faptul că ei știu că nu ar trebui să facă asta. Știu că vor să facă asta și știu că nu știu de ce o fac iar atunci când devin conștienți au o alegere. Este precum: „bine, pot să am conștientizare totală sau pot să-mi tai conștientizarea. Pe care dintre ele mi-o doresc aici?" Se deschid posibilități diferite. Haideți să mai rulăm procesul încă o dată.

Ce generare și creare a agendelor secrete, a ființărilor, fanteziilor și realităților viitoare proiectate care nu pot fi niciodată ca și perfecțiunea corpului calos provocat de droguri al sistemelor de clasare ale cortexului senzorial folosești pentru a bloca în existență HEPAD*-urile poziționale pe care le institui ca să alegi drogurile și inconștiența ca fiind de preferat conștientizării totale? Tot ce este acest lucru, de un dumnezeion de ori, vrei să distrugi și să decreezi? Right and wrong, good and bad, POD and POC, all 9, shorts, boys and beyonds.

Întrebare: Această curățare deblochează tot ce am blocat în cortexul senzorial?

Gary: Sper că da. Habar nu am. Pe măsură ce vorbeam, simțeam această energie – și am transformat-o într-un proces. Am speranța că va începe să deblocheze acele lucruri și că vă va oferi mai multă conștientizare și mai multă alegere.

Întrebare: În adolescență, am fost anorexică mulți ani. Știu că eram

---

* Vezi glosarul pentru definiție

conștientă de nebunia pe care părinții mei o perpetuau, mai ales între ei doi, și că mă simțeam incapabilă să fac ceva legat de situația aceasta. Nu aveam cum să contribui și știam că problema mea majoră era controlul.

Gary: Stai, stai, stai, iubito. Numărul unu – te rog ascultă. Când spui: „problema mea era" sau „problema mea este" tu solidifici o minciună.

Nu este problema ta. O problemă este ceva care ți se dă, așa că nu poate fi a ta. O problemă ți-a fost dată. Nu este ceva care este vreodată al tău. Întreaga idee legată de „problema mea" este un travesti pentru care comunitatea psihologică îi face pe oameni să tragă ponoasele. Este ideea că lucrul care ți-a fost dat ca și punct de vedere este al tău. Nu este al tău. Niciodată. Asta este foarte important, te rog să pricepi.

Da, pricep. Dacă îl fac al meu, nu mă pot elibera niciodată de el.

Gary: Exact, nu îl poți schimba niciodată și nu te poți lămuri niciodată – întrucât funcționezi dintr-o minciună.

Obișnuiam să-mi modific conștiința, sau lucrurile de care eram conștientă, prin înfometare, privare de somn și prin exerciții fizice exagerate. Asta mă scotea complet în afara stării de prezență față de ceea ce se petrecea.

Gary: Acelea erau lucruri pe care le blocai în corp cu pompa de adrenalină pe care o foloseai – și sunt mulți oameni care folosesc pompa de adrenalină precum un drog.

Procesul pe care l-ai rulat acum va atinge și acest subiect?

Gary: Cred că o va face. Dacă ai avut vreo problemă cu drogurile sau cu consumul lor sau dacă ai fost supusă la droguri și alcool în copilărie, poate că vrei să rulezi acest proces în buclă, nonstop până când descoperi dintr-odată o schimbare în lumea ta. Hai să-l rulăm încă o dată, Dr. Dain.

Dain: Ce generare și creare a agendelor secrete, a ființărilor, fanteziilor și realităților viitoare proiectate care nu pot fi niciodată ca și perfecțiunea corpului calos provocat de droguri al sistemelor de clasare ale cortexului senzorial folosești pentru a bloca în existență HEPAD*-urile poziționale pe care le institui ca să alegi drogurile și inconștiența ca fiind de preferat conștientizării totale? Tot ce este acest lucru, de un

---

* Vezi glosarul pentru definiție

dumnezelion de ori, vrei să distrugi și să decreezi? Right and wrong, good and bad, POD and POC, all 9, shorts, boys and beyonds.

Întrebare: Când fumam iarbă ocazional, era prea intens pentru mine așa că evitam să fac asta. Am același punct de vedere despre conștientizarea totală, că ar fi cu mult prea intensă.

Gary: Ei bine, starea de conștientizare totală va fi intensă dar va fi și extrem de vastă. Drogurile sunt despre intensitatea densității. Conștientizarea totală îți va oferi intensitatea spațiului. Intensitatea spațiului nu comprimă, nu constrânge și nu are impact major. Este expansivă. Este despre posibilitate și despre bucurie. Așa că, da, vei simți o intensitate a conștientizării.

Am identificat și am aplicat în mod eronat consumul de droguri cu ideea că deveneam mai conștienți. Am crezut că drogurile urmau să creeze conștientizarea sau conștiința. Asta este ideea care ni s-a vândut despre scopul drogurilor. Am presupus că starea de conștiință ar crea aceeași intensitate a stării modificate a conștiinței pe care o obțineam prin consumul de droguri și nu este așa. Hai să rulăm procesul din nou, Dain.

Dain: Ce generare și creare a agendelor secrete, a ființărilor, fanteziilor și realităților viitoare proiectate care nu pot fi niciodată ca și perfecțiunea corpului calos provocat de droguri al sistemelor de clasare ale cortexului senzorial folosești pentru a bloca în existență HEPAD*-urile poziționale pe care le institui ca să alegi drogurile și inconștiența ca fiind de preferat conștientizării totale? Tot ce este acest lucru, de un dumnezelion de ori, vrei să distrugi și să decreezi? Right and wrong, good and bad, POD and POC, all 9, shorts, boys and beyonds.

Întrebare: Ceea ce iese la suprafață pentru mine este faptul că alegerea drogurilor și a anticonștiinței este o alegere a unui sistem închis și a separării. Este o separare totală, pe când conștiința este mai mult precum Regatul lui Noi. Poți vorbi puțin despre asta?*

Gary: Cel mai important motiv pentru care spunem fără droguri este pentru că, dacă le consumi, motivul principal pentru care o faci este ca să te separi pe tine de tine însuți. Te separi pe tine de conștientizarea

---

* Vezi glosarul pentru definiție

ta și pe tine de toți ceilalți. În același timp, încerci să fii ca toți ceilalți. Asta creează Regatul lui Eu.

Cu mulți ani în urmă, pe vremea când consumam droguri, un prieten a lăsat niște bani la mine. Am decis că aveam nevoie de banii lui așa că i-am luat. M-am gândit că era în regulă să iau acești bani pentru că se aflau la mine în casă. Aveam nevoie de ei așadar erau ai mei. Nu aș fi făcut niciodată acest lucru în circumstanțe normale. Ar fi fost în afara realității mele despre ceea ce este posibil.

Apoi, a trebuit să mă duc și să-mi vând niște lucruri pentru ca să-i pot da tipului banii înapoi. Mi-a luat două săptămâni să adun banii, iar el avea nevoie să aibă acces la bani atunci când avea nevoie de ei, acesta fiind și motivul pentru care îmi dăduse banii inițial. Făcând acea alegere, am pierdut un prieten, i-am pierdut încrederea și mi-am pierdut și încrederea în mine. Când consumăm droguri facem astfel de lucruri.

Dain: Dacă am fi capabili să fim Regatul lui Noi, dacă am putea exista în această realitate cu conștientizarea pe care o avem cu privire la toate situațiile celorlalți și dacă am putea să nu simțim că ne pierdem pe noi înșine, atunci drogurile nu ar fi necesare sau relevante. Ele nu ar avea niciun fel de însemnătate în viețile noastre. În această realitate, nu ni se oferă instrumentele ca să creăm acest lucru așa că pare că trebuie să ne luptăm în orice fel putem. Dacă ni s-ar da instrumentele pentru ca să trăim și să fim ca un fel de stare de conexiune în loc de a fi înghițiți și inundați de nebunia care este această realitate, atunci am avea la dispoziție un set de alegeri complet diferite.

Gary: Da, din păcate cred că toți ne luăm la întrecere să vedem dacă putem fi la fel de tâmpiți cum sunt toți cei din jurul nostru.

Întrebare: Oare asta se întâmplă și pentru că refuzăm să fim sau să recunoaștem punctele în care avem conexiuni unii cu ceilalți și cu Pământul și cu energiile pe care le căutăm? Ce iese la suprafață pentru mine sunt situațiile în care m-am avut pe mine și în care am renunțat la mine pentru punctele de vedere ale altora sau pentru minciuna a ceea ce mi-ar putea oferi drogurile.

Gary: Da, renunți la tine în loc să ai conștientizarea a ceea ce este posibil. Renunți la tine în favoarea drogurilor. Acesta este motivul pentru care „fără droguri" este una dintre chei.

Nu vorbesc despre a refuza să iei medicamentele de care ai nevoie pentru că există un dezechilibru în corpul tău. Trebuie să-ți întrebi corpul: „Ai nevoie de asta?"

Am lucrat cu un tip care făcea tratament împotriva hipertensiunii, avea tensiunea prea mare. Doctorul lui îi tot spunea că trebuie să mărească dozele doar că acest lucru nu-l făcea niciodată să se simtă mai bine. Rezultatul era că tensiunea îi scădea puțin. În cele din urmă l-am întrebat: „Ce anume creezi care îți produce o tensiune ridicată?"

A ieșit la iveală că el crea o stare de supărare care îi ridica tensiunea și care îi permitea să ia tratament antihipertensiv, ceea ce îl împiedica să aibă erecție – pentru că soția lui nu voia să facă sex. Este bizar dar este modul în care noi creăm aceste situații.

Întrebare: Poți vorbi despre cum ne afectează anestezicele chirurgicale?

Gary: După operație rulează MTVSS˚ pe punctele sistemului imunitar. De asemenea, ar trebui să rulezi de-manifestarea moleculară și manifestarea de-moleculară asupra medicamentelor pe care le-ai luat. Întotdeauna suntem îndopați cu prea mult anestezic crezând că astfel, în mod sigur, nu suntem conștienți. Se crede că nu suntem conștienți atunci când luăm medicamente, ceea ce e nebunesc. În timpul operațiilor se petrec o mulțime de lucruri. Ar trebui să rulezi de asemenea suma zero a traumei˚ și alte procese pentru corp pentru a elimina efectele generate de ceea ce i s-a făcut corpului tău atunci când erai sub efectul anestezicelor.

O mare parte din ceea ce ni se face atunci când suntem sub efectul anestezicelor ne invalidează și ne distruge corpul. Funcționează asta pentru noi? Nu. Dacă facem acest lucru, corpul nostru va renunța în cele din urmă la legătura pe care o are cu noi.

Luăm decizii atunci când suntem sub anestezie, în stare de inconștiență? Și după aceea, nu avem acces la aceste decizii?

Gary: Da, de aceea rulăm acest proces. Când suntem sub anestezie, toată informația despre experiența noastră trece în cortexul senzorial. Am avut un prieten care a fost hipnotizat ca să descopere de ce avea un

---

˚ Vezi glosarul pentru definiție

punct de vedere atât de ciudat despre penisul său. A aflat că atunci când se aflase sub anestezie în timpul unei operații, cineva din sală a făcut mișto de penisul lui. Așa a căpătat un punct de vedere incorect despre ce a spus persoana respectivă și asta l-a afectat într-un mod negativ.

Să mai rulăm o dată procesul, Dain.

Dain: Ce generare și creare a agendelor secrete, a ființărilor, fanteziilor și realităților viitoare proiectate care nu pot fi niciodată ca și perfecțiunea corpului calos provocat de droguri al sistemelor de clasare ale cortexului senzorial folosești pentru a bloca în existență HEPAD-urile poziționale pe care le institui ca să alegi drogurile și inconștiența ca fiind de preferat conștientizării totale? Tot ce este acest lucru, de un dumnezelion de ori, vrei să distrugi și să decreezi? Right and wrong, good and bad, POD and POC, all 9, shorts, boys and beyonds.

Gary: Prietene de-ale mele care sunt asistente mi-au spus despre glumele care se fac pe seama pacienților când sunt în sala de operații.

Dacă cineva face mișto de corpul tău atunci când ești sub anestezie, aceste lucruri trec în cortexul senzorial și apoi tu reacționezi la ele fără ca măcar să-ți dai seama la ce anume reacționezi sau de unde vine un anumit punct de vedere. Asta este denaturarea care are loc atunci când se vorbește în timpul unei operații. Eu am insistat să nu se vorbească pe durata operației mele iar medicul meu a fost de acord. Am vrut ca un prieten de-al meu să fie prezent în sală ca să se asigure că nu se vorbea dar prietenul meu nu a acceptat să facă asta. La un moment dat în timpul operației am ieșit de sub anestezie și i-am auzit vorbind despre lucruri ciudate. Mai am încredere în vreun doctor după această experiență? Nici într-un milion de ani. De aceea este important ca după operație să rulezi această curățare și să faci procesele pentru corp pe care le-am menționat.

Întrebare: Anul trecut, tatăl meu a avut două operații, una de prostată și una la un genunchi. În ambele cazuri i s-a făcut anestezie. La prima operație era vorba să fie externat într-o zi dar când am ajuns la spital, delira. A trebuit să stau cu el peste noapte – și nu era tatăl meu în acel corp.

În seara următoare am putut să-l aduc acasă și și-a revenit. A doua oară a fost operat la genunchi. Nu i s-a mai putut face același fel de anestezie

generală din cauza reacției pe care a avut-o anterior așa că i-au făcut o
epidurală dar a reacționat la fel. Nu semăna nici pe departe cu tatăl meu.
A trebuit să stea șase zile în spital în timp ce inițial era vorba doar de trei.
Nu au vrut să-l externeze din cauza stării de spirit. Este ceva ce se poate
face pentru el acum?

Gary: Tatăl tău a ieșit din spital cu o altă ființă în corpul lui. Dar tatăl tău este încă acolo. Îndepărtează entitatea care s-a strecurat în corpul lui în timpul operației. Într-o astfel de situație, există 70% șanse să o poți face să plece.

Când cineva intră în operație și moare în timp ce este sub anestezie, acea persoană stă pe lângă sala de operație așteptând să apară corpul lor. De îndată ce simt un corp sub anestezie, vor intra în el pentru că acesta se simte așa cum se simțea corpul lor.

Fac doar curățarea de entități pe care o faci tu în general în Access Consciousness? Pot face asta la distanță? Este posibil? Eu sunt în SUA iar el este în Marea Britanie.

Gary: Sigur că poți.

Bine. Mulțumesc.

Gary: Hai să mai rulăm procesul pentru ultima oară, Dain.

Dain: Ce generare și creare a agendelor secrete, a ființărilor, fanteziilor și realităților viitoare proiectate care nu pot fi niciodată ca și perfecțiunea corpului calos provocat de droguri al sistemelor de clasare ale cortexului senzorial folosești pentru a bloca în existență HEPAD*-urile poziționale pe care le institui ca să alegi drogurile și inconștiența ca fiind de preferat conștientizării totale? Tot ce este acest lucru, de un dumnezelion de ori, vrei să distrugi și să decreezi? Right and wrong, good and bad, POD and POC, all 9, shorts, boys and beyonds.

Gary: Începeți să vedeți de ce drogurile nu sunt valoroase în viața voastră?

Întrebare: Mult timp am băut foarte mult. Când ai amnezie sau nu ești conștient, efectul este același cu cel pe care îl au medicamentele în chirurgie?

Gary: Da, orice experimentezi îți șuntează capacitatea cognitivă și trece direct în cortexul senzorial. Ieși din acea experiență într-o stare

---

* Vezi glosarul pentru definiție

de reacție. Reacționezi la mirosuri sau la muzică sau la sunete și trăiești emoții legate de evenimente care nu au nicio legătură cu vreo informație pe care o poți accesa. Nu te-ai gândit la aceste lucruri pentru că ai fost afectat de medicamente.

Cumpără „Materialele de referință" din Access Consciousness și caută informația despre cortexul senzorial. Parcurge-o și vezi unde se aplică în cazul tău și folosește acele procese.

Bine. Mulțumesc.

Gary: Cu plăcere.

Acesta a fost un call genial, dragilor. Mulțumesc. Da, mulțumesc Dain și Gary.

Dain: Mulțumim.

Gary: Mulțumesc tuturor pentru prezența la *call*. Sper că vă ajută să înțelegeți cheia „fără niciun fel de droguri". Nu vă cerem să eliminați medicamentele de care are nevoie corpul vostru. Vă cerem să eliminați orice care vă reduce starea de conștientizare.

Vrem să vă oferim o conștientizare cu privire la ce își dorește cu adevărat corpul vostru. Ne interesează ca voi să aveți disponibilitatea de a fi mai mult în comuniune cu corpul vostru, mai mult în comuniune cu Pământul, mai mult în comuniune cu voi înșivă și mai mult în comuniune cu Regatul lui Noi și cu posibilitățile pe care acesta le creează.

9

Nu asculta, nu spune și nu crede povestea

Gary: Bună tuturor. În seara aceasta vom vorbi despre cea de a noua cheie: Nu asculta, nu spune și nu crede povestea. Din păcate, Dain nu poate fi alături de noi în seara asta.

Așadar, ce este o poveste? Ce constituie o poveste? Care este scopul unei povești? Scopul unei povești este de a-ți valida punctul de vedere. Este un mod de a-ți explica și a-ți justifica alegerile și de a face real faptul că alegerea pe care ai făcut-o este corectă. Majoritatea oamenilor au punctul de vedere că dacă pot face ceva corect atunci totul în viața lor o să funcționeze. Dar, este asta corect? Este asta ceea ce va funcționa cu adevărat?

Întrebare: Cuvântul „poveste" implică întotdeauna trecutul sau viitorul și nu momentul prezent? Poate o poveste să existe din timpul „prezent"?

Gary: Nu chiar. Dacă ești prezent cu adevărat în viața ta, nu există o poveste. Unul din lucrurile pe care le facem cu procesările din Access Consciousness este ca, în loc să crezi și să asculți povestea, să întrebi: „Ok, ce se petrece aici cu adevărat? Ce este dedesubtul acestei chestii?"

Singurul motiv pentru care oamenii au o poveste este pentru a-și justifica alegerea. Au nevoie să justifice de ce aleg ceea ce aleg. Au nevoie să valideze faptul că au dreptate în a alege această supărare sau problemă, orice-ar fi ea. Au nevoie ca cineva să facă o evaluare și să vadă că ei au dreptate. Așadar, povestea lor este despre validarea, justificarea și corectitudinea punctului lor de vedere. Niciunul din aceste lucruri nu are nimic de-a face cu ce se petrece cu adevărat. De obicei, poveștile sunt create pe baza concluziilor care nu au nici în clin, nici în mânecă cu ce se întâmplă în realitate.

Întrebare: Cum o pot ajuta pe fiica mea de treizeci și cinci de ani care mai degrabă ar muri decât să continue să facă față emoțiilor intense și durerii psihologice? Ea crede și simte recunoștință pentru toate minciunile conținute de această realitate.

Gary: Ea nu crede minciunile având recunoștință, dar crede minciunile. Tot ce trebuie să faci este să o întrebi: „Ce ai vrea cu adevărat să creezi, draga mea? Dacă moartea este mai importantă pentru tine decât viața, înțeleg." Asta este tot ce poți spune cuiva.

Întrebare: Trebuie să eliminăm cuvântul „de ce" din vocabularul nostru pentru că singurul răspuns la întrebarea „de ce" este o poveste?

Gary: Nu e vorba numai despre asta. *De ce* este ca o bifurcație de drumuri. Dacă o iei mereu pe drumul din dreapta, mergi în cerc și în cele din urmă ajungi de unde ai plecat. Asta face ca povestea să se repete. În loc să obții o conștientizare cu privire la ce se petrece cu adevărat, te blochezi în poveste. Ai observat vreodată cum cineva care are o poveste o va spune la nesfârșit ca și când asta l-ar duce undeva? Doar că nu ajungi niciodată nicăieri cu o poveste.

Ai auzit vreodată pe cineva spunând: „Am făcut asta și asta din cauza asta?" Atunci când recurgi la „pentru că", treci în justificare.

Întrebare: Este povestea un răspuns?

Gary: Da. O poveste este răspunsul la corectitudinea punctului tău de vedere. Este răspunsul care validează fiecare alegere pe care ai făcut-o, este răspunsul la explicație, este răspunsul la relația pe care ți-ar plăcea să o ai cu cineva și este răspunsul la ceva care nu se întâmplă.

De ce trebuie să ne justificăm alegerile pe care le facem în loc să recunoaștem că, pur și simplu, alegem? Punctul meu de vedere este că atunci când alegi la fiecare zece secunde, poţi să elimini povestea, poţi să fii prezent în fiecare moment al fiecărei zile şi să faci orice vrei să faci.

Nouăzeci şi nouă la sută dintre oamenii care spun o poveste nu pot să vadă ce este ea cu adevărat. Aşadar, este relativ simplu: dacă vrei să ai claritate, nu asculta, nu spune şi nu crede povestea.

Întrebare: Un punct de vedere este o poveste? Vrei să spui că totul este doar o poveste?

Gary: Nu. Un punct de vedere este ceva ce foloseşti pentru ca să blochezi în existenţă ceva ce ai decis că este într-un anumit fel. Practic, punctele de vedere sunt concluzii blocate la care ajungi pentru ca să ai un sentiment că, oarecum, exişti. Majoritatea oamenilor cred că sunt suma totală a punctelor lor de vedere.

Scopul unei poveşti este să-ţi valideze punctul de vedere. Explică şi justifică alegerile tale şi arată că alegerea pe care ai făcut-o este corectă.

Gary: Oamenii cred că în spatele fiecărei poveşti şi al fiecărui punct de vedere se află „motivul şi justificarea" adevărate pentru care persoana respectivă a făcut ceva. Dar acel motiv şi acea justificare nu au nimic de-a face cu ceea ce a ales de fapt persoana respectivă. O poveste este justificarea alegerii tale, nu este realitatea a ceea ce ai ales sau a motivului pentru care ai ales acel lucru.

Întrebare: Care este diferenţa dintre o poveste şi un exemplu? Un exemplu devine o poveste atunci când adaugi cuvinte precum „pentru că", „dar" şi „sentimente"? Vrei să vorbeşti despre a crede povestea, te rog?

Gary: Un exemplu este ceea ce faci ca să arăţi ceva oamenilor sau ca să le dai o idee cu privire la cum se pune ceva în practică. O poveste este ceva care îţi confirmă punctul de vedere. Modul în care se pune ceva în practică este ceva diferit de poveste.

Cuvintele pe care le foloseşti nu sunt chiar atât de importante. Este mai important dacă intenţia ta este de a explica ceva sau de a-ţi justifica punctul de vedere.

Atunci când foloseşti povestea ca exemplu, nu este despre corectitudinea sau greşeala punctului tău de vedere. Este despre a arăta cuiva aplicabilitatea a ceva anume. Aceea este o poveste ca şi exemplu. Nu spune povestea decât dacă o foloseşti sub formă de exemplu. Nu crede povestea ascultând punctele de vedere ale altor oameni despre cum cred ei că ar trebui să stea lucrurile sau despre cum ar trebui să fii tu în raport cu acele lucruri.

A crede povestea este atunci când cineva îți spune în ce punct de vedere ar trebui să crezi iar tu faci acest lucru. Când oamenii îți spun ce ar trebui să trăiești, ce ai trăit, cum ar trebui să fie ceva sau ce ar trebui să faci – iar tu faci acest lucru – atunci tu crezi povestea.

Întrebare: Ce spui oamenilor care iubesc o poveste? Sunt oameni care își construiesc viețile pe povești: scriitori, adepți ai curentului New Age, povestitori, predicatori, profesori, istorici și practicieni Access Consciousness. Sunt oameni care susțin seminare spunându-și povestea.

Gary: Sunt o mulțime de oameni care își spun poveștile. E în regulă să spui o poveste dacă asta este ceea ce vrei să faci. Eu încerc să vă ofer instrumente care să vă scoată din dificultățile de a vă trăi viața. A crede povestea îți elimină capacitatea de a alege; a crede povestea elimină alegerea. Când oamenii trăiesc povestea, ei au făcut o alegere. Au decis care este alegerea și nu-și vor schimba povestea pentru că nu vor să-și schimbe alegerea. Oamenii spun povești ca să justifice punctele de vedere pe care le îmbrățișează.

Oamenii pot spune povești cât de mult doresc dar tu nu trebuie să le asculți dacă nu vrei asta.

Te-ai uitat vreodată la cineva care încerca să-și justifice punctul de vedere? Ei folosesc o poveste pentru a-și justifica și a-și demonstra punctul de vedere.

Eu fac asta atunci când facilitez clase. Folosesc povești pentru a le da oamenilor o conștientizare despre ce încerc să vorbesc. Majoritatea oamenilor sunt mai dispuși să asculte povestea decât să se uite la ce anume este real.

Întrebare: O poveste este modul în care învățăm și ne amintim de lucruri precum limbajul?

Gary: Nu.

O poveste este felul în care suntem spălați pe creier și duși în realitatea contextuală?

Gary: Da.

Alegerea de a rosti anumite cuvinte și a nu rosti altele nu este o poveste?

Gary: Nu. Atunci când creezi comunicare se impune să fii conștient de cuvintele pe care le folosești, întrucât cuvintele pe care le folosești determină energiile care se creează între tine și o altă persoană.

Așadar, cum încetezi a mai crede povestea?

Gary: Încetezi, pur și simplu.

În Access Consciousness tu vorbești despre puterea cuvintelor și despre modul corect de exprimare. Modul de exprimare incorect este o altă poveste?

Gary: Nu. Povestea este întotdeauna o justificare. Povestea este motivul și justificarea pentru alegerea pe care o faci. De aceea creezi o poveste.

Întrebare: Când zici: „Nu asculta povestea" ce vrei să spui prin „a asculta"? În experiența mea de asistent social și profesor, am fost învățat să ascult oamenii. Dar câteodată, a asculta se simte ca și când permit cuiva să mă stăpânească. Pare că sunt manipulatori, domină conversația cu verzi și uscate în loc să comunice.

Gary: Da, acesta este unul dintre momentele în care nu vrei să asculți povestea. Când se întâmplă așa ceva, ar trebui să spui: „Oprește-te puțin, te rog! Am nevoie de claritate în această privință. Nu pricep care este scopul pentru care îmi spui toate acestea." Iar ei trebuie să reevalueze modul în care justifică ceea ce fac și, făcând asta, de obicei povestea se încheie sau se schimbă. Ambele variante sunt bune pentru tine pentru că nu mai trebuie să asculți mizeria aceea.

Întrebare: Întotdeauna am apreciat ascultarea fără a o pune sub semnul întrebării. „Este un ascultător atât de bun" părea a fi un lucru pozitiv de spus. Acum mă întreb cu privire la asta. Adevăr, oamenii chiar ascultă vreodată realmente? Majoritatea oamenilor folosesc ascultarea ca o modalitate de a decide ce pot spune sau face, care să conducă la conversația pe care vor ei să o aibă.

Gary: Pricepeți cu toții acest lucru? Soacra mea făcea acest lucru perfect. Vorbea cu tine despre orice și aștepta până spuneai cuvântul potrivit care îi permitea ei să sară în conversație și să preia controlul și apoi să o ducă acolo unde voia ea. Ea se consideră o persoană extraordinar de interesantă. Dar oamenii care sunt deosebit de interesați de punctul lor de vedere nu înseamnă neapărat că și ascultă. De fapt, ei ciulesc urechea la cuvinte cheie la care pot răspunde și care le-ar permite să preia controlul asupra conversației și să facă totul să meargă așa cum vor ei.

Întrebare: Se pare că oamenii sunt mai interesați să-și prezinte propriile puncte de vedere decât să asculte. De ce am fost învățați să ascultăm în această realitate, ca și când asta ar fi un lucru bun și nobil?

Gary: Ei bine, este bine și nobil să asculți pentru că astfel oamenii pot să profite de tine și cu toții știm că acesta este scopul vieții, nu-i așa? De a lăsa oamenii să profite de tine.

Întrebare: Ce vor să spună oamenii când spun „ascultă"? A asculta ar putea fi a învăța să percepi energia.

Gary: Dacă asculți povestea, vei observa că adesea nu se potrivește cu energia a ceea ce se petrece. De ce? Pentru că persoana care spune povestea o validează, o justifică, o explică, o raționalizează și o regurgitează ca și când asta va crea ceva diferit.

Mulți oameni pe care îi cunosc, inclusiv oameni care fac Access Consciousness, spun povestea. Cum să nu asculți povestea? Pleci de lângă ei sau te deconectezi? Îi oprești, îi întrerupi, pui o întrebare, asculți energia a ceea ce spun în loc să asculți cuvintele și le bagi un fitil?

Gary: Cu siguranță asculți energia a ceea ce spun și apoi, da, bagă un fitil și pleacă de-acolo.

Întrebare: Este fitilul un mod de a le oferi o altă posibilitate fără să le spui?

Gary: Nu, este un mod de a pune o întrebare care impune ca ei să privească dintr-un alt unghi altminteri vor face bășici la fund, oricare dintre aceste situații apare prima.

Întrebare: Ce contribuție pot să fiu pentru mine și pentru prietenii mei atunci când ei par a fi închiși în poveste într-un mod obsesiv?

Gary: Lucrul meu favorit este să le spun: „O, Doamne, am uitat! Am o întâlnire. Trebuie să plec, ne vedem mai târziu."

Întrebare: Cum se face că șase dintre cele zece chei sunt formulate la negativ? Doar de curiozitate.

Gary: Pentru că așa oamenii le vor auzi. Cei mai mulți dintre oameni nu aud cuvintele „vrei să" sau „fă asta". Ei aud doar *nu face asta*. La momentul respectiv a fost mai ușor să le formulăm la negativ. Și funcționează. Acesta este adevăratul motiv. Funcționează.

Întrebare: Când mă aflu în rolul de facilitator Access Consciousness iar cineva îi tot dă înainte iar eu am priceput deja esența energiei a ceea ce spun ei, care ar fi câteva lucruri pe care aș putea să le spun ca să-i fac, în mod elegant, să tacă?

Gary: Poți să spui. „Taci din gură", „Stop, stop, stop" sau „Ascultă. Ai auzit ce ai spus?"

Ei vor spune: „Poftim? Ce am spus?"

Apoi va trebui să repeți ce au spus.

Ei vor zice: „Eh, da, dar nu am vrut să spun asta."

Tu vei zice: „Da, dar asta ai spus și asta este ceea ce ai vrut să spui pentru că se potrivește cu energia a ceea ce spui cu mult mai mult decât cu ce crezi că spui. Dar, hai să analizăm asta, bine? Hai să încercăm să o desfacem pe bucățele ca să poți căpăta puțină libertate cu acest subiect." Așa le vorbești cu eleganță. Cu toții m-ați auzit spunând oamenilor „Taci din gură", nu-i așa? Sau: „Hei, hei, hei"? Uneori trebuie să faci asta.

Întrebare: O poveste poate fi ceva atât de subtil precum „ploaie". Ce știi despre ploaie? Există o tonă de poveste doar într-un singur cuvânt.

Gary: Asta nu e o poveste, este o conștientizare. Conștientizare și poveste nu sunt același lucru. Oamenii folosesc povestea ca să elimine conștientizarea. Folosesc povestea ca să justifice ceea ce nu este conștientizare ca și când ar fi adevărat.

Întrebare: Văd oamenii conectându-se prin poveștile pe care le au în comun: povești despre divorț, povești despre copiii adolescenți, povești despre cumpărarea primei mașini. Despre ce e vorba aici?

Gary: Este vorba despre nebunie, care este modul în care se creează majoritatea relațiilor. Oamenii creează judecată ca să creeze conexiune. Ceea ce caută ei într-o poveste împărtășită este: „Avem aceeași judecată? Gândim la fel? Judecăm totul în același fel?" Dacă da, atunci înseamnă că sunt împreună.

Este realmente adevărat că suntem împreună sau este asta o

minciună pe care o credem și o comitem asupra noastră pentru ca să ne asigurăm că avem pe „cineva acolo pentru noi"?

Întrebare: Practic, toate poveștile sunt ființări?

Gary: Nu, cele mai multe dintre povești sunt realități viitoare proiectate.

Dar ele sunt despre trecut. Cum de sunt realități viitoare proiectate?

Gary: Pentru că ele încearcă să te facă să te aliniezi și să fii de acord cu punctul lor de vedere ca și când asta ar schimba și ar crea ceva diferit în viitor.

Aha, bine. Cum poți să faci diferența dintre o poveste și o ființare?

Gary: Poți să faci diferența între o poveste și a fi dacă faci acest lucru ca să creezi claritate mai mare. A spune o poveste pentru a crea conștientizare înseamnă că o spui pentru conștientizare și nu pentru concluzie. Nouăzeci și nouă la sută dintre oameni spun poveștile din starea de ființare; le spun ca să creeze o concluzie în lumea ta sau a lor și pentru a face ca lucrurile să arate într-un anumit fel.

Mulțumesc, este grozav.

Întrebare: Și, mai multă claritate înseamnă mai multă conștientizare?

Gary: Da.

Întrebare: Când cineva îți dă o informație despre altcineva care pare reală, ce conștientizare este necesară pentru ca să știi că asta este informație și nu o poveste?

Gary: Oamenii îți vorbesc tot timpul despre ceilalți. De exemplu, cutare face lucruri rele. Este asta o conștientizare sau este o judecată? De obicei, când oamenii spun o poveste despre ceilalți este o judecată pe care încearcă să o strecoare ușurel în lumea ta. O fac să pară ca și când nu este important faptul că îți vorbesc despre asta dar asta necesită ca tu să ajungi la un fel de concluzie. Când oamenii îți dau informații despre o altă persoană, de obicei poți să spui dacă este o judecată sau dacă îți transmit o conștientizare după modul în care se simte energetic.

Întrebare: Săptămâna aceasta am avut o experiență intensă dar dificilă în timpul unei ședințe la stomatolog. Când aveam cinci ani, am avut o problemă violentă cu un stomatolog. L-am lovit puternic apoi el m-a pălmuit, m-a înjurat și m-a aruncat la propriu afară din cabinetul său. Asta m-a marcat profund în legătură cu mersul la stomatolog. A trebuit să-mi scot mercurul din plombele vechi de patruzeci de ani și m-am forțat să merg la stomatolog înainte să apară probleme mai grave. De când am avut call-ul despre „fără droguri de niciun fel" m-am luptat să nu mă judec că tânjeam după acele droguri care îți amorțesc și îți modifică starea de conștiință.

Gary: Întâi de toate, dacă ai dureri și suferi atunci este acceptabil să iei medicamente. Dacă le iei pentru o perioadă scurtă de timp pentru ca să obții un anumit rezultat, nu e nicio problemă. Dacă le folosești timp îndelungat ca să dovedești că nu trebuie să fii conștient sau prezent, nu e bine.

Când a apărut gazul ilariant, m-am forțat să observ și să trec în revistă încăperea prin intermediul groazei iraționale pe care o trăisem. Am parcurs fiecare element pe care îl percepeam, de la sunet la miros, la culoare, la evaluarea mărimii palmelor stomatologului. Întrucât nu-mi puteam aminti toate detaliile a ceea ce mi s-a întâmplat ca și copil, am ales lucrurile cele mai mari: mâinile lui, mirosul și sunetele, corpul meu în scaun, propria mea groază emoțională și, cel mai important, se mai întâmpla acum ceva din experiența copilului de atunci? Gazul ilariant părea că reduce emotivitatea și mă ajuta să mă concentrez asupra detaliilor. Era ca și cum amplifica lucrurile. Asta m-a derutat ca urmare a ultimului nostru call dar am continuat să mă concentrez pe inventarierea momentului prezent și pe a cere cu fermitate o schimbare.

Gary: Încă o dată, tocmai ai menționat că ai cerut o schimbare și ai cerut conștientizare. Așadar ai făcut acea solicitare și asta apare pentru tine atunci când faci acest lucru.

Am făcut acest exercițiu pe parcursul altor programări dar mintea mea țopăia de colo colo precum o broască pe o autostradă interstatală fără niciun rezultat. De data asta am ajuns la o conștientizare imediată cum că, aproape toată viața, fugisem de acea experiență. Îmi fusese greu să spun oamenilor că am dureri sau că sunt bolnavă și că mă așteptam să primesc blândețe și sprijin. Mama mea nu a avut deloc înțelegere față de comportamentul meu la vârsta de cinci ani în cabinetul stomatologului și m-a trimis ani la rând la același stomatolog. Cu toate astea, era o parte uriașă de concurență cu mine însămi: „Pot să fac asta și nu voi cere ajutor. Să te ia naiba pentru

că nu ai înțeles de ce am nevoie și pentru că nu m-ai ajutat în niciun fel."
A recunoaște asta și a merge mai departe este profund transformator. Mă
eliberează de povara de a sta în acel loc și de a fi pălmuită sau de a mi se
recompensa așteptările negative, nu atât fizic cât emoțional. În mod intuitiv,
eu știu de ce am nevoie și pot să-mi ofer asta. Oamenii spun că simt o energie
explozivă închisă în mine.

Gary: Nu ar fi surprinzător de vreme ce ai funcționat permanent
pe modul de suprimare. Îți sugerez să faci niște procesări referitoare
la înăbușirea furiei.

Ce generare și creare a înăbușirii furiei ca sursa principală pentru
eliminarea realității altor oameni folosești pentru a bloca în existență
HEPAD*-urile poziționale pe care le institui sub forma greșelii de
sine și a corectitudinii punctelor de vedere ale altor oameni? Tot ce
este acest lucru, de un dumnezelion de ori vrei să distrugi și să decreezi
în totalitate? Right and wrong, good and bad, POD and POC, all 9,
shorts, boys and beyonds.

Recunosc că am pășit pe deplin în experiența momentului prezent.
Aproape în același moment, stomatologul pe care îl am acum, a spus: „Te
doare, nu? Îți voi da ceva pentru asta chiar acum. Nu ar trebui să ai dureri
niciodată. Să-mi spui mereu când se întâmplă asta și voi avea grijă imediat."
Ne-am simpatizat începând cu acel moment. Încă sunt emotivă legat de
acest aspect. Ce se întâmplă aici? Pare că dacă aș ajunge la conștientizare
totală atunci nu aș mai fi emotivă.

Gary: Nu e vorba că o conștientizare totală elimină emoțiile; o
conștientizare totală elimină emoțiile negative. Ceea ce ai trăit tu a
fost o eliberare pozitivă.

Trei ore pe scaunul de stomatologie s-au simțit precum cincisprezece
minute.

Gary: Da. Când ajungi în locul în care ai recunoștință și soliciți
ceva, claritatea apare. Ai cerut claritate în ceea ce ai solicitat și asta este
exact ce s-a întâmplat. Te felicit pentru că ai avut atât zel și ai fost atât
de grozavă în situația aceasta.

---

* Vezi glosarul pentru definiție

Cu certitudine au trecut momentele de așteptare a răului sau a agresiunii, cel puțin în raport cu stomatologul. Am trecut într-o stare de mai mare ușurință în ceea ce privește a-mi oferi mie însămi confort și a cere ajutor. De asemenea, mă simt și mai calmă. Cum acționează medicamentele în această situație?

Gary: Pentru că ai cerut ceva, tot ce puteai să faci era să le folosești în favoarea ta. Acum, e posibil ca oamenii să spună: „Când fumez marijuana cer să fiu conștient" dar tu nu faci asta. Tu ai cerut să depășești limitarea în care te aflai. Când fumezi iarbă cu scop recreativ, nu faci niciun fel de solicitare, fumezi pur și simplu pentru deconectare.

M-au ajutat medicamentele, în realitate, ca să mă separ suficient de trauma și drama poveștii ca să mă pot concentra mai bine pe situația în sine?

Gary: Da. Și acesta este motivul pentru care vrei să elimini povestea. Vrei să creezi un focus limpede pentru ca să vezi ce este acolo cu adevărat, nu ce ai crezut tu că era acolo. Gândurile și emoțiile tale sunt justificarea ta. Aveai cinci ani și a trebuit să justifici faptul că mama ta făcea sau nu făcea lucrul corect iar tu a trebuit să te învinovățești timp de patruzeci de ani. Ai făcut din poveste o justificare pentru mare parte din fricile tale. Ideea de a nu spune povestea sau a nu crede povestea este de a ajunge la punctul la care poți să treci în spatele poveștii și să eliberezi aspectul care a blocat povestea în realitatea ta.

Acum îmi dau seama că această informație provine din subconștient. Mare parte din asta a fost ținut înăuntru, în afara conștientizării mele. Faptul că îmi spuneam că frica era irațională sau că acel eveniment îndepărtat nu se întâmplase cu adevărat sau nu era real, nu mi-a adus conștientizare. Ce proces se poate folosi pentru a identifica aceste puncte nevralgice din copilărie, mai ales cele asociate cu trauma și cu povestea? Am niște frici iraționale față de simbolurile autorității și devin din cale-afară de răzvrătită. Bănuiesc că experiența din copilărie cu stomatologul nu este singurul motiv.

Gary: Poate vrei să rulezi:

Ce fantezie, ființări, agende secrete, realități viitoare proiectate și realități prezente proiectate de a mă război întotdeauna cu autoritatea am făcut atât de reale încât nici măcar în fața conștientizării și a conştiinţei totale nu pot să le schimb, să le aleg sau să le vindec? Tot ce este acest lucru, de un dumnezeion de ori vrei să distrugi şi să decreezi în totalitate? Right and wrong, good and bad, POD and POC, all 9, shorts, boys and beyonds.

Întrebare: A fost de curând un atentat cu bombă la Oslo care a adus la suprafaţă o mulţime de puncte de vedere pe grupul Access Consciousness de pe Facebook în care mă aflu. Există, de asemenea, locuri în lume unde au loc războaie iar foametea şi violenţa sexuală sunt folosite în aceste războaie. Ce întrebări putem pune ca să nu fim prinşi în trauma şi drama acestor evenimente? Pentru ce motiv oamenii trăiesc în acest gen de poveşti?

Gary: Veştile proaste sunt întotdeauna cele mai bune veşti din punctul de vedere al acestei realităţi umane. Ai o alegere privind modul în care reacţionezi la ele. Poţi să te uiţi la ceea ce se petrece şi să întrebi: „De ce aleg aceşti oameni aceste lucruri?" Unii oameni îşi aleg moartea. De ce? Pentru că dacă îşi aleg moartea atunci aleg modul în care se desfăşoară asta, cine le va simţi lipsa şi toate celelalte. Nu ai crede că oamenii ar avea asta în conştientizarea lor dar o au şi nu-şi doresc, neapărat, să o schimbe prea mult.

Întrebare: În familia mea am fost foarte bine instruit să-mi justific punctul de vedere pentru că era o mare lipsă de permisivitate pentru puncte de vedere diferite. Ai spus că poţi spune o poveste cu scopul de a obţine claritate. Poţi vorbi mai mult despre asta, te rog? Văd cum asta este o direcţie periculoasă, cu sora mea, de exemplu. Înţeleg că aş putea folosi ideea de a facilita claritate pentru a-mi justifica punctul de vedere.

Gary: Motivul pentru care spui o poveste este ca să-ţi justifici punctul de vedere. Asta nu conduce la claritate, şi nici la posibilitate. Vrei ca tot ce faci să creeze claritate ca să ai o posibilitate mai măreaţă în fiecare moment al fiecărei zile, în orice fel eşti şi în orice fel poţi fi. Dacă nu ai asta, ce creezi de fapt?

Limitare.

Gary: Da. Aşadar, dacă nu doreşti să creezi limitare, trebuie să creezi din sentimentul posibilităţilor care sunt disponibile.

În dinamica pe care am descris-o, unde am simţit o lipsă totală de permisivitate, ce alegeri aveam?

Gary: Stai puțin. În clipa în care simți lipsa permisivității, nu mai vorbi. Sunt două motive pentru care faci asta. Atunci când nu mai vorbești, cealaltă persoană trebuie să-și pună o întrebare. Dacă ea își pune o întrebare, cine controlează situația?

Conștientizarea.

Gary: Da. Iar tu vrei să ai conștientizare.

Da. Înțeleg că aș fi putut alege să spun: „E un punct de vedere interesant" faptul că ei nu aveau deloc permisivitate sau oricare ar fi fost punctul lor de vedere, și să nu-mi pese prea mult și să nu mă intereseze atât de mult să primesc acordul sau aprobarea lor.

Gary: A spune povestea, a crede povestea sau a asculta povestea are un singur scop și anume a-i implica pe oameni în ceva care nu se poate nici schimba, nici rezolva. De ce ar vrea oamenii să facă asta? Pentru că, dacă ei te pot implica în ceva care nu se poate rezolva sau nu se poate schimba sau ceva similar, asta îți cere să te gândești timp îndelungat la situația respectivă și atunci ei te-au scos din starea de prezență în viața ta. Acesta este motivul pentru care eu spun: „Nu spune povestea, nu crede povestea și nu asculta povestea." O poveste are un singur scop: să te dezîmputernicească. Este acesta spațiul în care vrei să trăiești?

Întrebare: Recent, am avut o clientă care spunea: „Caut claritate. Am nevoie de claritate. Claritatea mă va ajuta să aleg" dar continua să stea în poveste ceea ce împiedica apariția clarității, care la rândul ei împiedica alegerea. Mă întreb dacă ceea ce spunea despre claritate era un fel de iluzie pentru a menține blocajul în loc.

Gary: Aceasta este una dintre cele mai mari dificultăți – a avea de-a face cu oameni care nu vor să fie conștienți dar în același timp *spun* că sunt interesați să devină conștienți. Dacă cineva îți spune o poveste, ai putea spune: „Vrei să te oprești puțin? Am nevoie de puțină claritate aici. Nu pricep despre ce vorbești." Asta le cere să privească dintr-un alt unghi, să vorbească dintr-un alt spațiu sau să aleagă dintr-un punct diferit în loc să continue cu același scenariu.

Dacă persoana o ia de la capăt și spune din nou aceeași poveste, acela e momentul în care eu spun: „Stai puțin. Tocmai ai zis că vrei conștientizare."

Ei vor spune: „Da, doar dă-mi voie să-ți spun despre asta. Este cu adevărat important" și vor spune din nou povestea.

La care eu zic: „Bine, onorariul meu tocmai a crescut."

Ei vor spune: „Ce vrei să spui?"

Voi spune: „Dacă trebuie să ascult povestea, onorariul meu crește. Ai început cu o povestire care nu se potrivește energiei cu care ai venit aici și cu problema pe care ai spus că vrei să o rezolvi. Așadar, putem să ne uităm la adevărata energie a ceea ce se întâmplă în realitate sau putem să ne uităm la povestea ta. Onorariul meu se dublează atunci când trebuie să ascult povestea."

Povestea este modul în care oamenii își justifică alegerile. Nicio alegere reprezintă o alegere. Dacă cineva spune că x, y sau z este o alegere și nimic altceva, există o posibilitate ca acolo să existe altceva pe care nu l-au recunoscut sau la care nu s-au uitat.

Întrebare: Adesea, când vorbesc cu alcoolici sau cu persoane care au o dependență, ascult povestea. Le spun: „Povestește-mi despre obiceiul tău de a bea" sau „Povestește-mi despre dependența ta de mâncare" iar ei recurg la poveste – dar obțin foarte multe informații din asta.

Gary: Tu provoci un răspuns din partea lor pentru ca să obții informația de care ai nevoie ca să știi în ce direcție să mergi. Dar dacă oamenii continuă la nesfârșit cu povestea lor – dacă cineva vine și spune: „Mama nu s-a purtat frumos cu mine și acesta este motivul pentru care beau. Nu-mi vine să cred că m-a tratat așa de mizerabil. A fost atât de rea cu mine și atât de meschină și a fost bla bla bla!" – ai de-a face cu alcoolismul sau cu altă problemă?

Exact. Ok.

Gary: Ai observat că, atunci când o persoană îi dă înainte cu o poveste, nu o depășește niciodată?

Da. Nu-i las să stea în poveste dar obțin informații din poveste.

Gary: E în regulă. Dar sunt foarte mulți oameni care spun povestea iar povestea continuă o lungă perioadă de timp. Ei se reîntorc la ea. De ce se reîntorc la poveste? Pentru că au crezut minciuna cum că povestea este cea care trebuie să se schimbe. Sunt oameni care spun că dacă nu ești fericit cu povestea atunci trebuie să o schimbi. Nu, dacă nu ești fericit cu povestea este foarte posibil ca povestea să nu fie problema.

Problema rezidă în orice a existat înaintea poveștii. Trebuie să ajungi la orice ar fi fost înainte de poveste altfel nu vei obține niciun rezultat.

Întrebare: Uneori vorbesc cu oameni care par a fi pierduți într-o buclă inconștientă de poveste. Ce aș putea face ca să creez mai multă conștientizare pentru ei?

Gary: Pentru a schimba orice, trebuie să te duci la orice a fost înaintea poveștii și nu la ce s-a petrecut pe parcursul poveștii. Oamenii se întorc în buclă și spun aceeași poveste la nesfârșit pentru că încearcă să gestioneze ceea ce cred ei că este povestea, în loc să gestioneze ceea ce a creat povestea. Acela este lucrul care trebuie să se schimbe.

Întrebare: Când sunt prezent cu cineva, cum ar fi un client, care spune povestea încontinuu, la nesfârșit, este ceva ce aș putea face pentru ca să-l ghidez spre posibilitatea unei alegeri diferite? Sau doar stau acolo și ascult?

Gary: De ce ai vrea să faci acest lucru?

Exact, e dureros.

Gary: Ai trei variante. Ai putea să stai și să asculți, ai putea să faci stânga împrejur și să pleci sau ai putea să spui: „Știi ceva? Ador faptul că spui povestea asta tot timpul."

Mulțumesc.

Întrebare: Vrei să vorbești mai mult despre a folosi povestea oamenilor în avantajul tău, în Regatul lui Noi*, te rog?

Gary: Când cineva are o poveste, observ întotdeauna energia a ceea ce este adevărat. De obicei este prima propoziție care le iese din gură și este cea mai puternică energetic. Oamenii spun lucruri precum: „Am făcut asta din cauză că..." sau „Am făcut asta doar..." sau „Am făcut asta dar..." Primul element pe care l-au rostit este problema. *Pentru că* sau *doar* sau *dar* conduc spre interiorul poveștii care lămurește, justifică și explică ceea ce au făcut. Fac povestea reală pentru ei. Este ea reală? Sau, primul lucru care s-a spus este realitatea pe care nimeni nu e dispus să o vadă?

Întrebare: Când sunt prins în povestea mea și în dezîmputernicirea de sine, pot să fiu atras și prins în gaura neagră atât de profund și atât de repede...

---

* Vezi glosarul pentru definiție

Gary: Știu, nu-i amuzant?

Nu, nu este.

Gary: Ba este! Trebuie să te prinzi că este amuzant pentru tine pentru că altfel nu ai alege asta. Și atunci când ajungi la finalul poveștii tale, dacă începi să spui: „Uau, a fost chiar distractiv!" vei înceta să o mai faci atât de des.

Vrei să spui să recunosc că este amuzant chiar dacă este chinuitor?

Gary: A devenit chinuitor doar după ce te-ai auzit vorbind prea mult și ai spus: „Uau, mă plictisesc îngrozitor chiar și pe mine."

Asta este modalitatea de a ieși din situația asta?

Gary: Da. Spune: „Mă plictiseam îngrozitor. Știi ceva? Povestea e nașpa. Ce fac?"

Întrebare: Ceea ce se numesc boli mintale precum anxietatea, depresia și paranoia – se bazează toate acestea pe povești?

Gary: Da.

Uau!

Gary: A crede o poveste este o minciună care impune ca persoana respectivă să se conducă pe sine, încontinuu, într-o stare de lipsă de conștientizare și o lipsă de alegere.

Ador asta. Ce putem face ca să schimbăm toate acestea?

Gary: Acesta este motivul pentru care vă cerem să nu ascultați, să nu credeți și să nu spuneți povești. Dacă îți devine clar ce este o poveste și de ce oamenii se blochează în propriile lor povești, vei fi capabil să le recunoști și vei ști că acolo există o minciună. Când vezi că cineva încearcă să trăiască dintr-o minciună, situația din viața lor care nu este cum trebuie, devine imediat evidentă. Majoritatea oamenilor cred că motivul pentru care sunt niște rătați este povestea pe care o spun. Ei îți povestesc motivul pentru care sunt rătați crezând că, în cele din urmă, vor fi mai bine. Funcționează asta vreodată?

Nu, deloc.

Gary: Niciodată. Așadar, ce alte alegeri ai?

Întrebare: Cum poți să lucrezi cu cineva care și-a petrecut viața făcând psihoterapie și a devenit complet dependent de povești?

Gary: Cam așa e cu psihoterapia. Îți spui povestea la nesfârșit până când eliberează suficient de mult din încărcătura pe care o ai legat de poveste; apoi treci la o altă poveste, foarte puțin diferită. Când cineva cu care lucrez este dependent de poveste, îi spun: „Ai o alegere în această situație."

Iar ei întreabă: „Ce vrei să spui cu faptul că am alegere? Nu am nicio alegere."

Eu zic: „Ba da, ai. Avem întotdeauna alegere. Tu crezi că există un univers al liberului arbitru?"

Dacă spun că da, atunci ai câștigat. Dacă spun nu, taci din gură și pleacă de acolo.

Întrebare: Pot să confirm și asta. Ca psihoterapeut, când oamenii practică povestea, le spun: „Ok, dacă nu mi-ai spune povestea, de ce anume ai fi conștient?"

Gary: Genial!

Întrebare: Poți să dai câteva exemple despre ce vine înaintea poveștii și cum să schimbi asta?

Gary: A venit la mine o doamnă care voia să-și schimbe relația cu mama ei. Am întrebat: „Ce anume vrei să schimbi în relația cu mama ta?"

Ea a zis: „Păi, mama mea este o scorpie."

Am răspuns: „Nu pare că ai vrea să schimbi relația cu mama ta. Se pare că vrei să o schimbi pe mama ta sau că vrei doar să o pui la punct."

Ea a spus: „Da, dar tu nu o înțelegi".

Am întrebat: „Ce vrei să spui cu faptul că nu o înțeleg?"

A spus: „De fiecare dată când îi spun ceva, ea zice bla, bla, bla."

Am zis: „Ok, hai să revenim la asta. Ce vrei cu adevărat de la mama ta?"

Ea avea un întreg raționament conform căruia mama ei trebuia să se schimbe pentru ca relația lor să funcționeze pentru ea. Atunci când în cele din urmă am întrebat de suficient de multe ori: „Ce vrei de la mama ta?" ea și-a dat brusc seama că ce voia cu adevărat era ca mamei ei să-i pese de ea într-un anumit fel. Decisese că nu va primi nimic care nu se potrivea cu modul acela în care ea voia ca mama ei să aleagă să-i arate că-i pasă de ea. De îndată ce am ajuns la acest aspect, totul a început să se schimbe pentru doamna respectivă.

Putem să ne uităm la ceva ce fac eu? Creez eșec. Intru într-o grămadă de rahat în legătură cu lucruri care nu se schimbă. Zic: „Asta nu se schimbă și aia nu se schimbă."

Gary: Da, pentru că încerci să crezi că povestea este reală.

Am încercat să mă uit la punctul în care a fost creată dar nu a fost doar un punct, au fost mult mai multe puncte.

Gary: Ce a fost înainte de acea creare a poveștii?

Pentru mine, doar să mă uit la asta...

Gary: Trebuie să cauți ce a fost înainte de crearea poveștii.

Nu este doar un singur lucru. Sunt multe întâmplări care în mod constant...

Gary: Întâmplările sunt ceea ce oamenii folosesc ca să acumuleze informații pentru a livra povestea sau pentru a face povestea reală. Este modul în care ei justifică ceea ce se petrece. Ce a fost înainte de asta? Cine erai tu înainte de întâmplarea aceea? Practic, mergi înainte de întâmplare. Întreabă: „ce s-a întâmplat înainte de incidentul acela? Și ce s-a întâmplat înainte de incidentul acela? Și ce s-a întâmplat înainte de incidentul acela?" Poți efectiv să mergi înapoi în timp la primul moment în care ai luat hotărârea sau ai făcut alegerea că poți sau nu poți să faci ceva. Asta este ceea ce va clarifica situația respectivă.

În acest moment, asta pare de neconceput pentru mine. Merge înapoi la momentul în care am încercat să mă dăruiesc pe mine și am fost respinsă. Merge chiar mai departe de asta, în perioada intrauterină. Unde mă eliberez de asta?

Gary: Vorbești despre povestea ta personală în acest caz?

Da.

Gary: Este povestea ta reală pentru tine?

Ha! Da, altfel nu aș vorbi despre ea.

Gary: M-ai mințit.

Știu că este o poveste și cu toate acestea pare a fi încorporată în structura mea moleculară.

Gary: Înțeleg dar ai făcut-o reală. Te-am întrebat: „Este povestea ta reală?" iar tu nu ai putut răspunde la întrebare la început.

Încercam să găsesc o cale de a spune nu, dar este reală pentru mine. Mă uitam la modul în care mă agăţ de ea.

Gary: De fapt, nu este reală. Tu o faci reală. De ce-ţi faci povestea reală?

Aş vrea să ştiu asta, Gary, aş vrea să schimb situaţia asta.

Gary: Eşti ataşată de rezultat?

Nu sunt sigură că înţeleg ce vrei să spui cu asta.

Gary: Dacă vrei să-ţi faci povestea reală atunci trebuie să te agăţi de orice lucru care se întâmplă, orice-ar fi. Vrei să-ţi faci povestea reală dacă vrei să o faci adevăr. Trebuie să o justifici şi să adaugi la ea pentru ca să o poţi menţine în existenţă. Aşadar, cât de mult din ce ai definit ca povestea ta despre tine şi viaţa ta se bazează pe o minciună? Mult, puţin sau megatone?

Megatone.

Gary: Tot ce este acest lucru, de un dumnezelion de ori, vrei să distrugi şi să decreezi în totalitate? Right and wrong, good and bad, POD and POC, all 9, shorts, boys and beyonds.

Întrebare: Se pare că nu poţi avea o poveste dacă nu crezi în identitate adică: sunt femeie, sunt mamă, sunt asta şi sunt ailaltă. Deci, dacă distrugi toate identităţile, nu poţi să ai poveşti. Corect?

Gary: Da. Eu nu am o poveste pentru că întotdeauna lumea spune: „Poveştile tale sunt plictisitoare." Eu zic: „Asta pentru că nu am unele noi. Nu creez poveşti noi. Asta ar fi valoros din ce motiv? De îndată ce scap de ceva, dacă îmi pot aminti povestea, o folosesc pentru totdeauna." Cei mai mulţi dintre voi vă folosiţi povestea mereu dar o faceţi ca să o menţineţi în existenţă.

Oamenii folosesc poveşti ca să-şi menţină identităţile în existenţă.

Gary: Da. Şi-şi menţin poveştile ca să păstreze ce au decis că este adevărat care, de fapt, nu este adevărat despre ei sau pentru ei. Ei încearcă, de asemenea, să menţină asta în existenţă.

Uau.

Întrebare: Dacă este o poveste, nu este ea doar o poveste atât timp cât are un ataşament emoţional? Dacă nu există un ataşament emoţional, mai este tot o poveste? Când anume este o poveste? Şi când nu este o poveste?

Gary: O poveste este orice îţi justifică alegerile sau acţiunile. Dacă încerci să justifici orice cu povestea sau cu acţiunile tale, atunci spui o poveste sau trăiești povestea ca și când povestea ai fi tu.

Dar nu trebuie să încercăm să apărăm un fals sentiment de adevăr în acea poveste?

Gary: Nu, faci asta atunci când te atașezi emoțional de poveste. Acesta este un univers cu totul diferit. Atașamentul emoțional este cu mult diferit de a fi pur și simplu conștient că: „Ok, asta este o poveste."

Ok, am priceput. Mulțumesc.

Întrebare: La mine la cabinet, lucrez cu bebeluși care au trecut printr-o naștere traumatizantă. O parte din scopul meu este să le dăruiesc un sentiment de expansivitate dincolo de traumă. Nu pot face asta cu cuvinte, evident. Ai vreo informație despre cum să fac asta astfel încât povestea să nu devină viața?

Gary: Ai citit cartea *Talk to the Animals* (*Vorbește cu animalele*)?

Nu.

Gary: În acea carte descriu zona de conștientizare pe care fiecare animal o are în afara corpului său. Atunci când trăiesc o experiență traumatică sau care provoacă frică, adesea zona lor se restrânge. La copiii care trec printr-o naștere traumatizantă tendința este ca această zonă să fie restrânsă în totalitate așa că nu au niciun simț al spațiului personal.

Vrei să spui că spațiul lor este inversat?

Gary: Da. Trebuie să te așezi la o distanță între 2,5 și 3,5 metri de ei și să tragi de zona lor și apoi să o extinzi încă 6 metri în spatele tău.

Ok.

Gary: Este foarte simplu. În cartea *Talk to the Animals* (*Vorbește cu animalele*) este o descriere a modului în care să faci acest lucru. Acesta ar fi cel mai ușor mod în care ai putea învăța cum să le oferi cu ușurință un sentiment de expansivitate. Când un animal este rănit, de obicei zona lui se restrânge și are tendința să nu-și revină foarte bine.

Cerbii au fost singura creatură a cărei zonă nu am mai putut-o expansiona din nou. Odată ce au fost răniți și zona lor s-a contractat, au părut că nu-și mai revin. Am avut mare succes cu cai și vaci. De asemenea, am avut un succes uluitor cu animale sălbatice aflate în adăposturi.

Mulțumesc. Voi încerca. Probabil că va ajuta mulți copii.

Gary: Dacă funcționează, grozav și dacă nu funcționează, revino la ce faci acum. Fă întotdeauna ceea ce funcționează. Nu o face în modul în care *crezi* că trebuie să fie.

Poți face asta și atunci când cineva devine compulsiv în legătură cu o poveste anume și o revizuiește la nesfârșit. Sau, le poți rula Bars împreună cu sistemele de secvențiere trifoldică*.

Întrebare: Revenind la poveste și la animalele sălbatice. Alaltăieri, mă aflam la adăpostul pentru animale unde fac voluntariat. Curățam cușca unui raton dar nu eram conștient și, cum mi-am băgat mâna în fundul cuștii ca să o curăț, unul dintre ratoni m-a mușcat. Mi-am retras mâna imediat și am observat că ratonii nu aveau o poveste legată de această întâmplare.

De îndată ce am remarcat asta, totul a fost în regulă. Puteam să abordez asta altfel. Era o mușcătură uriașă. A perforat pielea și am avut o vânătaie timp de cinci minute apoi totul a dispărut. A fost: „Uau, ce interesant!"

Gary: Animalele nu au niciodată o poveste legat de nimic. Punctul lor de vedere este: „A răsărit soarele, pot să cânt? A răsărit soarele, unde merg?" Nu au punctul de vedere că totul trebuie să arate într-un anumit fel sau să fie într-un anumit fel sau să funcționeze într-un anumit fel. Ele doar sunt aici. Se uită la ce este disponibil și întreabă: „Unde mergem acum? Ce facem?"

Da, iar ratonii nu luaseră o decizie cu privire la mine. A fost doar o mână într-un loc nepotrivit.

Gary: Da. Am fost la un sanctuar pentru animale sălbatice în Noua Zeelandă unde ne-au lăsat să intrăm în cușca unde se aflau câțiva leoparzi. Suzy îi mângâia și unul se afla în spatele meu. Aveam o curea din piele de crocodil care era foarte rigidă. Cureaua atârna vreo 10 cm la spate din cauza modului în care stăteam eu. Dintr-odată, leopardul a făcut un salt înainte și a apucat capătul curelei. Am spus: „Încetează!"

Îngrijitorul a fost șocat pentru că dacă leopardul ar fi făcut asta unei persoane obișnuite, aceasta ar fi țipat sau ar fi urlat sau ar fi devenit agitată și ar fi crezut că animalul încerca s-o muște. Eu nu am făcut asta. Știam că el îmi inspecta cureaua așa că am spus: „Nu, oprește-te." Animalul nu avea niciun punct de vedere despre asta. Nu exista nicio

---

* Vezi glosarul pentru definiție

poveste în cazul lui şi nu exista nicio poveste în cazul meu. Şi nici îngrijitorul nu avea nicio poveste pentru că el nu a trebuit să facă faţă vreunei dificultăţi sau probleme.

Trebuie să pricepeţi că dacă nu aveţi nicio poveste, asta vă oferă o stare de prezenţă totală. Povestea îţi anihilează starea de prezenţă pentru că povestea este întotdeauna despre ceva care s-a petrecut în trecut, nu este niciodată despre a fi în prezent.

Întrebare: Poţi vorbi despre ideea că povestea este întipărită în structura noastră moleculară?

Gary: Ce blochezi în structura ta moleculară sunt minciuni.

Când facem asta, chestia asta chiar e a noastră? Sau este doar un model care a venit din câmpul energetic exact aşa cum era acolo?

Gary: Ştiinţa din spatele acestui aspect este că atunci când intersectezi un gând, sentiment sau o emoţie cu una dintre structurile moleculare ale corpului tău, tu dai formă eliptică structurii celulare iar acesta este începutul bolii. O blochezi înăuntru prin gândurile, sentimentele, emoţiile şi punctul de vedere pe care îl îmbrăţişezi în ceea ce priveşte sexul (aici în sensul de *a primi*) şi lipsa sexului (aici în sensul de *a nu primi*).

Asta are mai mult de-a face cu judecata decât cu orice altceva. Când încerci să-ţi justifici povestea pe baza judecăţii tale sau când încerci să-ţi justifici judecata pe baza poveştii, poţi să blochezi asta în structura celulară a corpului tău. Acesta este motivul pentru care încercăm să-i facem pe oameni să participe la clase pentru corp. Procesele pentru corp sunt deosebit de dinamice în a debloca aceste lucruri astfel încât vei avea mai multă libertate cu corpul tău decât ai avut ani de zile.

Pricep asta şi faptul că blochez chestia asta înăuntru dar, este chestia asta a mea din capul locului?

Gary: Nu contează.

Dar o preluăm ca fiind a noastră.

Gary: Nu spune povestea, nu asculta povestea sau nu crede povestea. De exemplu, să zicem că eşti evreu iar familia ta îţi „serveşte" ce înseamnă să fii evreu. Restul lumii îşi impune punctul de vedere cu privire la ce înseamnă să fii evreu. Aşa că blochezi asta în structura celulară a corpului tău și blochezi asta în viața ta ca și când ar fi real. Nu este real. Ești evreu sau ești o ființă infinită? Trebuie să pricepi diferența. Nu contează dacă ești sud-african sau englez sau australian sau suedez sau altceva. Trebuie să pricepi că acestea sunt puncte de vedere culturale forțate. Le primești și când se face referire la a fi bărbat sau a fi femeie.

Așadar, deblocăm, de fapt, vieți și generații închistate în timp și șabloane?

Gary: Da, exact. Acesta este motivul pentru care noi spunem „Nu spune povestea, nu crede povestea sau nu asculta povestea." Aveam un prieten evreu iar eu nu știam că este evreu pentru că nu am un punct de vedere despre ce înseamnă evreu. Nu aveam punctul de vedere că înseamnă ceva. El trecea printr-o perioadă foarte dificilă și l-am întrebat: „Ce s-a întâmplat?"

El a spus: „Tu nu știi cum e să fii evreu."

Am întrebat: „Ce vrei să spui?"

Mi-a răspuns: „Oamenii vorbesc despre cum arăți și alte chestii."

Am zis: „Nu înțeleg. Pentru mine arăți ca o persoană."

El a răspuns: „Nu, nu, nu. E ca și când oamenii încearcă mereu să vadă dacă am nasul mare."

Am zis: „Eu nu văd un nas mare. Tu la ce te uiți?" El crea un întreg univers pe acest subiect.

Dacă alegem, așa cum spui tu, să venim în familia în care venim, avem atunci o înclinație să venim cu acel șablon sau acea poveste astfel încât să repetăm povestea din care încercăm să ieșim?

Gary: Nu cred. Eu cred că venim cu ideea că vom schimba povestea. Și atunci când nu reușim să o schimbăm, începem să credem povestea și să o facem mai reală pentru noi.

Întrebare: Când mă întâlnesc cu oameni pentru prima dată, adesea mă întreabă lucruri precum „Cine ești?" și „De unde ești?" Sunt aceste întrebări parte dintr-o poveste? Caută acei oameni un punct de legătură cu ceva specific?

Gary: Oamenii creează conexiuni prin judecată. Și creează separare prin judecată. Când oamenii mă întreabă pe mine: „De unde ești?" eu le spun: „De peste tot." Când mă întreabă: „Cu ce te ocupi?" eu le spun „Cu orice."

Ei zic: „Nu, nu, nu, trebuie să știu ce faci. Cu ce te ocupi?"

Eu îi întreb despre ce fac ei iar ei spun: „Fac asta, și asta, și ailaltă."
Ei nu vor cu adevărat să știe cu ce mă ocup. Vor doar să aleagă dacă să
mă judece și să se separe de mine sau dacă să-mi fie aproape.

La un moment dat, am fost la o întâlnire cu o doamnă. Mi-a spus:
„Cred că ne vom înțelege de minune. Îți plac stilourile și mașinile
Chevrolet El Camino, și mie la fel."

Ă... cred că viața înseamnă mai mult decât stilouri bune și
Chevroletul El Camino. Asta este conștientizarea mea. Asta este ce e
adevărat pentru mine.

Ea „avea nevoie" să aibă o conexiune cu cineva care avea aceleași
idealuri. Credea că dacă îți plac aceleași lucruri atunci te vei înțelege
bine într-o relație. Așa funcționează majoritatea oamenilor de pe
planetă. Acesta este motivul pentru care îți cer să-ți spui povestea.
Vor să afle dacă te pot respinge.

*Întrebare: Elevii mei francezi mă întreabă despre povestea ta. Vor să
 știe totul despre tine, ce fel de afacere aveai înainte să fi creat Bars și așa
mai departe. Aici mă blochez pentru că nu vreau să merg în direcția aceasta.*

Gary: Ei bine, le-ai putea spune: „Din punctul lui de vedere, trecutul
lui nu există. Tot ce a făcut înainte de a ajunge la Access Consciousness
a fost corect prin faptul că l-a pregătit pentru ceea ce face acum. Ce a
făcut în trecut nu prea contează. Totul se aplică la ceea ce face acum.
Cum ar fi dacă tot ce ai făcut până acum – și aceasta este întrebarea pe
care să le-o adresezi – te pregătește pentru ceea ce vei face? Nu e ca și
cum povestea ta este valoarea pe care o ai."

*Întrebare: Ai spus că animalele nu folosesc povestea. Care este diferența
între o decizie și o poveste? De exemplu, dacă intră în apă într-un anumit
loc și-i mușcă un șarpe, nu vor mai intra în apă în același loc. Și ele au
concluzii, calcule și decizii. Care este diferența?*

Gary: Ele nu au o poveste legat de asta pentru că nu privesc acest
lucru din punctul: „Ok, acum că am fost mușcat de un șarpe, trebuie
să fiu un animal nebun tot timpul" sau „Trebuie să fac x, y sau z sau
trebuie să bla, bla, bla."

Noi creăm justificări pentru tot, niciuna dintre ele neavând nimic de-a face cu alegerea adevărată. Povestea este o cale de a elimina adevărata alegere.

Aşadar, dacă ei aleg să nu mai meargă la acel iaz vreodată ca să nu mai fie muşcaţi de şarpe, asta nu este o poveste? Ei spun: „Nu mai calc în acea apă vreodată pentru că s-ar putea să fie un şarpe acolo."

Gary: Asta este o concluzie dar nu este o poveste.

Deci, „a intra în apă înseamnă a fi muşcat de şarpe" nu este o poveste. Este o concluzie.

Gary: Este o concluzie. Poţi trage o concluzie în raport cu orice. Este o poveste atunci când o foloseşti ca să justifici ceea ce alegi.

Aşa, deci ele (animalele) blochează şi ele acest lucru în corpurile lor. Calul meu a fost supus abuzurilor. A fost împins şi lovit şi toate acestea sunt blocate în corpul său. Şi mulţi cai nu-ţi permit să pui şaua pe ei. Te vor lovi nebuneşte pentru că o şa înseamnă acest...

Gary: Acestea sunt concluzii la care ajung ei, dar nu au o poveste în legătură cu asta.

Altceva decât a le cere să distrugă şi să decreeze asta, ar fi lucrul pe corp un mod bun de...

Gary: Lucrul pe corp este grozav dar mai este vorba despre a-i face să se calmeze. Am cunoscut o doamnă care avea un armăsar care dădea cu capul. Puteam să pun pe cineva pe spinarea lui atunci când era în grajd şi apoi să-l scot afară fără ca el să mai dea cu capul. Dar dacă puneai şaua pe el atunci când era în aer liber, dădea cu capul. Şaua însemna pentru el „luptă", pe când oameni însemna „e ok." Asta este o concluzie; asta nu este o poveste.

Lucrul pe corp ar însemna să pui mâinile pe ei şi să-i întrebi de ce are nevoie corpul lor? Asta ar fi suficient pentru a elibera abuzul?

Gary: Exact.

Întrebare: Fraza de curăţare îi duce înapoi la momentul de dinaintea poveştii sau deciziei?

Gary: Da. Acesta e motivul pentru care cineva poate spune o poveste şi tu poţi să-l întrebi: „Ai vrea să faci POD şi POC la asta?" Dacă spun *da*, atunci nu e nicio problemă; dacă spun *nu*, atunci e o problemă.

Mulţi oameni vor spune: „Da, voi face POD şi POC la asta şi apoi îl voi pune înapoi la loc – pentru că povestea mea despre subiectul pe care îl am ca problemă este mai real decât problema."

Întrebare: Mă poți ajuta să pricep cum am înțeles și am aplicat în mod greșit importanța detaliilor? Văd că atunci când te rog să mă facilitezi sau să mă ajuți cu ceva, mă blochez gândindu-mă că, dacă îți spun toate detaliile despre situația mea, asta te va susține în a mă sprijini.

Gary: Probabil cel mai bun mod în care îți pot da asta este să te întreb: „Când ești la tine acasă și închizi ochii, știi unde se află toate mobilele?"

Da.

Gary: Poți merge prin apartament fără să te lovești de ceva?

În principiu, da.

Gary: „În principiu" nu este același lucru cu *da*.

Ok, bănuiesc că da, aș putea să îl fac să fie un da.

Gary: Dacă îl poți face să fie da, atunci nu ești tu cumva conștient de tot, nu numai de povestea pe care ți-o spun ochii tăi?

(Râzând) Da.

Gary: Asta se întâmplă pentru că ești conștient de energia tuturor lucrurilor, nu numai a celor pe care le vezi. Chestia despre poveste nu este numai să te uiți la ceea ce auzi, dar să fii conștientizarea energiilor care apar înaintea poveștii sau care s-au modificat din cauza poveștii.

Și a merge dincolo de asta este ceea ce mi-ar oferi o alegere pentru ceva nou.

Gary: Ei bine, îți va da mai multă claritate decât ți-ar da orice altceva. Familia ta a vrut ca tu să justifici întotdeauna de ce alegi ceva anume. Dacă trebuie să justifici de ce alegi totul, ai tu alegere cu adevărat?

Nu.

Gary: Nu, ei nu au vrut ca tu să ai alegere; ei au vrut ca tu să alegi ceea ce au crezut ei că este important pentru tine să alegi.

Corect.

Gary: Majoritatea familiilor fac asta. Trebuie să vezi că nu contează ce au vrut ei să alegi. Contează doar ce alegi tu și ce funcționează pentru tine.

Ok. Și, are vreo valoare să spui povestea pentru a sărbători ceva sau pentru a primi inspirație? Am povești pe care le spun pentru că dezvăluie magia pe care am creat-o în viața mea.

Gary: E în regulă.

Am vrut doar să mă asigur că nu era doar o pierdere de vreme sau că nu exista o identitate în asta.

Gary: Trebuie să știi ce încerci să faci și ce-ți dorești să creezi. Dacă dorești să creezi claritate și inspirație, este o chestie. Asta nu este o poveste. Nu e la mijloc nicio justificare atunci când dorești să-i inspiri pe oameni. Este o poveste atunci când folosești acest lucru pentru a justifica ceva.

Întrebare: Dacă cineva îmi spune o poveste, uneori întreb: „Dacă ai lua toate datele acestea, ai putea spune o poveste diferită?" Și când fac asta, ei văd că este doar o poveste.

Gary: Acesta este un mod de a-i face să-și schimbe perspectiva ca să iasă din justificare. Fiecare trebuie să folosească o tehnică ce funcționează pentru ei.

În Access Consciousness, noi folosim fraza de curățare pentru a curăța energetic ceea ce a venit înaintea justificării care a creat povestea. Doar mergem la energia lucrului respectiv și îi facem POD și POC.

Unii oameni folosesc metoda psihologică. Unele grupuri spun că tot ce trebuie să faci este să rescrii povestea pentru a obține un final diferit. Dar dacă nu ai nicio poveste – și niciun sfârșit? Cum ar fi dacă nu ar exista nimic despre care să ai o poveste? Alți oameni vor doar să se țină agățați de justificările lor. Ar putea fi interesant să-i întrebi: „Care este justificarea ta pentru a menține această poveste?" Steve Bowman doar întreabă: „Ai vrea să schimbi asta?" Uneori, atât este necesar pentru ca oamenii să renunțe la poveste.

Întrebare: Pare că atunci când recurgem la poveste, ne exprimăm o preferință pentru o soliditate în loc să explorăm amploarea spațiului.

Gary: Da, când recurgi la poveste întotdeauna diminuezi spațiul care este disponibil.

Iar asta menține povestea în starea de solidificare.

Gary: Da, asta o face solidă. Ai diminuat spațiul într-o încercare de a păstra ceva ca fiind real când de fapt nu este. Poveștile sunt aproape întotdeauna o minciună despre ce se petrece cu adevărat.

Este și faptul că ne identificăm cu densitatea? Ne identificăm cu acea densitate iar spațiul este omis?

Gary: La începutul acestei conversații am spus că scopul poveștii este să justifice, să ofere un raționament și să explice – și ce altceva? Să demonstreze corectitudinea alegerii tale. Acestea sunt motivele pentru care cineva are o poveste. Faci povestea solidă și reală și apoi trebuie să-ți justifici fiecare alegere pe care o faci ulterior. Așa vrei să trăiești cu adevărat? Acesta este motivul pentru care spun: „Renunță la poveste." Aceasta este cea mai păguboasă cheie dintre toate.

Întrebare: Păguboasă? De ce?

Gary: Este cea mai păguboasă pentru că toată lumea spune povești. Și voi toți încercați să vedeți cum este mai nimerit sau mai nepotrivit să vă justificați povestea.

Vreau să-ți mulțumesc. Întrebarea pe care ne-ai dat-o: „Crezi că există un univers al liberului arbitru?" a deschis un întreg univers de posibilitate pentru mine. M-a ajutat să-mi pun o serie de întrebări mie însumi: Ce poveste folosesc pentru a-mi justifica limitările din viață? Ce poveste este justificată de viața mea?

Gary: Iată. Poveștile sunt justificări. Sper că ați obținut cu toții puțină claritate în urma acestei conversații.

241

10

Fără excludere

Gary: Bună tuturor. Aceasta este ultima conversație despre Cele zece chei. În această seară vorbim despre cea de a zecea cheie: Fără excludere.

Aș vrea să încep prin a citi un e-mail pe care l-am primit, pe care personal l-am apreciat foarte mult:

Recunoștință și mulțumiri. Vă mulțumesc pentru că faceți această teleclasă. Nici nu știu cum aș putea să vă spun despre toate lucrurile uluitoare care s-au petrecut în aceste săptămâni. Am pășit într-o stare de mult mai multă potență și uau, cine ar fi știut că era doar o alegere și nici măcar greu? Cuvintele nu pot exprima cât de mult a contribuit asta familiei mele, jobului meu, căminului și vieții mele. Având stări profunde de depresie în ultimii zece ani, am un zâmbet pe față știind că pot să aleg și să creez atât de mult din ce nu am visat că ar fi posibil. Pot doar să vă mulțumesc de un dumnezelion de ori pentru că sunteți cine sunteți și pentru că ne permiteți să știm că suntem. Vreau, de asemenea, să transmit recunoștință participanților la această clasă – ce contribuție uimitoare sunteți – și mie însămi pentru că am ales să urmez energia și să văd ce altceva este posibil.

Dain: Ura!

Gary: Sunt foarte recunoscător pentru acest e-mail. Sper ca voi toți să fi obținut o schimbare radicală în urma acestor *call*-uri – și dacă nu ați obținut-o, sper că veți reasculta *call*-urile de mii de ori. Fiecare cheie, dacă o puneți în aplicare, vă va conduce la un nivel de libertate care v-ar putea pune viața pe jar și ar putea crea ceva mai măreț decât ați știut vreodată că este posibil.

Ok, are cineva o întrebare?

Întrebare: Ai putea să clarifici diferența între conștientizare și orice încălcare a celor Zece chei?

Gary: Acestea sunt cheile pentru prezență totală, conștientizare totală și posibilitate totală în fiecare alegere pe care ai dori să o faci. Nu este vorba despre a le încălca. Este despre a te uita la ele și a vedea cum să le folosești ca să-ți faci viața mai bună.

Cum știm că trăim o experiență a conștientizării și că nu suntem doar închiși în logica punctului de vedere interesant, a poveștii, a concurenței sau a semnificației?

Gary: Acesta este motivul pentru care v-am dat Cele zece chei pentru că fiecare dintre ele vă va scoate în afara concluziei și vă va sprijini să treceți în spațiul conștientizării.

Eu par să confund „a trăi cu conștientizare" cu „a o face corect". Care este experiența funcționării din conștientizare versus cea a funcționării dintr-un punct de vedere?

Gary: Conștientizarea nu are niciun punct de vedere.

Dain: Atunci când funcționezi din conștientizare, există o stare de ușurință. Nu există nicio nevoie să dovedești că ceea ce spui este corect. Nu e necesar să spui niciun cuvânt nimănui despre nimic.

Gary: Cu excepția cazului în care cineva îți pune o întrebare.

Dain: Corect. Când ai o nevoie să spui cuiva ceva sau o nevoie ca punctul tău de vedere să-ți fie confirmat, aceea nu este conștientizare.

Conștientizarea nu are nicio nevoie atașată de nimic. Nu are nevoie să fie pusă în cuvinte. Există o stare de ușurință în ea. Este o libertate care, pentru unii oameni, se simte la început la fel ca „A, nu-mi mai pasă." De fapt, este o stare în care manifești mai multă grijă dar în care ai cu mult mai puține puncte de vedere, iar lucrul ciudat este că a avea un punct de vedere este ceea ce majoritatea oamenilor din această realitate definesc ca fiind a avea mai multă grijă.

Ce este experiența de a funcționa din conștientizare versus a funcționa din judecată și de a numi pe cineva ELF?

Gary: Întâi de toate, a numi pe cineva ELF nu este despre judecată. Este despre a observa că cineva este un ELF, un mic răutăcios dat dracului. Asta nu e judecată. Este o observație.

Tu ai punctul de vedere că dacă spui ceva negativ, este o judecată și că dacă spui ceva pozitiv, nu este o judecată. Nu. Un lucru pozitiv poate să fie o judecată la fel de mare ca și un lucru negativ.

Dain: Și, uneori, cu mult mai mare. Întrebarea este: „Este ceva negativ în a recunoaște că cineva este un ELF"? Este asta negativ - sau tu doar observi ceea ce este?

Gary: Doar observi ceea ce este. Atunci când vezi ceea ce este pur și simplu, este o stare de ușurință.

Cum se poate abține cineva să facă funcționarea din conștientizare ceva semnificativ?

Gary: Dacă funcționezi din conștientizare, nu va deveni semnificativ. Pur și simplu va fi doar ceea ce este.

Dain: Dacă este semnificativ, nu mai funcționezi din conștientizare.

De unde știu că funcționez din conștientizare versus funcționarea dintr-o poveste care îmi place?

Gary: În primul rând, din conștientizare nu ai ceva anume de spus. Doar ești prezent și acest lucru te bucură. Privești lucrurile care se întâmplă și spui: „Asta e drăguț, asta nu e drăguț. Asta e bun, asta nu e bun. Asta e în regulă, este o alegere, mă rog". Este mai mult... aș vrea să spun blazat dar nu este blazare. Practic este un sentiment de pace. Nimic nu pare atât de important și nimic nu este atât de semnificativ.

Dain: Un alt lucru care se întâmplă atunci când funcționezi din conștientizare este că dacă obții încă o conștientizare sau o informație, ești dispus să-ți schimbi punctul de vedere instantaneu.

Dacă te afli în poveste, încerci să păstrezi partea care îți place. Faci acest lucru chiar și atunci când ceilalți actori din poveste nu sunt dispuși să aibă asta și chiar și atunci când lucrurile nu merg în direcția în care crezi tu că merg. Tot încerci să o duci în direcția în care vrei tu să meargă. Aceasta este diferența între conștientizare și a te afla într-o poveste care îți place.

Este corect să presupun că tu și Dain funcționați din conștientizare 100% din timp și toți ceilalți ajung la un procent mai mic?

Gary: E amuzant. Nu, nu chiar.

Dain: (Glumind) Și nu, răspunsul este da, în totalitate. Absolut.

Gary: Nu, nu e așa. Minți, Dain.

Nu funcționăm din conștientizare 100% dar funcționăm din mult mai multă conștientizare decât alți oameni pentru că, dacă ceva se simte cât de puțin aiurea în lumile noastre, noi încercăm să facem ceva ca să vedem care este acel aspect și să-l schimbăm.

Dain: Multă lume ne pune întrebări, mie sau lui Gary, doar dacă este vreo problemă sau dacă se lovesc de un zid de care nu pot trece, altminteri nu ne întreabă niciodată nimic. Când am primit instrumentele Access Consciousness mi-am zis: „Aceste instrumente vor schimba lucruri." Am început să pun întrebări despre orice și despre tot ce era puțin „aiurea" în lumea mea. Ce este asta? Ce fac cu ea? Pot să o schimb? Cum o schimb? Ce anume este necesar pentru asta?

Sunt disponibile cu mult mai multe posibilități pentru conștiință decât îți va spune cineva vreodată. Conștientizarea este cheia pentru libertatea pe care ai căutat-o. Dar, deoarece conștientizarea este cheia pentru a fi diferit, nimeni nu vrea ca tu să știi acest lucru. Cum ar fi dacă ai înceta să mai excluzi din viața ta uluitoarele posibilități infinite care pot apărea atunci când pui întrebări despre lucruri în legătură cu care, în mod obișnuit, nu pui nicio întrebare?

Întrebare: Este un ELF întotdeauna un ELF sau poate el să ia parte la viață în incremente de zece secunde?

Gary: Scopul pentru ca tu să recunoști un ELF nu este pentru a emite o judecată; este recunoașterea că acea persoană are tendința să facă niște rahaturi răutăcioase. Odată ce recunoști acest lucru, ei tind să se schimbe de bunăvoie.

Dain: Ei au alegere în incremente de zece secunde, așa cum ai și tu – și la fel cum are toată lumea. Doar că ei au tendința să aleagă să fie ELF-i pentru un motiv sau altul.

Gary: Dar dacă tu recunoști acest lucru, ei vor avea tendința să se schimbe.

Dain: Mai ales când recunoști asta fără a-i judeca. Am cunoscut o doamnă care era un ELF. Eram într-o călătorie, eram foarte ocupat și mi-am făcut timp să lucrez cu fiul ei pentru că am văzut că puștiul dispunea de posibilități. Am anulat trei alte sesiuni ca să pot lucra cu el.

Ea m-a sunat cu douăzeci de minute înainte de momentul la care fiul ei trebuia să apară și mi-a spus: „Sam a decis că nu vrea să vină la sesiune."

I-am spus: „Știi ceva? Ești așa un ELF."

M-a sunat o zi mai târziu și mi-a spus: „Îți mulțumesc foarte mult că mi-ai acordat recunoaștere în acel fel" și s-a transformat într-o persoană drăguță.

Nu trebuie să excluzi starea lor de ELF-i judecându-i. Poți crea o posibilitate diferită atunci când recunoști pe cineva ca fiind un ELF și o faci fără să-l judeci.

Gary: Trebuie să fii alături de ei în incremente de zece secunde ca să vezi când sunt în zona de ELF și când nu – nu să tragi o concluzie că sunt și că vor fi mereu ELF-i.

Gary, uneori vorbești despre fostele tale soții iar Dain vorbește despre mama lui vitregă. Fostele tale soții și mama vitregă a lui Dain vor fi întotdeauna așa cum erau sau pot să evolueze?

Gary: Ele se pot schimba dacă aleg asta. Este întotdeauna alegerea lor; din păcate, noi nu putem face această alegere pentru ele.

Faptul că noi avem un punct de vedere despre cineva face schimbarea mai dificilă pentru ei?

Gary: Da, și acela e locul în care excluzi schimbarea ca o posibilitate pentru ei.

Dain: Vă rog să înțelegeți faptul că, de fapt, Gary nu are niciun punct de vedere despre fostele lui soții iar eu nu am un punct de vedere despre mama mea vitregă. Noi nu avansăm asta ca un punct de vedere; folosim aceste exemple sub formă de glumă ca să încercăm să-i facem pe oameni să priceapă lucruri...

Gary: Dintr-o direcție diferită. Eu sunt întotdeauna surprins când fostele se reîntorc la stadiul din care funcționau. Într-un fel mă aștept ca, datorită faptului că eu lucrez pe toți copiii mei iar ei sunt conectați cu mamele lor, ele să se schimbe. Pentru mine este mai surprinzător faptul că ele nu se schimbă decât faptul că fac același lucru din nou.

Întrebare: Dacă cineva este nesăbuit, răutăcios sau ceva, poți să ajungi într-un punct unde nimic nu te mai deranjează? Sau este o iluzie pe care o creez?

Gary: Ei bine, a încerca să nu te mai deranjeze nimic înseamnă că deja te deranjează – iar asta este excluderea stării în care poți să te amuzi pe tema aceea. Când cineva este un ELF eu îl găsesc comic. Cred că sunt amuzanți.

Chiar dacă îți dau ziua sau clasa peste cap sau dacă au un efect care complică lucrurile pentru tine?

Gary: Eu nu sunt dispus să mă blochez în punctul de vedere al altcuiva. Dacă permiți ca ziua ta să fie dată peste cap de cineva, într-o oarecare măsură crezi ceva legat de ei. Ideea este să te aduc în punctul unde nimic nu te afectează iar tu doar ești prezent, fiind tu însuți.

Așadar, doar ignori asta, așa cum a făcut Dain cu doamna aceea?

Dain: Da, doar aș recunoaște: „Uau, doamna aceasta este un ELF. Cine ar face acest lucru cuiva?" Ea a făcut genul acesta de lucruri tot timpul din cauza prețiosului ei fiu. Am fost eu frustrat din cauză că am anulat trei sesiuni iar ea nu a venit? Da. Iar atunci când i-am spus ELF, am recunoscut pur și simplu ceea ce era. Asta nu a fost dintr-un loc de judecată.

Gary: Și nu a fost nici dintr-un loc de furie. Furia este irelevantă. Fără excludere înseamnă că nu trebuie să renunți la furia ta pentru acel lucru.

Dain ar fi putut spune: „Ce ai făcut tu a fost de rahat. Ești așa un ELF." Dar nu a trebuit să facă acest lucru pentru că atunci când ajungi la punctul la care ești dispus să-ți incluzi furia în calculul lucrurilor, începi să schimbi totul și pe toată lumea din jurul tău doar din acest motiv.

Dain: Nu încerci să excluzi acea furie, fapt care implică multă energie și multă judecată.

Gary: Și nu încerci să excluzi conștientizarea pe care o ai cu privire la ceea ce ei nu sunt dispuși să fie și să aibă.

Dragilor, când voi apelați la furie este foarte diferit de modul în care apelăm noi la furie.

Gary: Noi nu excludem furia din viața noastră. Eu nu exclud furia; furia este unul dintre multele lucruri pe care le pot fi, face, avea, crea sau genera. Așadar, dacă mă înfurii, să știi că sunt furios.

Dain: E adevărat. Și e foarte greu de trecut cu vederea lucrul acesta.

Gary: Eu nu încerc să-mi suprim furia sau supărarea despre nimic.

Dain: Dar din această cauză, ea acum e aici și apoi nu mai e.

Gary: Da. Instantaneu pot să o disloc și dispare. Este ca și când ai fi un exhibiționist: pot să port haina de ploaie și să-mi ascund goliciunea și vulnerabilitatea cu furia sau pot să trăiesc furia și să merg mai departe. Eu, mai degrabă, aș trăi-o și aș merge mai departe.

Eu speram că vei spune că nu te supără nimic, niciodată.

Gary: Fără excludere îți creează un loc unde aproape nimic nu este un inconvenient – pentru că ești dispus să trăiești totul. Ești dispus să incluzi fiecare emoție, fiecare punct de vedere, fiecare realitate și fiecare conștientizare. Chestia legată de fără excludere este a înceta să mai cauți să-ți diminuezi conștientizarea. Asta faci atunci când încerci să te faci bun, sau corect, sau încerci să ajungi la o concluzie, sau orice altă chestie similară. Acele lucruri sunt despre excluderea conștientizării tale și a capacității tale de a alege.

Mulțumesc.

Întrebare: Această cheie îmi creează neplăceri cu o persoană în mod special. Am multă reacție și împotrivire față de ea. O evit cu orice preț.

Gary: Asta este excludere fără îndoială.

Îmi lasă mesaje pe telefon și pur și simplu nu mă pot mobiliza să o sun. Pur și simplu nu pot să apăs butonul de apel. Nu am mai văzut-o pe această persoană de câțiva ani și atunci când a reapărut, trecuse printr-o traumă majoră. În trecut, am fost cel care încerca să ajute pe toată lumea să iasă din problemele personale, un obicei la care am renunțat de când am descoperit că eram un netrebnic superior și că multor oameni le plac problemele în care se află și că nu au nevoie de nimeni ca să le rezolve.

Gary: Ai dreptate în această privință.

Dar, în loc să ajung la un loc de permisivitate cu această femeie, mă regăsesc refuzând să fiu manipulat de victimizarea ei.

Gary: Aici rezidă dificultatea. Trebuie să fii permisiv cu faptul că ei îi place să fie victimă, acesta este și motivul pentru care ea revine sub forma de victimă pentru că, din punctul ei de vedere, a fi o victimă îi dă oarecum credibilitate în viață.

Acum îți voi da un proces. Am vorbit despre cum elementele de bază ale creației sunt a fi, a primi, alegerea, întrebarea, posibilitatea și contribuția. La un moment dat am fost debusolați și am început să credem că cel mai important produs și cel mai important aspect dintre acestea șase era contribuția.

Întrebare: Poți să explici mai mult despre cum credem noi că partea cu contribuția este cel mai important element? Nu pricep acest lucru.

Gary: Contribuția este a primi și a dărui în același timp. Noi credem, într-un fel, că sursa cea mai măreață a creației este ceea ce putem să contribuim altora sau cu ce pot alții să ne contribuie nouă. Pe când, dacă adăugăm întrebarea, alegerea și posibilitatea la contribuție, se amplifică totul într-un mod incredibil.

Dain: Noi renunțăm la întrebare, alegere și posibilitate pentru contribuție. Credem că cineva sau ceva sau o oarecare alegere sau un oarecare fel de a fi sau a nu fi ne va furniza ceva. Acesta este un deserviciu uriaș pentru că, atunci când facem acest lucru, diminuăm cea mai mare parte a elementelor generative și creative de care dispunem.

Nu poți alege ceva dacă nu ai punctul de vedere că este o contribuție pentru tine. De exemplu, a fi un netrebnic superior. Nu ai alege niciodată să fii asta dacă nu ai crede că, într-un fel, acest lucru va fi o contribuție pentru viața ta, stilul tău de viață și realitatea ta.

Gary și cu mine am descoperit în cazul fanteziilor, ființărilor și agendelor secrete că ceea ce crezi că este o contribuție este, adesea, opusul contribuției efective.

Gary: Procesul este:

Ce contribuție este..........pentru viața mea, stilul meu de viață și realitatea mea? Tot ce este acest lucru, de un dumnezelion de ori, vrei să distrugi și să decreezi în totalitate? Right and wrong, good and bad, POD and POC, all 9, shorts, boys and beyonds.

Dain: Să zicem că în fundal se aude o muzică spaniolă. Dacă ai vrea să o excluzi, ai putea întreba:

Ce contribuție este muzica spaniolă pentru viața mea, stilul meu de viață și realitatea mea? Tot ce este acest lucru, de un dumnezelion de ori, vrei să distrugi și să decreezi în totalitate? Right and wrong, good and bad, POD and POC, all 9, shorts, boys and beyonds.

Gary: Și, de asemenea, ai mai întreba:

Ce contribuție este lipsa muzicii spaniole pentru viața mea, stilul meu de viață și realitatea mea? Tot ce este acest lucru, de un dumnezelion de ori, vrei să distrugi și să decreezi în totalitate? Right and wrong, good and bad, POD and POC, all 9, shorts, boys and beyonds.

Dain: Pentru majoritatea lucrurilor, trebuie să rulezi ambele părți ale întrebării. De obicei, una dintre părți va avea mult mai multă energie decât cealaltă.

Poți încerca să rulezi:

Ce contribuție sunt bărbații și femeile capricioase, furioase, retrase, ascunse și obsedate de control pentru viața mea, stilul meu de viață și realitatea mea? Tot ce este acest lucru, de un dumnezelion de ori, vrei să distrugi și să decreezi în totalitate? Right and wrong, good and bad, POD and POC, all 9, shorts, boys and beyonds.

Gary: Cu toții trebuie să rulați non stop procesul acesta, timp de 365 de zile ca să depășiți orice problemă în relații pe care ați avut-o vreodată.

Dain: Ce contribuție sunt bărbații și femeile capricioase, furioase, retrase, ascunse și obsedate de control pentru viața mea, stilul meu de viață și realitatea mea? Tot ce este acest lucru, de un dumnezelion de ori, vrei să distrugi și să decreezi în totalitate? Right and wrong, good and bad, POD and POC, all 9, shorts, boys and beyonds.

Gary: Astăzi am rulat „Ce contribuție este creșterea cailor pentru viața mea, stilul meu de viață și realitatea mea?" Aproape că m-a zburat din avion. Apoi, am rulat în sensul celălalt: „Ce contribuție este a nu crește cai pentru viața mea, stilul meu de viață și realitatea mea?" Și asta a fost la fel de îngrozitor. Am intrat în această creștere a cailor în sens invers fără să-mi dau seama ce fac. Rularea acestui proces a fost un element major în a începe să văd lucrurile dintr-un punct diferit.

Încerc să vă fac să înțelegeți că trebuie să vă uitați la ambele fețe ale monedei. Nu sunt un netrebnic. Sunt un netrebnic. Realitatea este că avem în existență aceste două puncte de vedere și mereu încercăm să demonstrăm unul sau să-l negăm pe celălalt. Dar suntem ambele. Sunt un netrebnic. Și știu că sunt un netrebnic. Nu încerc să-l neg sau să-l schimb. Sunt un netrebnic. Este vreo problemă?

Să spunem că observi că ești un netrebnic superior. Poți să rulezi:

Ce contribuție este a fi un netrebnic superior pentru viața mea, stilul meu de viață și realitatea mea? Și tot ce nu permite ca asta să apară, de un dumnezelion de ori, vrei să distrugi și să decreezi în totalitate? Right and wrong, good and bad, POD and POC, all 9, shorts, boys and beyonds.

Ce contribuție este a nu fi un netrebnic superior pentru viața mea, stilul meu de viață și realitatea mea? Și tot ce nu permite ca asta să apară, de un dumnezelion de ori, vrei să distrugi și să decreezi în totalitate? Right and wrong, good and bad, POD and POC, all 9, shorts, boys and beyonds.

Sau, dacă ești abject cu oamenii, rulează:

Ce contribuție este a fi abject, pentru viața mea, stilul meu de viață și realitatea mea? Și tot ce nu permite ca asta să apară, de un dumnezelion de ori, vrei să distrugi și să decreezi în totalitate? Right and wrong, good and bad, POD and POC, all 9, shorts, boys and beyonds.

Ce contribuție este a nu fi abject, pentru viața mea, stilul meu de viață și realitatea mea? Și tot ce nu permite ca asta să apară, de un dumnezelion de ori, vrei să distrugi și să decreezi în totalitate? Right and wrong, good and bad, POD and POC, all 9, shorts, boys and beyonds.

Acestea sunt moduri în care începi să ieși din punctele în care ești blocat în maniera în care acționezi și reacționezi la interacțiunea cu oamenii.

Întrebare: Vorbeam despre femeia care joacă rolul de victimă și mă manipulează. A fi manipulată impune ca eu să fiu conștientă – și să nu ridic ziduri, corect? Și totuși am un impuls incontestabil de a ridica ziduri și de a o exclude oricum.

Gary: Dacă ridici ziduri într-unul din aspectele vieții tale, ai mai făcut-o și în altele. Dacă ridici ziduri, îți reduci conștientizarea. Încerci să ridici un zid atunci când conștientizarea nu a dat rezultate bune pentru tine. Poate ai vrea să rulezi:

Ce contribuție este a ridica ziduri pentru viața mea, stilul meu de viață și realitatea mea? Și tot ce nu permite ca aceasta să apară, de un dumnezelion de ori, vrei să distrugi și să decreezi în totalitate? Right and wrong, good and bad, POD and POC, all 9, shorts, boys and beyonds.

Ce contribuție este a nu ridica ziduri pentru viața mea, stilul meu de viață și realitatea mea? Și tot ce nu permite ca aceasta să apară, de un dumnezelion de ori, vrei să distrugi și să decreezi în totalitate? Right and wrong, good and bad, POD and POC, all 9, shorts, boys and beyonds.

Întrebare: Există o persoană care apare în viața mea în mod constant iar eu pur și simplu nu vreau să fiu în preajma ei, întrucât dovedește mereu că este un ELF. Nu vreau să mă mai joc cu ea niciodată. Cum să nu fac excludere?

Gary: Ce anume excluzi când nu te mai joci cu ea? Admirație? Recunoștință? Ce? Îți dau două variante – unu sau doi sau ambele?

Acestea sunt singurele mele variante?

Gary: Da.

Dain: Încearcă să facă să fie ușor.

Sunt nedumerit.

Gary: Nu, nu ești!

(Râsete)

Gary: Doar încerci să te eschivezi de la răspuns. Excluzi recunoștința? Da sau nu?

Da.

Gary: Excluzi admirația? Da sau nu?

Eu zic că nu.

Gary: Nu excluzi admirația?

Pentru răutatea ei și caracterul de ELF?

Gary: Nu asta te-am întrebat. Excluzi admirația?

Da.

Gary: Așadar, acum vrei să știi cum să te descotorosești de ea?

Da.

Gary: Recunoștință și admirație.

Măiculiță!

Gary: (Râzând) Tu excluzi cele două arme care ar face-o să plece de lângă tine!

Dain: Obișnuia să-mi prăjească și mie creierul. Înțeleg foarte bine cum acum, pentru tine, nu are niciun sens dar dacă te uiți la acest lucru ți-ai putea da seama că ai putea avea recunoștință și admirație pentru această persoană. E important să înțelegi acest lucru. Acest aspect este cel despre care oamenii pun cele mai multe întrebări. Întreabă despre oameni în preajma cărora nu mai vor să se afle.

În repetate rânduri, l-am văzut pe Gary având recunoștința și admirație pentru ELF-i. La început mi-am zis: „Cum poți fi drăguț cu persoana aceasta?" Răspunsul este că recunoștința și admirația sunt cele două lucruri pe care oamenii nu le suportă. Îi vor face să fugă de lângă tine mai repede decât îți poți imagina.

Gary: Vor fugi cu viteza sunetului, dă-mi voie să-ți spun. Tu doar zici: „Sunt atât de recunoscător pentru tine. M-ai învățat atât de multe lucruri."

Ei vor întreba: „Poftim? Despre ce vorbești?" Iar tu spui: „Ei bine, sunt pur și simplu atât de recunoscător pentru tine. Admir felul în care îți trăiești viața."

Ei vor spune: „Ce vrei să zici cu asta?"

Tu spui: „Păi, cine este cel mai important pentru tine în viața ta? Admir faptul că poți face acest lucru."

Ei trebuie să fugă de lângă tine pentru că altfel ar trebui să intre în judecată de sine. Judecata ta cu privire la ei și excluderea admirației și a recunoștinței tale îi face pe ei să tot revină. Ei vor să bată în bariera pe care o ridici împotriva recunoștinței și admirației pentru că știu că dacă o vor străpunge vreodată, vor trebui să plece – dar, atât timp cât nu trec de această barieră, tu ești încă victima lor.

Chiar poți să-i admiri și să ai recunoștință pentru ei? Ești cu adevărat recunoscător pentru ei?

Gary: Da, sunt recunoscător oamenilor care vor să mă fure. Este:

„Uau, mulţumesc foarte mult. Sunt recunoscător pentru informaţia primită. Sunt recunoscător pentru faptul că văd din ce spaţiu funcţionezi. Sunt recunoscător pentru faptul că nu trebuie să mă mai fac o victimă a presupusei tale victimizări. Admir faptul că poţi să-ţi faci viaţa atât de oribilă şi încă să mai reuşeşti să mergi şi să vorbeşti." Este admiraţie reală – nu-s tâmpenii. Nu spun tâmpenii. Eu nu practic tâmpenii.

Dain: Dacă te poţi uita la ceea ce spune Gary şi poţi să percepi măcar o frântură a acestei energii chiar acum în legătură cu persoana la care te referi atunci, dacă rulezi acest proces, s-ar putea întâmpla unele lucruri interesante.

Ce contribuţie este această persoană pentru viaţa mea, stilul meu de viaţă şi realitatea mea? Şi tot ce nu permite ca aceasta să apară, de un dumnezelion de ori, vrei să distrugi şi să decreezi în totalitate? Right and wrong, good and bad, POD and POC, all 9, shorts, boys and beyonds.

Ce contribuţie este excluderea acestei persoane pentru viaţa mea, stilul meu de viaţă şi realitatea mea? Şi tot ce nu permite ca aceasta să apară, de un dumnezelion de ori, vrei să distrugi şi să decreezi în totalitate? Right and wrong, good and bad, POD and POC, all 9, shorts, boys and beyonds.

Gary: Când opui rezistenţă în faţa cuiva, când îi excluzi, te contracţi. Te împiedici să primeşti.

Dain: Asta se întâmplă atunci când încerci să excluzi pe cineva din viaţa ta, din traiul tău şi din realitatea ta. Te contracţi şi îţi elimini primirea.

Mulţumesc. Este foarte folositor.

Gary: Cu plăcere.

Întrebare: Care este diferenţa între contribuţie şi valoare?

Gary: *Contribuţia* este a dărui şi a primi simultan. *Valoarea* este ceea ce credem noi că face ca cineva sau ceva să fie important.

Dacă facem a fi o contribuţie important?

Gary: A fi o contribuţie nu este despre faptul că tu ai conştientizare, aşa că atunci când faci din a fi o contribuţie ceva important, excluzi ceea ce îţi dă libertatea de a alege ceva diferit.

Când cineva spune: „Opun rezistență în fața acelei persoane" sau „Evit acea persoană cu orice preț" unde este întrebarea? Auzi vreo întrebare undeva?

Nu.

Gary: Ce alegere ai în acele condiții?

Niciuna. Îmi dau seama că punând preț pe a fi o contribuție mă scoate, de asemenea, în afara alegerii. Cred că așa mi-am trăit întreaga viață.

Gary: Da, cei mai mulți dintre noi au făcut asta. Toată lumea face contribuția mai valoroasă decât întrebarea, alegerea și posibilitatea. În loc să mergi la întrebare, alegere și posibilitate, care ți-ar putea da mai multă conștientizare, tu te duci la concluzie: „Trebuie să le contribui" sau „Nu le pot contribui". Acestea sunt cele două alegeri pe care avem tendința să le facem pentru noi. Niciuna dintre ele nu este despre întrebare, care ar fi: „Ok, așadar, ce anume ar face-o pe această persoană să mă lase în pace? Ce posibilități există?"

Dain: Când încerci să excluzi pe cineva, încerci să găsești ce parte din tine ai îndepărtat pentru ca să-i excluzi pe ei. Se simte apăsător.

Gary: Trebuie să te excluzi pe tine pentru ca să-i excluzi pe ei.

Dain: Partea asta este, de fapt, ucigașul. Fără excludere poate că nici nu ar fi una dintre Cele zece chei dacă excluderea nu te-ar duce să te excluzi pe tine. Pentru ca să excluzi orice sau pe oricine altcineva, trebuie să te excluzi pe tine. Așa funcționează lucrurile. Recunoaște faptul că a pune punct excluderii este un dar pentru tine. Nu este despre ei. Nu faci asta pentru ei. O faci ca un dar pentru tine. Îți dă posibilitatea unui punct de vedere diferit. Atât timp cât faci excludere, mergi în ce contribuie ei sau ce nu contribuie ei sau ce trebuie să contribui tu sau ce nu vrei să contribui. Nu te duci la nicio întrebare, nicio posibilitate sau nicio alegere. Și, în cele din urmă, ar trebui să ai alegere totală, întrebare totală și posibilitate totală.

Însă, dacă te uiți doar la contribuția pe care poți sau nu poți să o primești de la acești oameni sau la contribuția pe care trebuie să le-o dai sau nu poți să le-o dai, excluzi celelalte elemente care sunt despre creație.

Întrebare: Se pare că în somn mă duc într-un loc care apare ca și conștientizare adevărată sau ca realitatea mea. Pare cu adevărat frumos și plin de lumină. Este ca un fel de stare de vis și nu implică nicio acțiune în această realitate și totuși, în același timp, pare a aparține exclusiv acestei realități.

Gary: Nu poți să excluzi această realitate. Trebuie să incluzi această realitate – dar, în includerea acestei realități, trebuie să practici alegere, întrebare și posibilitate. Încă o dată, tu încerci să vezi dacă această realitate contribuie realității tale. Această realitate poate nu contribuie realității tale dar, dacă o excluzi, îți excluzi conștientizarea pentru că această realitate este inclusă în conștientizarea ta.

Eu fac alegerea de a nu participa la această realitate din acest spațiu.

Gary: A nu participa este o excludere a ta din participarea la viața ta pentru că tu trăiești în această realitate în aceeași măsură în care ai și realitatea ta proprie.

Te excluzi pe tine atunci când nu ești dispus să controlezi în totalitate această realitate cu întrebarea, alegerea și posibilitățile tale.

Percep două realități: realitatea mea și această realitate contextuală a planetei Pământ. Aceste realități par a se exclude una pe alta.

Gary: Asta este o greșeală. Trebuie să pui întrebarea și să pricepi care este alegerea și care sunt posibilitățile care ar putea-o crea incluzând-o și nu excluzând-o.

Ce curățări aș putea folosi pentru a avea realitatea contextuală ca parte a realității mele cu ușurință totală?

Gary: Ce contribuție este realitatea contextuală pentru viața mea, stilul meu de viață și realitatea mea? Și tot ce nu permite ca aceasta să apară, de un dumnezelion de ori, vrei să distrugi și să decreezi în totalitate? Right and wrong, good and bad, POD and POC, all 9, shorts, boys and beyonds.

Ce contribuție este a nu avea realitatea contextuală ca parte a vieții mele, stilului meu de viață și realității mele? Și tot ce nu permite ca aceasta să apară, de un dumnezelion de ori, vrei să distrugi și să decreezi în totalitate? Right and wrong, good and bad, POD and POC, all 9, shorts, boys and beyonds.

Ai putea vorbi despre incluziunea acestei realități contextuale cu a percepe, a ști, a fi și a primi?

Gary: Da. Nu poți percepe, ști, fi și primi în totalitate dacă nu incluzi această realitate.

Întrebare: Am o întrebare despre includere și excludere. Descopăr că evenimentele mele Access Consciousness atrag unii oameni pe care societatea i-ar numi inadaptabili. Acești oameni caută, în mod evident, includerea dar, atunci când vin la evenimente, este foarte evident motivul pentru care au devenit niște inadaptați. Uneori, asta face ca evenimentele să fie mai puțin vesele pentru restul participanților.

Gary: Ascultă, includerea este: „Există oameni nebuni și există oameni care nu sunt nebuni." Majoritatea oamenilor care tu crezi că nu sunt nebuni sunt, în realitate, cu mult mai nebuni decât cei care crezi că sunt nebuni.

Nu este despre a face evenimentele Access Consciousness să fie vesele, pentru că veselia nu este scopul pentru care tu organizezi evenimentele. Bucuria este ceva secundar care apare dacă tu faci o treabă grozavă. Evenimentele ar trebui să fie despre a crea conștientizare. Dacă tu creezi conștientizare, în cele din urmă, toată lumea va fi fericită pentru că a obținut mai multă conștientizare. Nu-ți face evenimentele despre crearea unor experiențe fericite pentru că nu-chiar-atât-de-fericit este adesea cea mai măreață întrebare, posibilitate și alegere pe care o poate avea cineva.

Întrebare: Prima dată când am experimentat excluderea în psihicul nostru a fost cu părinții noștri.

Gary: Ăsta este un punct de vedere interesant. Care parte din asta este o întrebare? Nu este o întrebare, este o concluzie - și dacă tragi o concluzie, excluzi. Nu crezi că părinții tăi sunt parte din realitatea ta.

A fost plină de judecată și pedeapsă.

Gary: Ce a fost plin de judecată și pedeapsă? Experiența ta cu părinții? Ok, acesta este un punct de vedere interesant. Ce parte din asta ai creat sau ai generat tu?

Singura persoană pe care o excluzi ori de câte ori faci excludere – ești tu. Tot ce ai spus tu mai înainte este despre excludere: excluderea conștientizării tale cu privire la ce altceva este posibil în această situație. Ce alegeri ai? Ce întrebare poți să pui care ar face ca toate acestea să dispară?

Întrebare: De ce alegem să venim în această realitate limitată? Trebuie să existe o altă posibilitate.

Gary: Motivul pentru care alegi să vii în această realitate limitată este pentru că ai ajuns la atâtea concluzii încât va trebui să revii și să o iei de la capăt până când o nimerești.

Dain: Și uite ce altceva trebuie să pricepi: este o alegere. A trage o concluzie, a practica incluziunea sau a exclude sunt toate o alegere. De ce vii în această realitate limitată? Pentru că nu ai ajuns încă în locul unde această realitate este un punct de vedere interesant. Până și ce se petrece cu părinții tăi este un punct de vedere interesant. Până când nu ajungi la „punct de vedere interesant", polaritatea acestei realități te va aspira înapoi în ea, ca și când nu ai avea nicio alegere.

Primul lucru pe care trebuie să-l pricepi este că totul este alegere. Cu acest call și cu Access Consciousness în întregime sperăm să-ți prezentăm conștientizarea că ai la dispoziție alegeri diferite față de ce ai crezut că era disponibil. Sperăm că ai deschiderea și invitația de a începe să le alegi.

Întrebare: Am un client căruia cineva încearcă să-i facă rău, încearcă să-l otrăvească. Pot folosi această curățare cu el? Ar funcționa?

Gary: Da, ar ajuta mult. Va deveni conștient de când și unde se va întâmpla, dacă nu chiar mai mult.

Cum să-l formulez?

Gary: Ce contribuție este (numele persoanei care încearcă să-i facă rău) pentru viața mea, stilul meu de viață și realitatea mea? Tot ce este acest lucru, de un dumnezelion de ori, vrei să distrugi și să decreezi în totalitate? Right and wrong, good and bad, POD and POC, all 9, shorts, boys and beyonds.

Gary: Dacă crezi că sunt mai multe persoane, atunci spune „acești oameni". Poți, de asemenea, să folosești procesul pe care l-a dat Dain mai devreme despre oamenii răi, capricioși și furioși și să adaugi „oameni otrăvitori" la listă.

Dain: Așadar, ar fi astfel:

Ce contribuție sunt femeile și bărbații capricioși, furioși, retrași, ascunși, otrăvitori și obsedați de control, pentru viața mea, stilul meu de viață și realitatea mea? Și tot ce nu permite ca aceasta să apară, de un dumnezelion de ori, vrei să distrugi și să decreezi în totalitate? Right and wrong, good and bad, POD and POC, all 9, shorts, boys and beyonds.

Gary: Poți folosi acest proces cu orice. Noi alegem lucruri care nu funcționează întrucât credem că au o contribuție pentru crearea vieții noastre.

Întrebare: Ce pot să fac dacă altcineva mă exclude?

Gary: Întreabă: Ce întrebare, alegere și posibilitate am în această situație? Și rulează procesul:

Ce contribuție poate fi această persoană care mă exclude, pentru viața mea, stilul meu de viață și realitatea mea? Și tot ce nu permite ca aceasta să apară, de un dumnezelion de ori, vrei să distrugi și să decreezi în totalitate? Right and wrong, good and bad, POD and POC, all 9, shorts, boys and beyonds.

Asta sună grozav. Se simte atât de ușor. M-am tot uitat la toate modurile în care am exclus această persoană, dar de fapt e invers. Ea m-a exclus pe mine.

Dain: După clasa pe care am făcut-o în Mallorca, m-a contactat o fată. Era împreună cu un tip care o îngropa în judecăți încontinuu. Ea a spus: „Tot acest timp am crezut că eu îl excludeam pe el. Am crezut că totul este despre mine dar mi-am dat seama că era exact invers. El mă excludea pe mine. El este în totală judecată față de mine iar eu nu am putut să văd acest lucru."

De multe ori, așa stau lucrurile atunci când crezi că excluzi pe altcineva. În majoritatea cazurilor, de fapt, ei te exclud pe tine, ei te judecă pe tine.

Este extraordinar. Mulțumesc foarte mult.

Întrebare: Când am citit invitația pentru acest call, întrebarea care mi-a apărut în minte a fost: de câte ori mă includ eu pe mine? Am o familie și mi-am luat roluri diferite în această viață. Văd că, de multe ori, ignor ceea ce mi-ar plăcea. Nici măcar nu mă gândesc să întreb ce ar funcționa pentru mine în diferite situații. Mă gândesc la alții tot timpul. De fapt, când eram mic, părinții îmi spuneau mereu că nu le plac copiii egoiști și răsfățați și că nu voiau ca noi să fim așa. Îmi amintesc cât de des mă simțeam vinovat dacă un lucru ieșea așa cum îmi doream. La o vârstă fragedă am fost condiționat să am grijă de alții și am devenit îngrijitorul familiei. Dacă exista o ceartă, eu trebuia să o rezolv. Poți vorbi, te rog, despre a ne exclude pe noi înșine?

Gary: Dacă nu te incluzi pe tine, dacă te excluzi din orice calcul despre ce alegi, de fapt, îți reduci valoarea. Nu te faci pe tine parte din viața și traiul tău. Ai putea rula ceva precum:

Ce contribuție este a nu fi parte din viața și stilul meu de viață pentru viața mea, stilul meu de viață și realitatea mea? Și tot ce nu permite ca aceasta să apară, de un dumnezelion de ori, vrei să distrugi și să decreezi în totalitate? Right and wrong, good and bad, POD and POC, all 9, shorts, boys and beyonds.

Întrebare: De curând am devenit conștient că atunci când am un răspuns intens și imediat la excluderea oricui sau a orice, este pentru că este foarte apropiat de un punct sensibil sau un aspect din interiorul meu la care îmi e greu să mă uit. Nu ar fi oare util să includ în procesul meu personal o acceptare a ceva care este în mine și pe care doresc să-l exclud?

Gary: Da, dar dacă te surprinzi făcând asta, ceea ce nu ești dispus să faci este să fii vulnerabil. Trebuie să fii suficient de vulnerabil pentru a percepe, a ști, a fi și a primi totul.

Întrebare: Cum arată a spune „nu" fără excludere?

Gary: Ori de câte ori urmează să mă văd cu familia, îl întreb pe Dain dacă ar vrea să iasă la prânz sau la cină sau ceva cu familia mea. Sunt întotdeauna dispus ca el să spună nu pentru că nu trebuie să meargă.

Mă invită el să ies cu familia lui? Nu. De ce nu mă invită? Este conștient că a mă invita pe mine să-i vizitez familia nu i-ar fi de ajutor lui sau oricui altcuiva, inclusiv mie. Nu i-ar face viața mai ușoară nici lui, nici familiei lui. Aceasta este situația în care spui nu. Nu este excludere, pentru că îți dai seama că sunt și alți oameni implicați care este posibil să nu poată primi ceea ce ar da sau ar contribui cealaltă persoană.

Dain: Este conștientizarea că a include pe cineva într-o anumită situație s-ar putea să nu iasă bine pentru nimeni. Ai avut vreodată un prieten care îți plăcea dar pe care nimeni altcineva nu-l plăcea? Persoana aceea se simțea ciudat când era împreună cu ceilalți prieteni ai tăi. Sau ai fost vreodată într-o relație cu cineva pe care nimeni din jurul tău nu-l plăcea? Persoana aceea se simțea ciudat în compania celorlalți prieteni ai tăi. Într-o situație ca aceasta, când ești conștient de dificultatea care s-ar crea în lumile tuturor, ar putea fi un gest de blândețe să nu o inviți pe acea persoană la un eveniment. Este aceasta excludere sau este conștientizare?

Gary: Este conștientizare. Excludere este atunci când spui: „Nu-mi place această persoană așa că nu le dau voie să vină."

Există persoane pe care le exclud de la lucruri în care sunt implicat? Da. De ce? Pentru că știu că nu se vor integra. Anul trecut de Crăciun, am avut aici pe cineva care lucra pentru Access Consciousness. La un moment dat fusese prietena fiului meu cel mic. Mama celui de al doilea copil al fiului meu a venit și ea, a întâlnit-o pe această femeie, a înnebunit și a plecat șuierând. Practica excludere.

Eu nu o puteam exclude pe femeia aceasta de vreme ce lucra cu noi. Nu o puteam exclude din petrecerea noastră de Crăciun pentru că ea era departe de casă și nu avea pe nimeni din familie aici. Nu aveam de gând să o exclud. Dar nu puteam să o exclud nici pe femeia cu care fiul meu avea un copil pentru că nici asta nu mi se părea un gest frumos. Ea, pe de altă parte, a tras linie. Așadar, în viitor îi voi spune: „Ok, te voi invita dar nu poți să faci o scenă dacă se află cineva aici." Voi face eu regulile. Este asta excludere? Da, dar este alegere. Sunt dispus să aleg din posibilități, alegeri și întrebare.

Dain: Gary și cum mine am observat că unii oameni din Access Consciousness gândesc: „Nu trebuie să fac niciodată ceva care se simte a fi inconfortabil" sau „Nu trebuie să merg nicăieri unde se simte că ar fi o (stare de) apăsare" sau „Nu trebuie să fiu implicat în nimic care nu se simte ca ușurință și bucurie totală." Nu neapărat. În viața ta ai angajamente pe care le-ai făcut. Trebuie să le onorezi – pentru tine. Este un mod de a nu te exclude pe tine. De exemplu, să zicem că iei în calcul să nu mergi în vacanță cu familia. Te-ai putea uita la energia care s-ar crea dacă nu mergi și vei ști: „Dacă nu merg, va fi un coșmar total. Familia nu mă va iubi, mă va scoate din testament" sau orice ar fi. Du-te în afurisita de vacanță. Îndură timp de o săptămână dacă e musai şi dă-ţi seama că sunt lucruri pe care trebuie să le faci astfel încât să nu te excluzi pe tine din viaţa ta. Ai făcut promisiuni altor oameni, de exemplu, prin faptul că ai venit într-o anumită familie.

Atunci când decizi de unul singur că vei exclude oameni şi situaţii din viaţa ta, e posibil ca oamenii să simtă că le eşti duşman sau că nu faci parte din acea familie. Asta pentru că ai luat decizii unilaterale de a-i exclude din viaţa ta.

Gary: Excluzi conştientizarea a ceea ce vei crea prin alegerea pe care o faci. Trebuie să fii dispus să te uiţi la ce anume va crea alegerea ta. Excluderea tuturor posibilităţilor, a tuturor întrebărilor şi a tuturor alegerilor este locul în care excluzi conştientizarea a ce va face viaţa ta mai uşoară şi mai măreaţă în fiecare moment.

Acum câţiva ani, Simone a vrut să vină să facă Crăciunul cu noi în Santa Barbara pentru că noi suntem mult mai plăcuţi decât familia ei dar nu era niciun motiv sau scuză serioasă ca ea să vină în afara faptului că voia asta. M-a întrebat: „Chiar trebuie să petrec timp cu familia mea?"

I-am spus: „Ei bine, eu primesc un *da*."

Ea răspunde: „La naiba, şi eu la fel dar nu am vrut să aud asta. Am vrut să cred că pot să scap şi să nu fiu cu ei de Crăciun."

Am spus: „Ştii ceva? Trebuie să fii acolo." Aşa că a rămas acasă şi a petrecut cel mai frumos Crăciun pe care îl avusese în ultima perioadă. De ce? Pentru că a funcţionat dintr-un spaţiu de a nu exclude ceea ce şi-ar fi dorit (şi anume să vină la Santa Barbara), de a nu-şi exclude familia şi nici conştientizarea a ceea ce alegerea ei ar fi creat în lume. Rezultatul final a fost că totul a ieşit mult mai bine pentru ea şi pentru toată lumea implicată. De acolo trebuie să funcţionezi.

Dain: Unul din lucrurile esenţiale în această situaţie este conştientizarea a ceea ce alegerea ta va crea în lume şi în lumile altor oameni. Vorbeam despre diferenţa în energie între a exclude pe cineva şi a fi prezent complet ca tine însuţi. Este o energie foarte diferită.

Când spui: „Aleg să fiu cu familia mea pe baza conştientizării a ceea ce va crea acest lucru şi a ceea ce se va întâmpla de fapt" este o energie cu totul diferită de cea când spui: „Urăsc lucrul acesta. Nu vreau să fiu aici dar trebuie să fiu aici."

Este un lucru cu totul diferit atunci când recunoşti că ai alegere. Asta este parte din ce sperăm să revelăm ca şi posibilitate – tu, având alegere într-o gamă cu mult mai largă de situaţii decât dacă te-ai exclude pe tine.

Oamenii au tendinţa să se excludă pe ei înşişi din lucruri pe care au crezut anterior că trebuie să le facă. Decid că: „Acum că sunt în Access Consciousness şi am alegere, nu mai trebuie să merg acolo sau să fac acest lucru." Faci ceva ce nu e gentil faţă de tine ca să încerci să demonstrezi că faci ceva drăguţ faţă de tine.

Gary: Dacă nu-ţi excluzi conştientizarea despre ce va crea în lume alegerea ta, atunci începi să incluzi posibilităţile care pot apărea ca rezultat al alegerii pe care o ai în lume.

Fără excludere înseamnă că nu renunţi la nicio întrebare, la nicio alegere, la nicio posibilitate – şi că nu trebuie să renunţi la a ţi se contribui sau la a contribui altora.

Cei mai mulţi dintre voi credeţi că a alege pentru voi este a-i exclude pe ceilalţi. Credeţi că pentru ca să alegeţi pentru voi, trebuie să-i excludeţi pe ceilalţi. Nu, poţi să alegi pentru tine bazându-te pe a-i include şi pe ceilalţi. Înseamnă asta că trebuie să acţionezi împotriva a ceea ce vrei să faci? Nu. Înseamnă asta că trebuie să te simţi obligat să faci ceva? Nu. Înseamnă că trebuie să alegi din conştientizare totală.

Fiecare dintre aceste Zece chei se poate aplica separat. Am primit un e-mail de la cineva care mi-a spus că adoră Cele zece chei. A zis: „Mi-am dat seama că dacă iei numai una singură şi o foloseşti în fiecare situaţie cu care te întâlneşti, întreaga ta viaţă s-ar schimba."

Asta este ideea. Poţi folosi oricare dintre chei, în orice moment. Noi facem call-ul despre Cele zece chei pentru că sperăm că îi vor face pe oameni să vadă alegerile pe care le au la dispoziţie. De aceea v-am abuzat şi, sperăm noi, că v-am şi amuzat puţin.

Haideţi să încercăm aceste procese:

Ce contribuţie este Access Consciousness pentru viaţa ta, stilul tău de viaţă şi realitatea ta? Tot ce este acest lucru, de un dumnezelion de ori, vrei să distrugi şi să decreezi în totalitate? Right and wrong, good and bad, POD and POC, all 9, shorts, boys and beyonds.

Ce contribuție este a nu avea Access Consciousness, pentru viața ta, traiul tău și realitatea ta? Tot ce este acest lucru, de un dumnezelion de ori, vrei să distrugi și să decreezi în totalitate? Right and wrong, good and bad, POD and POC, all 9, shorts, boys and beyonds.

Ce contribuție este a nu adopta și a nu folosi în totalitate Cele zece chei, pentru viața ta, traiul tău și realitatea ta? Tot ce este acest lucru, de un dumnezelion de ori, vrei să distrugi și să decreezi în totalitate? Right and wrong, good and bad, POD and POC, all 9, shorts, boys and beyonds.

Ce contribuție este a adopta și a folosi în totalitate Cele zece chei, pentru viața ta, traiul tău și realitatea ta? Tot ce este acest lucru, de un dumnezelion de ori, vrei să distrugi și să decreezi în totalitate? Right and wrong, good and bad, POD and POC, all 9, shorts, boys and beyonds.

Întrebare: Linia continuă a ultimelor zece call-uri pare a fi ceea ce determină dacă energia curge sau nu.

Gary: Da. Pentru mine este mereu despre o stare de ușurință în totul. Nimic nu este solid, greu, blocat sau dificil. Când ajungi la ceva care creează un sentiment de spațiu, există o ușurință în asta și acesta este locul spre care vrei să te îndrepți. Fiecare dintre aceste chei este prevăzută să-ți dea spațiul pentru ca să poți să fii spațiul ca să ai spațiul ca să poți să alegi mai mult spațiu și să alegi o posibilitate diferită.

Percep ca și cum mă uit la toate fundăturile – și, dintr-odată, nu mai e nicio fundătură.

Dain: E perfect.

Da, este doar o super-autostradă. Zbrrrr.

Dain: Gary și cu mine funcționăm din acel loc aproape tot timpul. Acesta este locul din care *nu* funcționam acum unsprezece ani. Folosind aceste Zece chei, am creat o realitate diferită.

Când lucrurile se petrec ca pe super-autostradă și altceva își face apariția, este precum: „Ah! Am suficient de mult spațiu ca să fac față acestui lucru pe super-autostradă. Grozav. Ce alegeri am la dispoziție? Ce posibilități sunt disponibile? Ce întrebări pot să pun ca să schimb asta?"

Contribuția permite să existe mai mult din această super-autostradă în fiecare dintre situațiile cu care te confrunți. Este un mod diferit de a fi în lume față de ce am fost învățați cei mai mulți dintre noi, așa că trebuie să fim autodidacți.

Așadar, din această perspectivă, chiar și dacă alegerea este inconfortabilă, de exemplu ca atunci când vorbeai despre familie, nu este imposibil să ai o alegere care pare a fi proastă dar se simte a fi cea corectă.

Dain: Da.

Gary: E posibil să simți că e proastă dar rezultatul este, de obicei, mai grozav decât ai crezut tu că ar putea fi, pentru că ești pe super-autostradă. Cel mai bun mod în care pot să explic asta este: nu mai există ziduri de cărămidă care apar în fața ta ca să te zdrobești de ele.

Întrebare: Am o întrebare. Voi încerca să-ți ofer energia aceasta fără să intru în toată povestea. Este despre o experiență pe care am avut-o la acest sfârșit de săptămână cu privire la a primi sprijin. A fost foarte inconfortabil și am simțit ca și când am permis să aibă loc o invazie sau o deturnare a vieții mele. Nu am știut dacă am recurs la permisivitate și nu am făcut excludere, sau ce altceva aș fi putut alege.

Gary: Va trebui să-mi dai puțin mai multe detalii.

Stăteam la hotel și mi s-a stricat hard drive-ul. Eu nu mă pricep la chestiile astea. Cineva care stătea la același hotel, o persoană cu totul necunoscută, s-a oferit să mă ajute. Trebuia să ne întâlnim în holul hotelului dar el a apărut la mine la ușă și a insistat să intre la mine în cameră. Eu nu-l voiam la mine în cameră. Imediat după asta s-a întins pe pat și am remarcat că mirosea îngrozitor. Apoi mi-am dat seama că habar nu avea ce face pentru că eu am un Mac iar el avea Windows. Lucrurile au continuat tot așa iar eu nu am putut să-l dau afară din cameră.

Gary: Stai, stai, stai. În primul rând, tu ai încălcat înțelegerea. Ce ar fi trebuit să spui (cu ușa închisă) este: „Îmi pare rău, am fost crescută ca o fată cuviincioasă din Sud iar fetele din Sud nu le permit domnilor să intre la ele în cameră. Așa că trebuie să mergem la parter pentru că eu nu sunt confortabilă cu lucrul acesta." Se numește a nu fi preș. Permisivitatea nu înseamnă a fi preș. Permisivitatea este: „Lucrul acesta nu va funcționa. Mulțumesc foarte mult că ai venit dar nu va funcționa."

Dain: Și nu este excludere.

Gary: Nu, este conștientizare. Asta nu va funcționa. Ai știut de când a apărut la tine la ușă că lucrul acela nu va funcționa. De ce ai acționat împotriva propriei conștientizări?

Ce a ieșit la suprafață a fost familia mea. Obișnuiam să înghit tot felul de chestii de rahat doar ca să primesc un pic de bunătate.

Gary: Da, ei bine, asta este o poveste drăguță. O vei face reală pentru tine?

Nu!

Gary: Bun. Trebuie să alegi ceea ce știi că este potrivit pentru tine. Fiecare din aceste Zece chei este despre a te conduce la conștientizarea care funcționează pentru tine, la ce e potrivit pentru tine și la ce-ți va face viața mai ușoară. Este despre locul în care vei avea super-autostrada ușurinței. Când cineva apare la tine la ușă și asta nu este ceea ce ai cerut tu, spui: „Îmi pare rău, nu sunt disponibilă acum, ne întâlnim în hol în jumătate de oră."

Ok.

Gary: Se numește a prelua controlul, iubito. Ideea celor Zece chei este să-ți dea un spațiu unde ești dispusă să ai controlul în loc să-ți dai voie să fii folosită sau abuzată.

Da, iar asta mă duce înapoi la a-mi reaminti să mă includ pe mine însămi.

Gary: Exact, trebuie să te incluzi pe tine în toate acestea. Îți excluzi propriile nevoi, necesități, dorințe și cerințe în favoarea nevoilor, necesităților, dorințelor și cerințelor celorlalți. Asta nu merge. Nu poți să-ți faci asta. Ok?

Da, mulțumesc.

Întrebare: Pe măsură ce vorbești despre fără excludere, îmi dau seama că am un sentiment de superioritate în relația cu corpul meu care mă face să-l pedepsesc și să abuzez de el în diferite moduri. Mi-am exclus corpul de la a lua parte la necesitățile și dorințele sale. Ai un proces pentru a integra corpul și entitatea în totalitate?

Gary: Mai întâi, să vorbim despre relația dintre ființă și corp. Închide ochii și extinde-te și atinge marginile tale exterioare, ca ființă.

Nu marginile exterioare ale corpului tău – marginile exterioare ale tale, ființa infinită. Mergi până la cele mai îndepărtate locuri unde te afli tu, ființa. Acum du-te mai departe. Ești și acolo? Ar putea o ființă atât de mare să se potrivească într-un corp de mărimea corpului omenesc? Nu. Corpul tău este înăuntrul tău, al ființei.

Este vorba despre a-ți integra corpul în ființa infinită care ești întrucât corpul trebuie să aibă și el un sentiment infinit de spațiu.

Așa cum spune prietenul meu, Dr. Dain: „Este punctul tău de vedere cel care îți creează realitatea. Nu este realitatea cea care îți creează punctul de vedere." Dacă îți vezi corpul ca fiind înăuntrul tău, ființa care ești, în loc să-l vezi ca pe ceva care este în afara ta – sau ceva pe care l-ai exclus din spațiul tău – s-ar putea să ai un mod diferit de a fi cu el.

Trebuie să incluzi ceea ce dorește și de ce are nevoie corpul. De exemplu, dacă nu pricepi că el are nevoie de odihnă atunci devii din ce în ce mai epuizat iar corpul tău începe să aibă dureri și tu începi să creezi boală – deoarece corpul tău trebuie să încerce să depășească momentele în care tu-l ignori.

Întrebare: Vreau să merg pe acea super-autostradă înapoi la forma fizică și să te rog să-mi dai toate detaliile despre cum se deschide această super-autostradă în forma fizică.

Gary: Vei avea nevoie de Clasa avansată pentru corp.

Pricep asta și voi ajunge acolo. Promit. Dar acum sunt aici.

Gary: Ceea ce trebuie să faci este să rulezi:

Ce contribuție este corpul meu pentru viața mea, stilul meu de viață și realitatea mea? Și tot ce nu permite ca acest lucru să apară, de un dumnezelion de ori, distrugi și decreezi în totalitate? Right and wrong, good and bad, POD and POC, all 9, shorts, boys and beyonds.

Ce contribuție este a nu avea un corp, pentru viața mea, stilul meu de viață și realitatea mea? Și tot ce nu permite ca acest lucru să apară, de un dumnezelion de ori, distrugi și decreezi în totalitate? Right and wrong, good and bad, POD and POC, all 9, shorts, boys and beyonds.

Și poți să treci aceste întrebări prin fiecare aspect al formei fizice?

Gary: Da. Dacă ai o durere în corp poți să întrebi: „Ce contribuție este această durere pentru viața mea, stilul meu de viață și realitatea mea?"

Recent, mă plimbam și aveam tot felul de dureri în corp. Am întrebat: „Uau, ce contribuție sunt aceste dureri pentru viața mea, stilul meu de viață și realitatea mea?" Cincizeci la sută dintre ele au dispărut după prima dată când am pus întrebarea.

Încă am unele probleme cu a da înapoi ce aparține altor oameni. Este ca și când nu pot să delimitez clar sau corpul meu nu alege să delimiteze foarte clar astfel încât să pot trimite înapoi, chiar dacă eu știu că acel lucru nu este al meu.

Gary: Ai recunoscut faptul că ești un vindecător?

O, da.

Gary: Ok, atunci poate vrei să rulezi:

Ce contribuție este a fi vindecător pentru viața mea, stilul meu de viață și realitatea mea? Și tot ce nu permite ca acest lucru să apară, de un dumnezelion de ori, distrugi și decreezi în totalitate? Right and wrong, good and bad, POD and POC, all 9, shorts, boys and beyonds.

Ce contribuție este a nu fi vindecător pentru viața mea, stilul meu de viață și realitatea mea? Și tot ce nu permite ca acest lucru să apară, de un dumnezelion de ori, distrugi și decreezi în totalitate? Right and wrong, good and bad, POD and POC, all 9, shorts, boys and beyonds.

Întrebare: La începutul acestui call, Dain a spus că atunci când funcționezi din conștientizare nu e necesar să rostești niciun cuvânt. Când facem procese pentru corp, funcționăm preponderent din conștientizare?

Dain: Da, doamnă, este adevărat.

Și dacă funcționăm din conștientizare putem acționa mai rapid?

Dain: Exact! De fapt, devii o vibrație care permite ca ceva complet diferit să apară, ceea ce este al naibii de grozav.

Întrebare: Crezi că cei mai mulți dintre oameni practică, în exterior, excluderea ca în: „Nu voi fi cu această persoană" sau „Nu voi face acel lucru" în loc să facă excludere din interiorul lor precum: „Nu voi fi afurisit sau răutăcios"? Practicăm excluderea mai mult din afară decât dinăuntru sau ambele?

Gary: Ambele. Variază în funcție de zi și de oamenii care sunt în preajma ta.

Dain: Și, de câte ori încerci să excluzi pe altcineva, trebuie să te excluzi și pe tine.

Gary: Da, și asta este partea proastă.

Probabil că nu există excluderea a ceva din afară fără ca asta să fie o excludere din interior?

Gary: Ei bine, dacă încerci să excluzi pe cineva sau ceva din viața ta, te excluzi și pe tine în acest proces.

Iată un exemplu – o poveste. Uram rahatul de câine și oriunde mergeam, călcam în el. Când în cele din urmă am început să fac POD și POC la tot ce mă făcea să cred că nu puteam include rahatul de câine în realitatea mea, rahatul de câine a început să-mi spună că este acolo iar eu nu am mai călcat în el niciodată!

Asta e amuzant.

Gary: Am spus: „Fără excludere include și rahatul de câine. Tot ce fac atunci când exclud rahatul de câine este să calc în el." Acesta este, în mare, modul în care asta lucrează în fiecare aspect al vieții tale. Orice încerci să excluzi, vei călca în el la nesfârșit.

Când copiii sunt mici, sunt de obicei într-o stare de non-excludere. Se pare că se includ pe ei înșiși și includ totul din jurul lor.

Gary: Asta poate fi adevărat dar nu e în mod necesar adevărat. Depinde de copil. Este un lucru care ține de fiecare în parte.

Dar copiii mici nu se exclud pe ei înșiși.

Gary: De obicei nu, dar unii o fac. Depinde de vârsta la care învață să o facă. Pot învăța asta la vârsta de 3 luni sau, uneori, mai devreme. Nu poți să îmbrățișezi punctul de vedere că ei sunt în mod natural minunați pentru că unii dintre ei nu sunt.

Alaltăieri, eram la un restaurant împreună cu fiica mea, Grace și cu bebelușul ei. De câte ori chelnerul venea la noi la masă, copilul se uita la el și se aștepta să i se vorbească pentru că, atunci când eram în Noua Zeelandă, toți cei care treceau pe lângă noi vorbeau cu bebelușul. Ei știu că nu este doar un bebeluș, este o ființă. Ei vorbeau cu bebelușul iar bebelușul zâmbea și făcea ce făcea el de obicei.

În California, când chelnerul a venit lângă bebeluș, acesta stătea și se uita, așteptând să i se vorbească. Era uluitor să-l vezi pe micuț cum aștepta ca chelnerul să i se adreseze și să interacționeze cu el. Când chelnerul nu-i vorbea, bebelușul îl privea ca și când îl întreba: „Ce se întâmplă?" Bebelușul are trei luni jumătate.

Deja urăște să nu fie inclus în conversație.

Când ai o conversație cu cineva, tot ce trebuie să faci este să te întorci către bebeluș și să-l întrebi: „Ei bine, ce părere ai despre asta?" sau să spui: „Abia aștept să poți vorbi ca să aud ce crezi tu despre asta." Bebelușul va sta acolo și va gânguri, încercând să fie parte din conversație.

Fiecare ființă vrea să fie parte din conversație; fiecare ființă vrea să fie implicată. Când excluzi copiii din a fi implicați, i-ai exclus din viața ta iar asta înseamnă că ei trebuie să se facă importanți în viața altcuiva.

Întrebare: Când dormim, ne excludem sau ne includem?

Gary: Depinde de ce crezi că este important în noaptea aceea. Unii oameni ies din corpurile lor și pleacă în timpul nopții.

Vrei să spui că se exclud?

Gary: Pleacă și fac alte lucruri în timpul nopții în loc să fie conștienți.

Tu numești asta vise dar nu este asta neapărat. Ai avut vreodată experiența de a te trezi speriat? Sau te-ai trezit și ai simțit că ceva nu era în regulă? Acela este locul în care te-ai exclus pe tine din corp pe durata nopții. Te blochezi în impactul pe care îl au punctele de vedere ale celorlalți atunci când revii în corpul tău.

Îți părăsești corpul iar tu te duci să faci orice ar fi ceea ce faci. Unii oameni ies din corp și se duc și muncesc toată noaptea dar când revin în corpul lor, se trezesc speriați sau poate deprimați și nefericiți. Cât de mult din asta este de fapt a lor? Niciun pic. Uneori revin și sunt atât de obosiți. Spun: „M-am simțit ca și când aș fi muncit toată noaptea" sau „Am simțit această chestie teribilă întâmplându-se toată noaptea."

Trebuie să-ți întrebi corpul: „Corpule, ești obosit?" În proporție de nouăzeci și nouă la sută, corpul nu este obosit pentru că a primit opt ore de odihnă. Tu erai cel care era în afară și ducea bătălii și făcea chestii.

Tu și corpul tău sunteți întrucâtva separați în acest fel, iar tu te excluzi pe tine din corpul tău atunci când nu ești pe deplin conștient de corpul tău.

Este același lucru ca atunci când ai coșmaruri și punctele de vedere ale celorlalți oameni te chinuie?

Gary: Acestea sunt lucruri diferite. Uneori sunt amintiri din vieți trecute care te-au făcut fie fericit, fie nefericit. Nu există răspunsuri clare pentru vise. Și nu există răspunsuri exacte pentru aproape nimic în viață. Este despre a fi în întrebare, a vedea alegerea și posibilitățile și a fi capabil să știi când ceva anume este cu adevărat o contribuție pentru tine. Când ceva este o contribuție reală, îți amplifică viața; nu contractă nicio parte a ei.

Același lucru se aplică la oameni. Oamenii care îți expansionează viața sunt daruri uriașe. Ei sunt oamenii care îți contribuie și care îți dăruiesc. Ei sunt parte din ceea ce creează expansionarea super-autostrăzii spre o conștientizare mai măreață. Aceia sunt oamenii pe care vrei să îi păstrezi în preajmă. Aceia sunt oamenii pe care vrei să îi sprijini cât de mult posibil.

Dain: Ei sunt cei care continuă să expansioneze spațiul. Ei îți fac viața mai ușoară. Ei contribuie la alegerile, posibilitățile și întrebările la care nici măcar nu te-ai gândit.

Gary: Acum aș vrea să închei conversația noastră. Vreau să vă mulțumesc tuturor pentru că ați fost prezenți în aceste *call*-uri și sper că ele au creat o mai mare senzație de spațiu și niște schimbări semnificative pentru voi. Fiecare cheie, dacă o aplicați, vă va duce la un nivel de libertate care v-ar putea pune viața pe jar și ar putea crea ceva mai măreț decât ați știut vreodată că este posibil.

Vă iubim la nebunie!

Dain: Mulțumim, vă iubim pe toți!

Procesul de curățare

În Access Consciousness, există un proces pe care îl folosim pentru a distruge și a decrea blocajele și limitările.

Iată o scurtă explicație a modului în care funcționează: Universul are la bază energia. Fiecare particulă din univers are energie și conștiință. Nu există energie bună sau energie rea, există doar energie. Doar judecata noastră este cea care face ca ceva să fie bun sau rău. Energia este prezentă, se poate transforma și se poate schimba la cerere. Este substanța prin intermediul căreia se realizează transformarea. Tot ce spui, tot ce gândești și tot ce faci generează ceea ce are loc în viața ta. Orice alegi pune energia universului, energia conștiinței, în acțiune – iar aceasta apare sub forma vieții tale. Așa arată viața ta chiar în acest moment.

Punctul creației, punctul distrugerii

Fiecare limitare pe care o avem a fost creată de noi înșine, undeva, pe parcursul tuturor timpurilor, spațiilor, dimensiunilor și realităților. A presupus emiterea unei judecăți, luarea unei decizii sau îmbrățișarea unui punct de vedere. Nu are importanța cum sau de ce a fost creată limitarea, cum nu contează niciuna din celelalte părți ale poveștii ei. Doar trebuie să știm *că* a fost creată. Noi numim acest lucru punct al creației (POC). Punctul creației include, din punct de vedere energetic, gândurile, sentimentele și emoțiile care vin imediat înaintea deciziei, judecății sau punctului de vedere pe care le-am luat.

De asemenea, există un punct al distrugerii. Punctul distrugerii (POD) este punctul în care ne-am distrus ființa prin luarea unei decizii sau asumarea unei poziții care se baza pe un punct de vedere limitat. Ne-am plasat, la propriu, într-un univers autodistructiv. La fel ca punctul creației, punctul distrugerii include, din punct de vedere energetic, gândurile, sentimentele și emoțiile care preced decizia distructivă.

Când pui o întrebare despre un blocaj sau o limitare tu faci apel la energia care te ține blocat acolo. Folosind fraza de curățare poți să distrugi și să decreezi blocajul sau limitarea (la fel ca și gândurile, sentimentele și emoțiile legate de ea). Fraza de curățare îți permite să destrami energetic aceste lucruri pentru a avea o altă variantă.

Fraza de curățare

Acestea sunt cuvintele care compun fraza de curățare:

> Tot ce este acest lucru, de un dumnezelion de ori, distrugi și decreezi în totalitate. Right and wrong, good and bad, POD and POC, all 9, shorts, boys and beyonds.

Nu trebuie să înțelegi fraza de curățare pentru ca ea să funcționeze dar dacă vrei să știi mai multe despre ea, există informație suplimentară în glosar.

Cu fraza de curățare noi nu-ți dăm răspunsuri și nu încercăm să te facem să-ți schimbi părerea. Știm că acest lucru nu funcționează. Tu ești singurul care poate debloca punctele de vedere care te țin pe loc. Ceea ce îți oferim noi aici este un instrument pe care îl poți folosi ca să schimbi energia punctelor de vedere care te mențin blocat în situații care nu se schimbă.

Pentru a folosi această frază de curățare, pur și simplu pui o întrebare care are rolul de a aduce la suprafață energia a ceea ce te încorsetează, inclusiv tot rahatul construit peste ea sau care se ascunde în spatele ei, apoi spui sau citești fraza de curățare ca să cureți limitarea și să o schimbi. Cu cât mai mult rulezi fraza de curățare, cu atât acționează mai profund și cu atât poate să deblocheze pentru tine mai multe straturi și niveluri. S-ar putea să dorești să repeți procesele de mai multe ori până când subiectul pe care se lucrează nu mai este o problemă pentru tine.

Cum funcționează procesul de curățare?

Când pui o întrebare iese la suprafață o energie de care vei deveni conștient. Nu e necesar să cauți un răspuns la această întrebare. De fapt, e posibil ca răspunsul să nu-ți vină în cuvinte. E posibil să-ți vină sub forma unei energii. Este posibil ca nici măcar să nu știi cognitiv care este răspunsul la întrebare. Nu are importanță cum vine conștientizarea la tine. Doar pune întrebarea și apoi curăță energia cu fraza de curățare:

> Tot ce este acest lucru, de un dumnezelion de ori, distrugi și decreezi în totalitate? (Spune *da* aici dar numai dacă ești convins cu adevărat). Right and wrong, good and bad, POD and POC, all 9, shorts, boys and beyonds.

Fraza de curățare poate părea construită din cuvinte fără sens. Ea are rolul să-ți scurtcircuiteze mintea astfel încât să poți vedea ce alegeri ai la dispoziție. Dacă ai putea să rezolvi totul cu mintea ta logică, ai avea deja tot ce-ți dorești. Orice te împiedică să ai ceea ce îți dorești nu ține de logică. Fraza de curățare este proiectată să ardă fiecare punct de vedere pe care îl ai pentru ca să poți începe să funcționezi din conștientizare și din ceea ce știi. Ești o ființă infinită iar tu, ca ființă infinită, poți să percepi totul, să știi totul, să fii totul și să primești totul. Doar punctele tale de vedere creează limitările care blochează acest lucru.

Nu face asta semnificativ. Doar cureți energie și orice puncte de vedere, limitări sau judecăți pe care le-ai creat. Poți folosi fraza de curățare completă așa cum am dat-o noi aici sau poți spune doar: POD și POC și toate celelalte chestii pe care le-am citit în carte.

Ține minte: este despre energie. Mergi pe urma energiei acestui lucru. Nu ai cum să faci asta într-un mod greșit. Ai putea descoperi că ai un mod de funcționare diferit ca rezultat al folosirii frazei de curățare. Încearc-o. S-ar putea să schimbe totul în viața ta.

Glosar

Agende secrete

O agendă este un format pe care se presupune că trebuie să-l urmezi. Agendele secrete sunt decizii pe care le luăm sau concluzii la care ajungem despre formatul vieții noastre, decizii și concluzii de care nu mai suntem conștienți pentru că am decis să le păstrăm secrete. Ai fi putut lua aceste decizii la un moment anterior în viața ta dar, adesea, sunt luate în alte vieți. Orice ai decis că nu-ți poți aminti acum, este o agendă secretă. Aceasta creează reacție în loc de acțiune, reacție în loc de alegere, răspuns în loc de întrebare și concluzii în loc de posibilități.

Bars

Access Consciousness Bars este un proces practic, pentru corp. Un facilitator Access Consciousness aplică o atingere ușoară pe cap asupra unor puncte care corespund anumitor aspecte de viață și invită orice energie blocată în acea zonă să înceapă să circule din nou. Rularea Bars începe să distrugă banca de date a computerului care a dictat totul în viața ta.

De-manifestare moleculară

Știința ne spune că dacă ne uităm la o moleculă, îi schimbăm forma și structura doar pentru că o observăm. Așadar, ori de câte ori ne fixăm atenția pe ceva sau decidem că trebuie să fie într-un anumit fel, noi creăm un efect asupra acestui lucru. De-manifestarea moleculară este un proces practic din Access Consciousness care de-creează structura moleculară a ceva anume ca să nu mai existe. Este o cale de a face ceva să dispară.

Elementali

Elementalii descriu esența pură sau forma de bază a lucrurilor; sunt structurile moleculare care există în toate realitățile. Elementele de bază pentru construcția realității sunt energia, spațiul și conștiința (ESC) iar noi putem cere acestor elemente să se concretizeze în forma solidă a ceea ce ne dorim pe baza interconectărilor cuantice. (Pentru detalii, vezi definiția interconectărilor cuantice)

Ființare

Încercăm să dovedim că suntem *ceva* în loc să fim ceea ce suntem; luăm asupra noastră o ființare pentru a demonstra că suntem. De exemplu, dacă îți iei o ființare de persoană de afaceri inteligentă, vei simți că poți fi tu doar atunci când ești o persoană de afaceri inteligentă. Dar dacă nu trebuie să dovedești că ești ceva? Dacă doar ai fi tu însuți?

Fitil

Un fitil este atunci când tragi în sus de lenjeria de corp a cuiva și provoci disconfort. Un fitil energetic este o întrebare pe care o pui care creează disconfort în universul cuiva. A plasa un fitil este a aștepta să apară un moment la care arunci o întrebare ca o bombă și apoi pleci. Durează între șase și opt săptămâni pentru ca aceasta să supureze și să facă bășică și, atunci când o face, persoana îți va pune o întrebare care este cu adevărat o întrebare. Schimbarea este apoi posibilă – dar nu înainte de asta.

Fraza de curățare (POD/POC)

În Access Consciousness există un proces de curățare pe care îl folosim ca să distrugem și să decreăm blocaje și limitări care sunt, de fapt, doar energie blocată. Odată ce devenim conștienți de o energie pe care dorim să o curățăm, folosim fraza de curățare. Ar putea să pară că fraza de curățare este despre cuvinte (care sunt exprimate în varianta prescurtată) dar, în realitate, energia frazei de curățare este cea care schimbă lucrurile, nu cuvintele. Cuvintele frazei de curățare sunt: corect și greșit, bine și rău, POD (punct al distrugerii) și POC (punct al creației), toate 9, scurți, băieți și nevăzute.

(în limba engleză: Right and wrong, good and bad, POD and POC, all 9, shorts, boys and beyonds.)

Right and wrong, good and bad este prescurtarea pentru: Ce este drept, bun, perfect și corect legat de această situație? Ce este greșit, josnic, rău, groaznic, urât și înspăimântător legat de această situație? Versiunea scurtă a acestor întrebări este: Ce este corect și greșit, bine și rău?

POD și POC

POC este punctul creației gândurilor, sentimentelor și emoțiilor care preced decizia ta de a bloca energia în loc. POD este punctul distrugerii gândurilor, sentimentelor și emoțiilor care preced orice decizie de a bloca acel subiect în loc și toate modurile în care te-ai distrus pe tine pentru ca să-l menții în existență. Atunci când faci „POD și POC" la ceva este ca atunci când tragi cartea care se află la baza piramidei din cărți de joc. Întreaga construcție se dărâmă.

All 9 reprezintă cele nouă moduri diferite în care ai creat acel lucru ca o limitare în viața ta. Ele sunt straturile gândurilor, sentimentelor, emoțiilor și punctelor de vedere care creează limitarea ca ceva solid și real.

Shorts este versiunea scurtă a unei serii mult mai lungi de întrebări care include: Ce este semnificativ în legătură cu asta? Ce este nesemnificativ în legătură cu asta? Care este pedeapsa pentru acest lucru? Care este recompensa pentru acest lucru?

Boys reprezintă structurile energetice numite sfere nucleate. Există treizeci şi două de tipuri de astfel de sfere care sunt numite colectiv „băieţi". O sferă nucleată arată precum baloanele create atunci când sufli într-un tub din dispozitivul cu camere multiple cu care copiii fac baloane de săpun. Creează un număr imens de baloane şi, când spargi unul, celălalt îi ia locul. Ai încercat vreodată să cureţi foile de ceapă când încercai să ajungi la miezul unei probleme dar nu puteai niciodată să ajungi la ea? Asta din cauză că nu era o ceapă, era o sferă nucleată.

Beyonds sunt sentimente sau senzaţii pe care le ai, care îţi opresc inima sau îţi taie respiraţia sau îţi blochează disponibilitatea de a te uita la posibilităţi. Beyonds sunt ce apare când eşti în stare de şoc. Beyonds include tot ce este dincolo de consideraţie, realitate, imaginaţie, concepţie, percepţie, raţionare, iertare şi toţi ceilalţi beyonds. Ei sunt, de obicei, sentimente şi senzaţii, rar emoţii şi niciodată gânduri.

HEPAD-uri poziţionale

Pentru fiecare punct de vedere fix pe care îl îmbrăţişezi, îţi reduci conştientizarea. HEPAD-urile poziţionale (Dezavantajare, Entropie, Paralizie, Atrofie, Distrugere) sunt o poziţie pe care ai adoptat-o cu privire la orice subiect, după care începi să-ţi produci singur un handicap în legătură cu ce poate apărea. Creezi entropie, ceea ce creează haos din ceea ce a fost mai înainte ordine. Creezi paralizie acolo unde eşti incapabil să funcţionezi. Creezi atrofie adică începi să desfaci în bucăţi structura într-atât încât nu poate fi generativă. Apoi, creezi distrugere. Acestea sunt cele cinci elemente ale situaţiei care apare atunci când adopţi o poziţie cu privire la orice.

HEPAD-urile poziţionale sunt ceea ce creezi cu fiecare punct de vedere fix pe care îl îmbrăţişezi. Această realitate spune că ai dreptate şi nu greşeşti doar atunci când ai punctul de vedere fix şi cu asta basta. Aşa că-ţi petreci toată viaţa încercând să obţii punctul de vedere corect şi atitudinea corectă. În acest fel te poţi integra, poţi beneficia, poţi câştiga şi nu poţi pierde. Şi atunci, totul va fi în regulă. Doar că asta este parte a teoriei pentru tot ceea ce știi că nu funcționează în viața ta și nu funcționează pentru tine aici.

Dezavantajare – Ca și humanoizi vă veți dezavantaja în cursă pentru că știți că sunteți mai rapizi decât toți humanii, mai rapizi decât toți ceilalți din jurul vostru, mai conștienți și mai amuzanți. Cineva normal s-ar pune în poziție de dezavantaj legându-și la spate un picior și o mână. Voi nu. Voi vă legați la spate ambele mâini și picioare, vă puneți căluș la gură și tot mai alergați cursa. Aceasta este punerea în dezavantaj pe care o practicați prin adoptarea unor poziții și puncte de vedere. Atât de mult trebuie să te pui pe tine în dezavantaj pentru ca să fii în cursa humană.

Entropie – Atunci când iei ceea ce este ordonat în viața ta (fiind tu însuți) și o faci haotic, încercând să devii ceea ce doresc alți oameni ca tu să devii gândindu-te că, poate, în acest fel, cineva te va accepta, te va vedea, te va iubi și va avea grijă de tine în cele din urmă. Nu o vor face. De asemenea, entropia este atunci când lucrurile se destramă și se deteriorează în timp. Din acest motiv corpul vostru se deteriorează în timp; și din acest motiv relațiile voastre se destramă cu timpul (dacă nu investești o cantitate uriașă de energie în ele).

Paralizie – Când crezi că nu ai alte alegeri la dispoziție. Elimini totul mai puțin acea poziție singulară pe care ai adoptat-o.

Atrofie – Când renunți la lucrurile la care ești bun pentru că nimeni altcineva nu crede că este un lucru bun. Tu-ți lași capacitatea ta naturală să intre la apă și să dispară. Atrofia este și atunci când mușchii se atrofiază, devenind inutili. Ai văzut oameni în lume care îmbrățișează o mulțime de puncte de vedere fixe? Capacitățile lor mentale se reduc și devin inutile. Capacitatea lor pentru bucurie se reduce și devine inutilă și non-existentă. Capacitatea lor pentru creare și generare devine inutilă și non-existentă.

Distrugere – Atunci când te privești pe tine ca pe o greșeală. Cu toții știm ce este distrugerea. Atunci când îți folosești energia împotriva ta, pentru ca astfel să poți distruge.

Practic, tu limitezi, definești și eviți alegerea și întrebarea prin toate acestea. Așa că adopți aceste poziții și puncte de vedere și închei prin a crea o constricție, distrugere și dezavantajare a ta în tot ceea ce ești, de fapt, ca ființă.

Dacă există ceva în viața ta cu care nu ești mulțumit și care nu se schimbă, atunci trebuie să întrebi: Câte HEPAD-uri poziționale am care mențin acest lucru în existență?

Humanoid

Humanoid este numele folosit pentru a descrie oamenii care sunt dispuși să aibă mai mult, să fie mai mult și să facă mai mult. De obicei, ei sunt creatori de opere de artă, literatură și idei. Le place să experimenteze eleganța și frumusețea vieții, să se bucure de aventura vieții sau să facă lucruri care fac lumea un loc mai bun. Humanoizii simt adesea că nu se integrează niciunde. Au tendința să fie în judecată de sine și se minunează: „Ce e în neregulă cu mine de nu mă integrez?"

Implanturi

Implanturile sunt gânduri, sentimente și emoții precum și alte lucruri care sunt puse în forma noastră fizică prin intermediul curentului electric, a medicamentelor, vibrațiilor, luminilor sau sunetelor ca o modalitate de a ne controla, care ne ajută sau nu. Implanturile sunt o modalitate de a ne domina, a ne manipula și a ne controla, pe noi și corpurile noastre. Nu poți fi implantat decât dacă te aliniezi și ești de acord sau dacă te opui și reacționezi la ceva. De exemplu, dacă te aliniezi la ideologia unui lider religios, poți fi implantat cu tot felul de frici și superstiții. Atunci când nu ai niciun punct de vedere despre religie, indiferent cât de mult ți se țin predici, acestea nu vor avea efect asupra ta; totul va fi doar un punct de vedere interesant.

Implanturi de distragere

Implanturile de distragere au rolul să te închisteze în această realitate și să te scoată din a fi tu însuți. Implanturile nu au nimic de-a face cu ceea ce se petrece cu adevărat și cu toate acestea noi încercăm să le aducem în discuție ca și când ar fi reale. Folosim implanturile de distragere ca să ne distragem de la ce este de fapt adevărat astfel încât să nu trebuiască să ne uităm la ce este dedesubtul lor. Cele douăzeci și patru de implanturi de distragere sunt: blamare, rușine, regret, vinovăție, mânie, turbare, furie, ură, iubire, sex, gelozie, pace, viață, moarte, trai, realitate, frică, îndoială, afaceri, relație, puncte de vedere de dependență, compulsive, obsesive și perverse.

Interconectare cuantică

Interconectarea cuantică este termenul științific care descrie o moleculă din timpul, locul, dimensiunea sau realitatea prezentă, care rezonează cu o altă moleculă aflată într-un alt timp, alt loc, altă dimensiune sau realitate. Interconectarea cuantică reprezintă modul ciudat în care energiile se interconectează unele cu altele pentru a crea lucruri solide și reale ca cele din această realitate. Ele sunt, aparent, maniera întâmplătoare în care universul furnizează ceea ce îi ceri și sunt, în esență, legătura ta cu elementele creative, generative ale universului. Dacă nu ai avea o interconectare cuantică, nu ai avea conștientizare parapsihică, intuiție sau capacitatea de a auzi gândurile altcuiva.

În afara controlului

A fi în afara controlului nu înseamnă a fi necontrolat. A fi *necontrolat* înseamnă a te împotrivi și a reacționa la control, mai ales la controlul făcut din judecată unde folosești forță și superioritate ca să-ți pui piedici ție și altora. Când ești *în afara controlului* înseamnă că ești în afara controlului exercitat de control. A fi în afara controlului înseamnă a fi întrutotul conștient. Nu încerci să controlezi modul în care lucrurile se generează; nimic și nimeni nu te oprește iar tu nu trebuie să oprești sau să limitezi pe altcineva.

Manifestare de-moleculară se referă la a crea ceva acolo nu a existat înainte. Ceri moleculelor a ceva anume să-și schimbe structura și să devină ceea ce ţi-ai dori tu ca ele să devină. *Manifestare*a reprezintă *modul* în care ceva apare, nu faptul *că* apare. Tu nu manifeşti molecule noi; tu ceri moleculelor să se schimbe pentru ca posibilităţile a ceea ce se poate manifesta să fie diferite.

MTVSS

MTVSS (Sistemul de desfacere a valenţelor moleculare terminale) este un proces pentru corp din Access Consciousness. MTVSS deblochează diminuarea, îmbătrânirea şi dezintegrarea provocate de sistemele de translaţie a valenţelor structurilor chimice şi moleculare ale corpului.

Permisivitate (allowance)

Atunci când eşti în permisivitate, totul este doar un punct de vedere interesant. Nu există judecata că ceva ar fi corect sau greşit, bun sau rău. Nu opui rezistenţă şi nu reacţionezi la nimic şi nu există nicio nevoie de a te alinia sau a fi de acord cu orice judecată sau punct de vedere. În spaţiul permisivităţii, tu eşti conştient de totul şi ai alegere şi posibilitate totală.

Regatul lui Noi

Când funcţionezi din regatul lui noi – regatul conştiinţei şi al unităţii – ceri ca totul să fie mai uşor pentru tine. Dar „tu" include pe toţi ceilalţi din jurul tău. Regatul lui noi este un loc unde alegi din tot ce există şi tot ce funcţionează pentru tine şi pentru toţi ceilalţi din jurul tău, nu din regatul lui eu. Noi tot încercăm „să alegem pentru mine" care înseamnă că vei alege împotriva tuturor celorlalţi pentru ca să alegi pentru tine.

Sex şi fără sex

Vibraţia joasă a primirii este sex sau fără sex. Asta nu înseamnă copulaţie sau fără copulaţie. **Sex** înseamnă a merge semeţ, arătându-ţi alura frumoasă, arătând bine şi simţindu-te bine cu cel care eşti. **Fără sex** este un univers excluziv unde simţi că „eu nu exist", „nu vreau ca cineva să se uite la mine" sau „nu vreau pe nimeni în jurul meu niciodată". Oamenii își folosesc punctele de vedere despre sex și fără sex ca o modalitate de a limita ceea ce pot primi.

Sinteza energetică a ființei (ESB)

Sinteza energetică a ființei este un mod de a lucra, în același timp, cu energia persoanelor individuale, a grupurilor de oameni și a corpurilor lor. ESB îți arată cum să accesezi, să fii și să primești energiile pe care le-ai simțit întotdeauna că sunt disponibile dar la care părea că nu ai acces.

Sisteme de secvențiere trifoldică

Sisteme de secvențiere trifoldică este un proces în Access Consciousness care ușurează trauma existentă sau trecută pe care o persoană o experimentează fără întrerupere dar de care nu este capabilă niciodată să se elibereze. Sistemele de secvențiere trifoldică desfac această buclă continuă astfel încât oamenii să meargă dincolo de ea.

Suma zero a traumei

Suma zero a traumei este un proces pentru corp din Access Consciousness care deblochează efectul traumei acumulat în corp. Când oamenii au trăit trauma în mod repetat, ei se obișnuiesc cu durerea cu care trăiesc. Corpul se adaptează la acest nou nivel de durere și de funcționare redusă ca și când ar fi normal. Procesul Suma zero a traumei desface orice ar fi care blochează trauma în loc.

www.ingramcontent.com/pod-product-compliance
Lightning Source LLC
Chambersburg PA
CBHW010142270326
41929CB00020B/3336